세상 열기
통합과학으로

저자 프로필

최정애 — 보은고등학교 물리교사

- 충북교육청 중등교육 현장지원단(2025)
- STEAM 클럽 운영 학교 담당 교원(2025)
- 충북교육청 진로진학 대입지원단(2024, 2025)
- 교육지원청 영재교육기관 과학영재교육 강사 활동(2024)
- 충북교육청 진학 전문가 양성 과정 이수(2023)
- 충북교육청 고교학점제 전문가 양성 마스터 과정 이수(2023)
- 충북교육청 블렌디드 러닝 모형 개발 지원단(물리교과)(2020)

공명호 — 보은고등학교 지구과학교사

- 2022 개정 교육과정 적용 고교 〈통합과학〉 과정 이수(2024)

한승배 — 양평 청운고등학교 진로전담교사

- 〈교과세특 탐구주제 바이블〉, 〈교과세특 탐구주제 기재예시 바이블〉, 〈학생부 바이블〉, 〈교과세특 추천도서 300〉, 〈교과세특 탐구활동 솔루션〉, 〈학과 바이블〉, 〈학과연계 독서탐구 바이블〉, 〈진로연계 독서활동 워크북(중학교/고등학교)〉 집필
- 〈10대를 위한 직업 백과〉, 〈직업 바이블〉, 〈미리 알려주는 미래 유망직업〉, 〈교사 어떻게 되었을까?〉, 〈의사 어떻게 되었을까?〉, 〈10대를 위한 유망 직업 사전〉, 〈유 노 직업퀴즈 활동북〉, 학습 만화 〈직업을 찾아라〉 집필
- 〈미디어 활용 진로탐색 워크북〉, 〈중학생용 진로포트폴리오〉, 〈일반고용 진로포트폴리오〉, 〈특성화고용 진로포트폴리오〉, 〈나만의 진로 가이드북〉, 〈성공적인 대입을 위한 면접바이블〉, 〈중학생을 위한 고교학점제 워크북〉, 〈특성화고 학생을 위한 진학바이블〉, 〈특성화고 학생을 위한 취업바이블〉 집필
- 2022 개정 교육과정 중학교 및 고등학교 〈진로와 직업〉 교과서 집필
- 2015 개정 교육과정 중학교 및 고등학교 〈진로와 직업〉, 자유학기제용 〈진로체험과 포트폴리오〉, 〈성공적인 직업생활〉, 중학교 및 고등학교 〈기술·가정〉 교과서 집필
- 2009 개정 교육과정 중학교 및 고등학교 〈진로와 직업〉, 중학교 〈정보〉 교과서 집필
- 〈꿈 찾는 청소년을 위한 직업카드〉, 〈청소년을 위한 학과카드〉, 〈드림온 스토리텔링 보드게임〉, 〈원하는 진로를 잡아라 보드게임〉 개발
- 네이버 카페 '꿈샘 진로수업 나눔방' 운영자 https://cafe.naver.com/jinro77

배정숙 | 보은고등학교 진로전담교사

- 〈행복한 진로 항해일지 드림서핑(고등학교)〉, 〈교과세특 추천도서 300〉 집필
- 2015 개정 교육과정 중학교 〈진로와 직업〉 인정도서 심의위원
- 충북교육청 〈미래형 교수학습 운영 자료집〉 집필
- 충북교육청 〈미래를 여는 진로교육 수업 나눔〉 집필
- 충북교육청 〈교과별 혼합수업 운영 사례집〉 집필

이미선 | 수택고등학교 일반사회교사

- 〈교과세특 추천도서 300〉 집필
- 경기도 평생학습포털 GSEEK 수업용 교재 〈콘텐츠 개발자의 세계〉 개발
- 구리남양주교육지원청 진로지원단(2022)
- 2022 개정 교육과정 〈일반사회〉 선도교원(2024)

이선희 | 오송고등학교 일반사회교사

- 충북교육청 진로진학 대입지원단(2024)
- 충북교육청 2022 개정 교육과정 컨설팅단(2024)
- 2022 개정 교육과정 〈통합사회〉 선도교원(2023)

차례

_ 머리말   6p
_ 이 책, 이렇게 사용하세요!   7p
_ 통합과학 과목 소개   10p
    과목의 성격 / 과목의 목표 / 내용 체계 / 성취 기준

통합과학 1

I 과학의 기초
1. 시공간   21p
2. 기본량과 단위   26p
3. 측정 표준   31p
4. 정보와 통신   36p

II 물질과 규칙성
1. 별의 스펙트럼과 우주의 구성 원소   42p
2. 지구와 생명체를 구성하는 원소의 생성   47p
3. 자연의 규칙성   52p
4. 화학 결합   57p
5. 지각과 생명체 구성 물질의 규칙성   62p
6. 물질의 전기적 성질   67p

III 시스템과 상호작용
1. 지구 시스템의 구성과 상호작용   73p
2. 지권의 변화와 영향   78p
3. 역학 시스템   83p
4. 운동량과 충격량   88p
5. 생명 시스템과 화학 반응   93p
6. 생명 시스템에서 정보의 흐름   98p

통합과학 2

I 변화와 다양성
1. 지구 환경 변화 — 107p
2. 진화와 생물 다양성 — 112p
3. 산화와 환원 — 117p
4. 산과 염기 — 122p
5. 물질 변화에서 에너지의 출입 — 127p

II 환경과 에너지
1. 생물과 환경 — 133p
2. 생태계 평형 — 138p
3. 지구 환경 변화와 인간 생활 — 143p
4. 태양 에너지의 생성과 전환 — 148p
5. 전기 에너지의 생산 — 153p
6. 에너지 전환과 효율 — 158p

III 과학과 미래 사회
1. 과학의 유용성과 미래 사회 문제 해결 — 164p
2. 과학기술 사회에서의 빅데이터 활용 — 169p
3. 과학기술과 인간의 삶 — 174p
4. 과학 관련 사회적 쟁점과 과학 윤리 — 179p

_관련 이슈 참고 자료 — 184p

머리말

"여러분, 고등학교 생활은 어떻게 시작하고 있나요?"

새로운 환경과 끝없이 펼쳐지는 가능성 속에서, 고등학교 1학년은 자신을 발견하고, 관심 분야를 탐구하며, 스스로 성장할 수 있는 멋진 출발점입니다. 여러분은 아마도 처음 접해보는 선택 과목과 탐구 활동, 그리고 깊이 있는 학습이 주는 즐거움을 만나게 될 것입니다.

《통합과학으로 세상 열기》는 여러분이 자신만의 질문을 품고, 과목의 경계를 넘나들며 지식을 연결하고 사고를 확장할 수 있도록 돕는, 탐구의 출발점이 되는 책입니다.

단순히 교과서 속 지식을 배우는 것을 넘어, 과학과 사회라는 두 영역에서 흥미를 느끼는 주제들을 찾아보고 이를 연결하며 융합적으로 사고할 수 있도록 구성했습니다. 예를 들어 과학적 개념을 활용해 사회적 문제를 분석하거나, 사회 현상을 자연과학적 관점에서 탐구하는 과정을 통해 더 넓은 시야를 가질 수 있습니다. 또한 환경 문제를 다루며 물리와 화학의 개념을 연결하거나, 사회 현상을 이해하며 역사적 배경을 탐구하는 방식으로 배움의 폭을 넓힐 수도 있습니다.

이 과정에서 여러분은 '나만의 질문'을 찾고 그 해답을 탐구해 보는 다양한 도전과 기회를 만나게 될 것입니다. 각 장에는 지적 호기심을 높여줄 추천 도서, 일상 속에서 응용 가능한 탐구 활동, 그리고 관심사를 발전시킬 만한 다양한 자료가 담겨 있습니다.

고등학교 생활은 도전의 연속이지만, 지금 시작하는 탐구 경험 하나하나가 여러분을 더 큰 꿈으로 이끌어주는 밑거름이 될 것입니다. 이 책은 2022 개정 교육과정을 바탕으로, 여러분이 관심 있는 주제를 깊이 있게 탐구하며 창의적 사고력을 키우고, 수능시험과 학교생활기록부 준비에도 실질적인 도움을 얻을 수 있도록 구성되었습니다. 이를 통해 과학적 원리와 사회적 맥락을 융합적으로 사고하며 지식의 깊이를 더하고, 학업 역량을 탄탄히 다질 수 있습니다.

어떻게 활용할까요?

흥미를 끄는 주제부터 골라 읽거나, 차근차근 처음부터 탐구를 시작해도 좋습니다. 예컨대 관심 분야의 심화 학습과 함께 다른 과목을 연계해 탐구해 보세요. 중요한 건, 이 책을 통해 '공부가 나를 위한 시간이 될 수 있다'라는 것을 느끼고, 자신만의 깊이 있는 학습 방법을 발견하는 것입니다.

지금, 탐구의 첫 발걸음을 내디뎌 보세요.

이 책이 여러분의 고교 생활 첫해에 든든한 동반자가 되어, 스스로를 더 깊이 이해하고 세상을 읽어내며 꿈을 향해 나아가는 데 힘이 되기를 바랍니다.

저자 일동

이 책, 이렇게 사용하세요!

성취 기준
이번 단원에서 꼭 알아야 할 핵심 포인트!
공부 방향이 한눈에 보여요.

학습 마인드맵
복잡한 개념? 한눈에 정리!
머릿속 개념 지도를 만들어드려요.

학습 개요
이 단원,
뭘 배우는지 궁금하죠?
핵심만 콕콕 짚어드립니다!

개념 제시
이건 꼭 알아야 해!
이번 단원의
핵심 개념만 모았어요.

생각 열기
그 인물 덕분에 지금 우리가 이렇게 살고 있다?
단원과 연결된 놀라운 이야기 시작!

관련 이슈
이게 왜 중요한지 알려줄게요!
지금 세상과 딱 맞닿은 이야기.

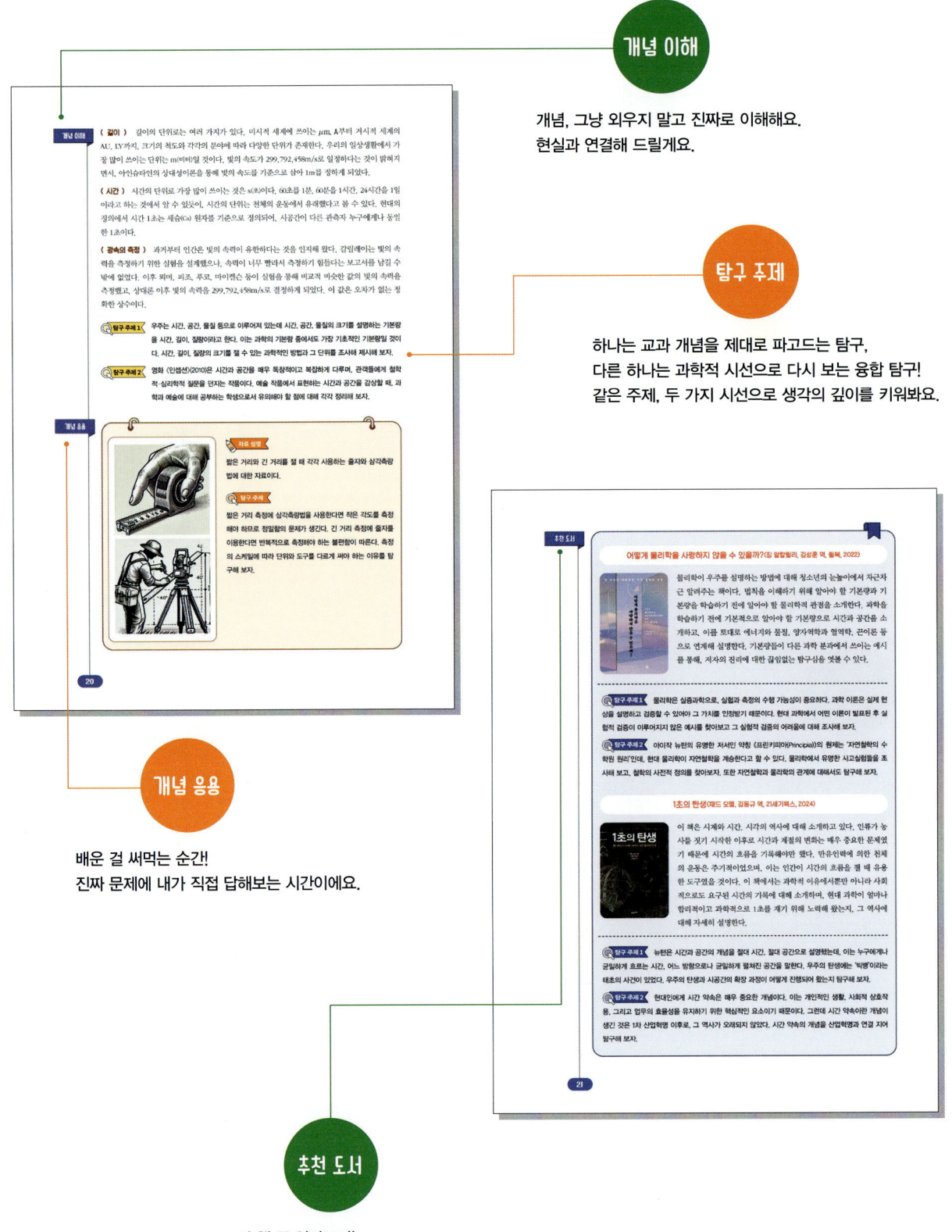

개념 이해
개념, 그냥 외우지 말고 진짜로 이해해요.
현실과 연결해 드릴게요.

탐구 주제
하나는 교과 개념을 제대로 파고드는 탐구,
다른 하나는 과학적 시선으로 다시 보는 융합 탐구!
같은 주제, 두 가지 시선으로 생각의 깊이를 키워봐요.

개념 응용
배운 걸 써먹는 순간!
진짜 문제에 내가 직접 답해보는 시간이에요.

추천 도서
이 책 꼭 읽어보기!
주제와 관련해 더 알고 싶은 친구들을
위한 지식 업그레이드 필독서.

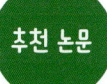

학생부 교과세특 예시

이 활동, 학생부에 이렇게 담겨요!
나만의 강점이 되는 한 줄 완성.

추천 논문

학문적으로 한층 더 깊이 있게 탐색!
더 깊이 알고 싶은 친구들을 위해 추천해요.

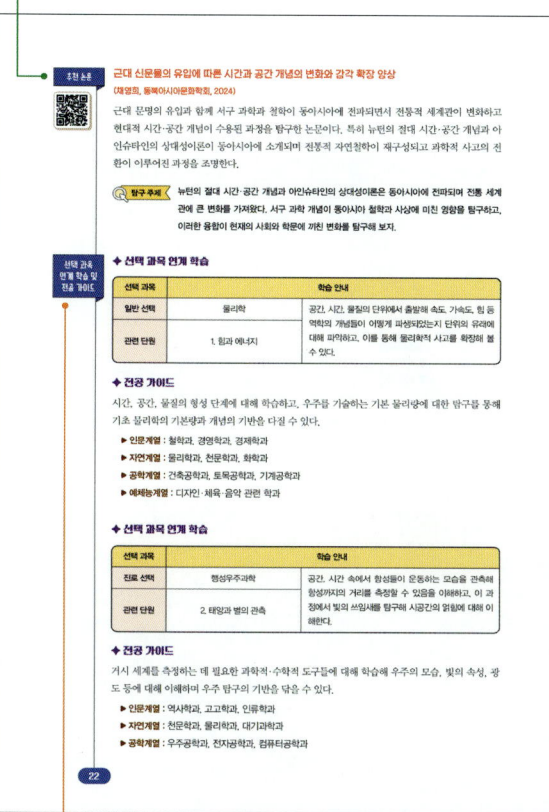

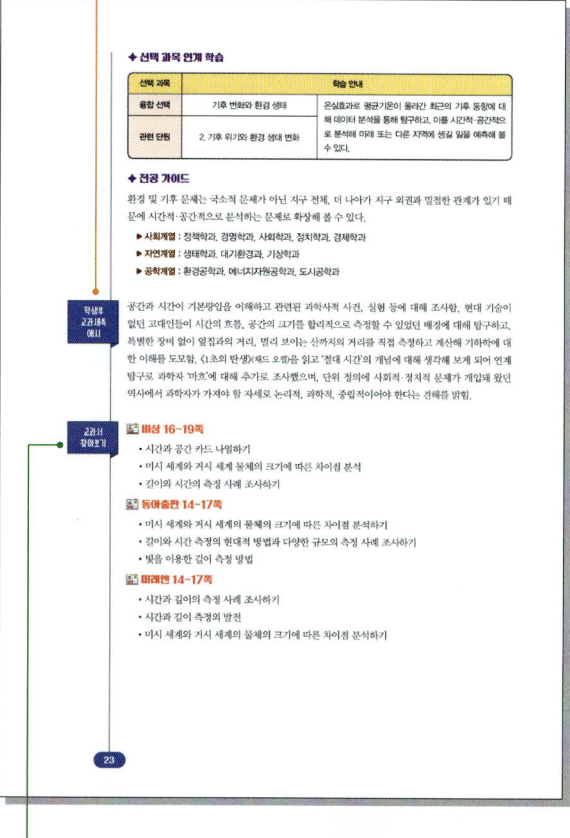

교과서 찾아보기

이 개념, 다른 교과서에도 있어요!
내가 배우는 내용이 어디에 또 나오는지 알려드릴게요.

선택 과목 연계 학습 & 전공 가이드

이 주제에 관심 있다면, 어떤 선택 과목을 들으면 좋을까요?
2·3학년 과목 선택할 때 도움 되는 가이드를 알려드려요.

통합과학1·통합과학2

교과군	공통 과목	평가 정보		수능
		성취도	상대평가	
과학		5단계	5등급	O

1 과목의 성격

고등학교 공통 과목인 〈통합과학〉은 '과학적 소양을 갖추고 더불어 살아가는 창의적인 사람'을 육성하는 것을 목적으로 하여, 모든 학생이 과학의 기본 개념을 익히고 과학 탐구 능력과 태도를 길러 자연과 일상생활에서 접하는 현상을 과학적으로 이해하고, 민주 시민으로서 개인과 사회의 문제를 해결하고 참여·실천하는 역량 함양에 중점을 둔 과목이다.

〈통합과학〉은 중학교까지 학습한 과학 내용과 연계해 미래 사회를 살아가기 위한 역량을 함양하고, 고등학교 과학과 선택 과목 학습에 필요한 과학 기초 학력을 보장하기 위한 과목이다. '과학의 기초', '물질과 규칙성', '시스템과 상호작용', '변화와 다양성', '환경과 에너지' 영역은 전통적인 과학의 기초 지식과 개념에 해당하면서도 빅 아이디어를 중심으로 물리학, 화학, 생명과학, 지구과학과 같은 과학 영역을 관통하고 통합하는 내용으로 구성된다. '과학과 미래 사회' 영역에서는 인공지능과 로봇, 생명과 과학 윤리 등 지속 가능한 미래 사회의 책임 있는 민주 시민이 갖추어야 할 첨단 과학 지식, 인공지능과 과학 탐구, 과학·기술·윤리 등을 다룬다.

〈통합과학〉 교과에서는 다양한 탐구 중심의 학습을 통해 지식·이해, 과정·기능, 가치·태도의 세 차원을 상호 보완적으로 배양함으로써 영역별 핵심 아이디어에 도달할 수 있다. 또한 〈통합과학〉의 6개 영역과 관련된 지식·이해와 가치·태도를 함양하기 위한 과학과 과정·기능을 체험함으로써 행위 주체로서 갖추어야 할 과학적 소양을 기를 수 있다.

2 과목의 목표

〈통합과학〉은 자연 현상과 일상생활에 대해 흥미와 호기심을 가지고 과학적 탐구를 통해 주변의 현상을 이해하고, 개인과 사회의 문제를 과학적이고 창의적으로 해결하는 데 민주 시민으로서 참여하고 실천하는 과학적 소양을 기르는 것을 목표로 한다.

▶ 자연 현상과 일상생활에 대한 흥미와 호기심을 바탕으로, 개인과 사회의 문제를 인식하고, 이를 과학적으로 해결하려는 태도를 기른다.
▶ 과학의 탐구 방법을 이해하고 일상생활의 문제를 과학적으로 탐구하는 능력을 기른다.
▶ 자연 현상과 일상생활을 과학적으로 탐구하여 과학의 핵심 개념을 이해한다.
▶ 과학과 기술 및 사회의 상호 관계를 이해하고, 이를 바탕으로 개인과 사회의 문제 해결에 민주 시민으로서 참여하고 실천하는 능력을 기른다.

통합과학 I

1 내용 체계

핵심 아이디어	• 자연 세계는 시간과 공간을 배경으로 몇 가지 기본량으로 기술할 수 있으며, 양을 측정할 때 사용하는 표준과 단위는 일상생활과 산업 기술에서 중요하다. • 우주 초기 원소 형성, 태양계의 형성과 진화, 별의 진화 등 모든 천문 현상은 천체에서 방출되는 빛의 분석을 통해 이루어진다. • 자연계에 존재하는 원소에는 규칙성이 있으며, 원소의 결합으로 지각과 생명체를 구성하는 물질들이 구성된다. • 자연계에서 물체의 운동 변화는 역학적 상호작용으로 설명하며, 일상생활에서 안전하고 편리한 삶에 활용된다. • 지구계는 기권, 수권, 지권, 생물권 등 여러 하위 권역들로 구성되며, 지구계 구성 권역들이 물질과 에너지를 교환하는 과정에서 다양한 자연 현상들이 발생한다. • 생명체는 생명 시스템의 기본 단위인 세포로 구성되어 있으며, 세포에서 일어나는 다양한 반응을 통해 생명 현상이 유지된다.
범주	내용 요소

	범주	내용 요소
지식·이해	과학의 기초	• 기본량과 단위 • 측정과 어림 • 정보와 신호
	물질과 규칙성	• 원소 형성 • 별의 진화 • 원소의 주기성 • 이온 결합 • 공유 결합 • 지각과 생명체 구성 물질의 규칙성 • 물질의 전기적 성질
	시스템과 상호작용	• 지구 시스템의 구성과 상호작용 • 판구조론과 지각 변동 • 중력장 내의 운동 • 충격량과 운동량 • 생명 시스템의 기본 단위 • 물질대사 • 유전자와 단백질
과정·기능		• 자연 현상에서 문제를 인식하고 가설을 설정하기 • 변인을 조작적으로 정의하여 탐구 설계하기 • 다양한 도구를 수학적 사고를 활용하여 정보를 조사·수집·해석하기 • 수학적 사고와 모형을 활용하여 통합 및 융합 과학 관련 현상 설명하기 • 증거에 기반한 과학적 사고를 통해 자료를 과학적으로 분석·평가·추론하기 • 결론을 도출하고 자연 현상 및 융복합 문제 상황에 적용·설명하기 • 과학적 주장을 다양한 방법으로 소통하고, 의사 결정을 위해 과학적 지식 활용하기
가치·태도		• 과학의 심미적 가치 • 과학 유용성 • 자연과 과학에 대한 감수성 • 과학 창의성 • 과학 활동의 윤리성 • 과학 문제 해결에 대한 개방성 • 안전·지속 가능 사회에 기여 • 과학 문화 향유

2 성취 기준

(1) 과학의 기초

[10통과1-01-01]	자연을 시간과 공간에서 기술할 수 있음을 알고, 길이와 시간 측정의 현대적 방법과 다양한 규모의 측정 사례를 조사할 수 있다.
[10통과1-01-02]	과학 탐구에서 중요한 기본량의 의미를 알고, 자연 현상을 기술하는 데 단위가 가지는 의미와 적용 사례를 설명할 수 있다.
[10통과1-01-03]	과학 탐구에서 측정과 어림의 의미를 알고, 일상생활의 여러 가지 상황에서 측정 표준의 유용성과 필요성을 논증할 수 있다.
[10통과1-01-04]	자연에서 일어나는 다양한 변화를 측정·분석하여 정보를 산출함을 알고, 이러한 정보를 디지털로 변환하는 기술을 정보 통신에 활용하여 현대 문명에 미친 영향을 인식한다.

탐구 활동

- 미시 세계와 거시 세계의 물체의 크기에 따른 차이점 분석하기
- 일상생활에서 측정 표준이 활용되는 사례 탐색하기
- 스마트 기기를 활용하여 여러 가지 기본량을 측정하고 분석하기

(2) 물질과 규칙성

[10통과1-02-01]	천체에서 방출되는 빛의 스펙트럼을 분석하여 우주 초기에 형성된 원소와 천체의 구성 물질을 추론할 수 있다.
[10통과1-02-02]	우주 초기의 원소들로부터 태양계의 재료이면서 생명체를 구성하는 원소들이 형성되는 과정을 통해 지구와 생명의 역사가 우주 역사의 일부분임을 해석할 수 있다.
[10통과1-02-03]	세상을 구성하는 원소들의 성질이 주기성을 나타내는 현상을 통해 자연의 규칙성을 도출하고, 지구와 생명체를 구성하는 주요 원소들이 결합을 형성하는 이유를 해석할 수 있다.
[10통과1-02-04]	인류의 생존에 필수적인 물, 산소, 소금 등이 만들어지는 결합의 차이를 이해하고 각 물질의 성질과 관련지어 설명할 수 있다.
[10통과1-02-05]	지각과 생명체를 구성하는 물질들이 기본 단위체의 결합을 통해서 형성된다는 것을 규산염 광물, 단백질과 핵산의 예를 통해 설명할 수 있다.
[10통과1-02-06]	지구를 구성하는 물질을 전기적 성질에 따라 구분할 수 있고, 물질의 전기적 성질을 응용하여 일상생활과 첨단기술에서 다양한 소재로 활용됨을 인식한다.

탐구 활동

- 분광기를 활용하여 다양한 물질이 방출하는 스펙트럼을 관찰·비교하기
- 지구와 생명체의 구성 성분을 비교하여, 우주와 지구 역사를 통한 구성 성분의 유래 탐구하기
- 같은 족 원소들의 유사성을 탐구하는 실험 설계하기

- 이온 결합 화합물과 공유 결합 화합물의 성질을 비교하는 실험 하기
- DNA 모형을 제작하고 DNA의 구조적 특징과 규칙성 탐구하기

(3) 시스템과 상호작용

[10통과1-03-01]	지구 시스템은 태양계라는 시스템의 구성 요소임을 알고, 지구 시스템을 구성하는 권역들 간의 물질 순환과 에너지 흐름의 결과로 나타나는 현상을 논증할 수 있다.
[10통과1-03-02]	지권의 변화를 판구조론 관점에서 해석하고, 에너지 흐름의 결과로 발생하는 지권의 변화가 지구 시스템에 미치는 영향을 추론할 수 있다.
[10통과1-03-03]	중력의 작용으로 인한 지구 표면과 지구 주위의 다양한 운동을 설명할 수 있다.
[10통과1-03-04]	상호작용이 없을 때 물체가 가속되지 않음을 알고, 충격량과 운동량의 관계를 충돌 관련 안전장치와 스포츠에 적용할 수 있다.
[10통과1-03-05]	생명 시스템을 유지하기 위해서 다양한 화학 반응과 물질 출입이 필요함을 이해하고, 일상생활에서 활용되는 화학 반응 사례를 조사하여 발표할 수 있다.
[10통과1-03-06]	생명 시스템의 유지에 필요한 세포 내 정보의 흐름을 유전자로부터 단백질이 만들어지는 과정을 중심으로 설명할 수 있다.

탐구 활동

- 화산 분출로 인한 환경·사회경제적 피해의 종류를 조사하고, 지구와 생명 시스템 측면에서 피해를 줄이기 위한 대책 수립하기
- 자유 낙하와 수평으로 던진 물체의 운동을 시각화하여 비교하기
- 교통수단과 스포츠 등에서 충격을 줄이는 방법 탐색하기
- 막을 통한 물질의 이동을 실험하고 생명 활동 유지에서 세포막의 역할 탐구하기
- 효소 작용의 원리에 관한 실험 하기

[출처] 2022 개정 고등학교 교육과정 별책9. 과학과 교육과정에서 발췌

통합과학 2

1 내용 체계

범주		
핵심 아이디어		• 지구와 생명의 역사에 포함된 화학 반응에는 산화·환원 반응, 산·염기 반응이 있으며, 화학 변화에는 에너지가 출입한다. • 지질시대를 통해 지질 구조를 포함한 환경과 생명체는 끊임없이 변천해 왔으며, 변이의 발생과 자연선택의 과정을 통해 생명체가 진화하고 생물 다양성이 형성된다. • 생태계 구성 요소 사이의 균형적인 상호 관계가 생태계 평형 유지를 위해 중요함을 인식하고, 환경 보전을 위한 노력을 실천한다. • 지구의 기후 시스템은 태양 복사와 지구 복사의 영향을 받으며, 인간 활동에 의한 대기 중의 이산화탄소 농도 증가가 기후에 영향을 미친다. • 에너지는 여러 형태로 존재하면서 끊임없이 형태를 전환하는데, 이를 활용하여 전기 에너지를 얻을 수 있으며, 에너지의 지속 가능하고 효율적인 활용이 중요하다. • 인공지능과 로봇이 미래 사회에서 인간의 삶과 문명에 막대한 영향을 준다는 것과 과학기술 발전의 양면성을 인식하고, 건전한 가치 판단에 따라 책임 있게 과학기술을 사회에 적용하고 활용한다.
범주		내용 요소
지식·이해	변화와 다양성	• 지질시대의 생물과 화석 • 지질시대 환경 변화와 대멸종 • 자연선택 • 생물 다양성 • 산화와 환원 • 산성과 염기성 • 중화 반응 • 물질 변화에서 에너지 출입
	환경과 에너지	• 생태계 구성 요소 • 생태계 평형 • 대기와 해양의 상호작용 • 온실기체와 지구온난화 • 핵융합 • 발전 • 에너지 전환과 효율
	과학과 미래 사회	• 감염병과 병원체 • 인공지능과 과학 탐구 • 로봇 • 과학기술과 윤리
과정·기능		• 자연 현상에서 문제를 인식하고 가설을 설정하기 • 변인을 조작적으로 정의하여 탐구 설계하기 • 다양한 도구를 활용하여 정보를 조사·수집·해석하기 • 수학적 사고와 모형을 활용하여 통합 및 융합 과학 관련 현상 설명하기 • 증거에 기반한 과학적 사고를 통해 자료를 과학적으로 분석·평가·추론하기 • 결론을 도출하고 자연 현상 및 융복합 문제 상황에 적용·설명하기 • 과학적 주장을 다양한 방법으로 소통하고, 의사 결정을 위해 과학적 지식 활용하기
가치·태도		• 과학의 심미적 가치 • 과학 유용성 • 자연과 과학에 대한 감수성 • 과학 창의성 • 과학 활동의 윤리성 • 과학 문제 해결에 대한 개방성 • 안전·지속 가능 사회에 기여 • 과학 문화 향유

2 성취 기준

(1) 변화와 다양성

[10통과2-01-01]	지질시대를 통해 지구 환경이 끊임없이 변화해 왔으며 이러한 환경 변화가 생물 다양성에 미치는 영향을 추론할 수 있다.
[10통과2-01-02]	변이의 발생과 자연선택 과정을 통해 생물의 진화가 일어나고, 진화의 과정을 통해 생물 다양성이 형성되었음을 추론할 수 있다.
[10통과2-01-03]	자연과 인류의 역사에 큰 변화를 가져온 광합성, 화석 연료 사용, 철의 제련 등에서 공통점을 찾아 산화와 환원을 이해하고, 생활 주변의 다양한 변화를 산화와 환원의 특징과 규칙성으로 분석할 수 있다.
[10통과2-01-04]	대표적인 산·염기 물질의 특징을 알고, 산과 염기를 혼합할 때 나타나는 중화 반응을 생활 속에서 이용할 수 있다.
[10통과2-01-05]	생활 주변에서 에너지를 흡수하거나 방출하는 현상을 찾아 에너지의 흡수 방출이 우리 생활에 어떻게 이용되는지 토의할 수 있다.

탐구 활동

- 생물 대멸종의 원인과 그 이후의 변화를 설명하는 여러 가설들의 타당성 평가하기
- 자연선택 과정에 대한 모의실험 하기
- 산과 염기를 혼합할 때 용액의 온도를 측정하여 그래프로 나타내기
- 가열 장치 없이 물과 산화칼슘을 이용한 음식 조리 방법 설계하고 실험하기

(2) 환경과 에너지

[10통과2-02-01]	생태계 구성 요소를 이해하고 생물과 환경 사이의 상호 관계를 설명할 수 있다.
[10통과2-02-02]	먹이 관계와 생태 피라미드를 중심으로 생태계 평형이 유지되는 과정을 이해하고, 환경의 변화가 생태계에 미칠 수 있는 영향에 대해 협력적으로 소통할 수 있다.
[10통과2-02-03]	온실효과 강화로 인한 지구온난화의 메커니즘을 이해하고, 엘니뇨, 사막화 등과 같은 현상이 지구 환경과 인간 생활에 미치는 영향과 대처 방안을 분석할 수 있다.
[10통과2-02-04]	태양에서 수소 핵융합 반응을 통해 질량 일부가 에너지로 바뀌고, 그중 일부가 지구에서 에너지 흐름을 일으키며 다양한 에너지로 전환되는 과정을 추론할 수 있다.
[10통과2-02-05]	발전기에서 운동 에너지가 전기 에너지로 전환되는 과정을 이해하고, 열원으로서 화석 연료, 핵에너지를 이용하는 발전소가 인간 생활에 미치는 영향을 조사·발표할 수 있다.
[10통과2-02-06]	에너지 효율의 의미와 중요성을 이해하고, 지속 가능한 발전과 지구 환경 문제 해결에 신재생 에너지 기술을 활용하는 방안을 탐색할 수 있다.

🔭 탐구 활동

- 개체군 변동 모의실험 하기
- 지구온난화에 따른 지구 열수지 변동 탐구하기
- 기후 변화로 인한 생태계와 지구계의 미래 시나리오 구상하기
- 자석과 코일의 상대 운동에 의해 운동 에너지가 전기 에너지로 전환되는 과정 탐구하기

(3) 과학과 미래 사회

[10통과2-03-01]	감염병의 진단, 추적 등을 사례로 과학의 유용성을 설명하고, 미래 사회 문제 해결에서 과학의 필요성에 대해 논증할 수 있다.
[10통과2-03-02]	빅데이터를 과학기술 사회에서 사용하고 있는 사례를 조사하고, 빅데이터 활용의 장점과 문제점을 추론할 수 있다.
[10통과2-03-03]	인공지능 로봇, 사물인터넷 등과 같이 과학기술의 발전을 인간 삶과 환경 개선에 활용하는 사례를 찾고, 이러한 과학기술의 발전이 미래 사회에 미치는 유용성과 한계를 예측할 수 있다.
[10통과2-03-04]	과학기술의 발전 과정에서 발생할 수 있는 과학 관련 사회적 쟁점(SSI)과 과학기술 이용에서 과학 윤리의 중요성에 대해 논증할 수 있다.

🔭 탐구 활동

- 핵산과 단백질을 이용한 감염병 진단 기술 체험하기
- 디지털 탐구 도구를 활용한 실시간 생활 데이터 측정하기
- 일상생활에 활용되는 로봇의 특징 분석 및 개선 방안 고안하기

[출처] 2022 개정 고등학교 교육과정 별책9. 과학과 교육과정에서 발췌

통합과학 1

I

과학의 기초

1. 시공간

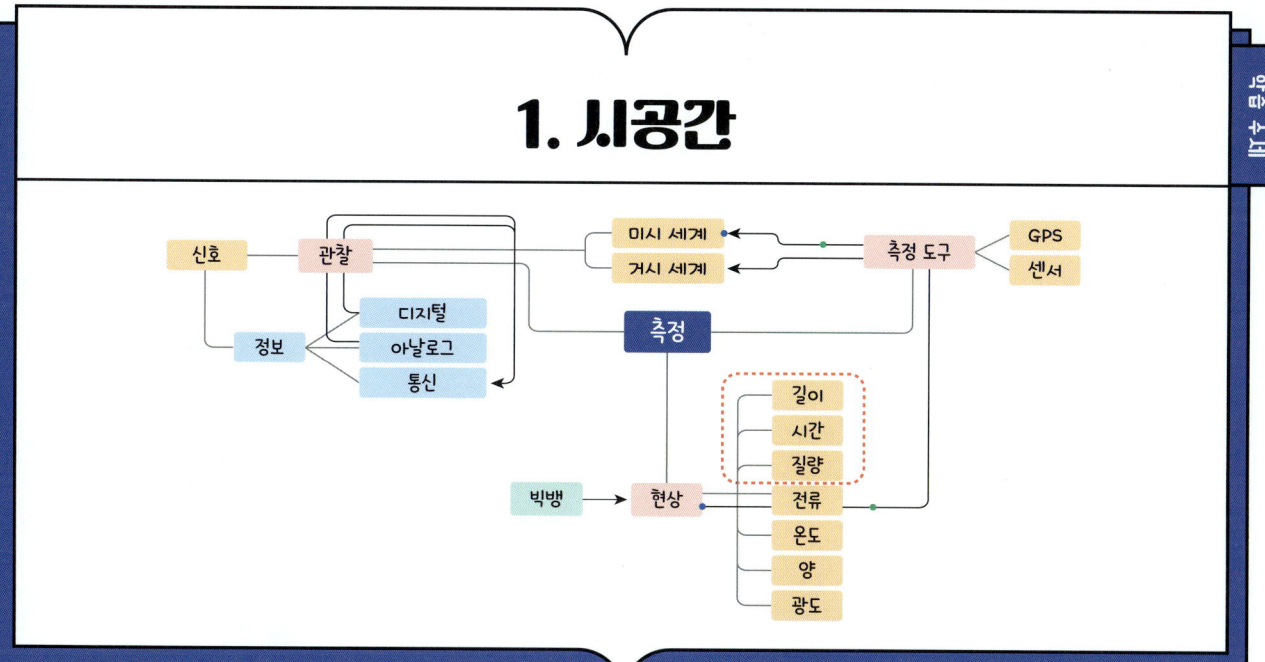

성취 기준 【10통과1-01-01】 자연을 시간과 공간에서 기술할 수 있음을 알고, 길이와 시간 측정의 현대적 방법과 다양한 규모의 측정 사례를 조사할 수 있다.

학습 개요 생명체를 포함한 모든 물질은 시간과 공간의 바다 속에 존재한다. 시간은 균일하게 미래로 흘러가는 것처럼 보이며, 공간은 끝없이 멀리 펼쳐져 있는 듯하다. 시공간에서 현상이 일어나기 때문에 시간의 시점과 공간의 위치를 측정하고, 측정한 시점과 위치 사이의 차이를 계산해 기록해야 한다. 시공간에 대한 연구는 우주의 본질을 밝히는 핵심 과제가 되고 있으며 인류가 우주를 이해하려는 노력의 중심에 있다.

개념 제시 길이, 시간, 단위, 측정, 관측, 미시 세계, 거시 세계, 인공위성, GPS, 원자, 세포, 스케일

생각 열기 알베르트 아인슈타인(1879~1955)은 상대성이론을 통해 일정하게 흐르는 시간과 균일하게 펼쳐진 공간에 대한 사람들의 개념을 크게 바꿔놓았다. 과학자들은 더 이상 빛의 속력을 측정하지 않게 되었고 상수로 결정했다. 이 결과로 길이의 기준을 새로 정할 수 있었는데, 과학 이론이 측정값을 결정하게 된 유명한 예시 중 하나일 것이다. 이는 자연 현상을 설명하는 데 있어 자연 상수를 우선적으로 활용하는 현대 물리학의 발전을 반영하며, 이를 통해 더 정밀한 측정이 가능해졌다고 할 수 있겠다.

관련 이슈 (푸앵카레 추측) '푸앵카레 추측'은 3차원 공간에서의 구의 구조를 설명하는데, 우주가 유한하지만 경계가 없는 구형일 수 있다는 가설을 암시한다. 이는 우주가 무한히 펼쳐져 있지 않으며, 어느 한 방향으로 끝없이 이동하더라도 다시 출발점으로 돌아오는 구형의 구조를 가졌을 가능성을 제시한다. 푸앵카레 추측은 우주 모양을 설명하는 이론 중 하나로, 물리학과 천문학에서는 우주배경복사나 은하의 분포 같은 관측 자료를 활용해 우주 모양에 대한 연구를 이어나가고 있다.

개념 이해

(길이) 길이의 단위로는 여러 가지가 있다. 미시적 세계에 쓰이는 μm, Å부터 거시적 세계의 AU, LY까지, 크기의 척도와 각각의 분야에 따라 다양한 단위가 존재한다. 우리의 일상생활에서 가장 많이 쓰이는 단위는 m(미터)일 것이다. 빛의 속도가 299,792,458m/s로 일정하다는 것이 밝혀지면서, 아인슈타인의 상대성이론을 통해 빛의 속도를 기준으로 삼아 1m를 정하게 되었다.

(시간) 시간의 단위로 가장 많이 쓰이는 것은 s(초)이다. 60초를 1분, 60분을 1시간, 24시간을 1일이라고 하는 것에서 알 수 있듯이, 시간의 단위는 천체의 운동에서 유래했다고 볼 수 있다. 현대의 정의에서 시간 1초는 세슘(Cs) 원자를 기준으로 정의되어, 시공간이 다른 관측자 누구에게나 동일한 1초이다.

(광속의 측정) 과거부터 인간은 빛의 속력이 유한하다는 것을 인지해 왔다. 갈릴레이는 빛의 속력을 측정하기 위한 실험을 설계했으나, 속력이 너무 빨라서 측정하기 힘들다는 보고서를 남길 수밖에 없었다. 이후 뢰머, 피조, 푸코, 마이켈슨 등이 실험을 통해 비교적 비슷한 값의 빛의 속력을 측정했고, 상대론 이후 빛의 속력을 299,792,458m/s로 결정하게 되었다. 이 값은 오차가 없는 정확한 상수이다.

탐구 주제 1 우주는 시간, 공간, 물질 등으로 이루어져 있는데 시간, 공간, 물질의 크기를 설명하는 기본량을 시간, 길이, 질량이라고 한다. 이는 과학의 기본량 중에서도 가장 기초적인 기본량일 것이다. 시간, 길이, 질량의 크기를 잴 수 있는 과학적인 방법과 그 단위를 조사해 제시해 보자.

탐구 주제 2 영화 〈인셉션〉(2010)은 시간과 공간을 매우 독창적이고 복잡하게 다루며, 관객들에게 철학적·심리학적 질문을 던지는 작품이다. 예술 작품에서 표현하는 시간과 공간을 감상할 때, 과학과 예술에 대해 공부하는 학생으로서 유의해야 할 점에 대해 각각 정리해 보자.

개념 응용

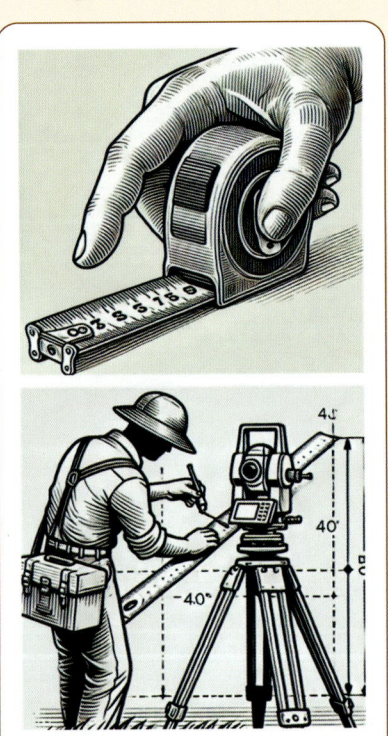

자료 설명

짧은 거리와 긴 거리를 잴 때 각각 사용하는 줄자와 삼각측량법에 대한 자료이다.

탐구 주제

짧은 거리 측정에 삼각측량법을 사용한다면 작은 각도를 측정해야 하므로 정밀함의 문제가 생긴다. 긴 거리 측정에 줄자를 이용한다면 반복적으로 측정해야 하는 불편함이 따른다. 측정의 스케일에 따라 단위와 도구를 다르게 써야 하는 이유를 탐구해 보자.

어떻게 물리학을 사랑하지 않을 수 있을까?(짐 알칼릴리, 김성훈 역, 월북, 2022)

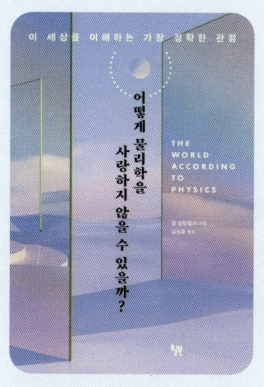

물리학이 우주를 설명하는 방법에 대해 청소년의 눈높이에서 차근차근 알려주는 책이다. 법칙을 이해하기 위해 알아야 할 기본량과 기본량을 학습하기 전에 알아야 할 물리학적 관점을 소개한다. 과학을 학습하기 전에 기본적으로 알아야 할 기본량으로 시간과 공간을 소개하고, 이를 토대로 에너지와 물질, 양자역학과 열역학, 끈이론 등으로 연계해 설명한다. 기본량들이 다른 과학 분과에서 쓰이는 예시를 통해, 저자의 진리에 대한 끊임없는 탐구심을 엿볼 수 있다.

탐구 주제 1 물리학은 실증과학으로, 실험과 측정의 수행 가능성이 중요하다. 과학 이론은 실제 현상을 설명하고 검증할 수 있어야 그 가치를 인정받기 때문이다. 현대 과학에서 어떤 이론이 발표된 후 실험적 검증이 이루어지지 않은 예시를 찾아보고 그 실험적 검증의 어려움에 대해 조사해 보자.

탐구 주제 2 아이작 뉴턴의 유명한 저서인 약칭 《프린키피아(Principia)》의 원제는 '자연철학의 수학원 원리'인데, 현대 물리학이 자연철학을 계승한다고 할 수 있다. 물리학에서 유명한 사고실험들을 조사해 보고, 철학의 사전적 정의를 찾아보자. 또한 자연철학과 물리학의 관계에 대해서도 탐구해 보자.

1초의 탄생(채드 오젤, 김동규 역, 21세기북스, 2024)

이 책은 시계와 시간, 시각의 역사에 대해 소개하고 있다. 인류가 농사를 짓기 시작한 이후로 시간과 계절의 변화는 매우 중요한 문제였기 때문에 시간의 흐름을 기록해야만 했다. 만유인력에 의한 천체의 운동은 주기적이었으며, 이는 인간이 시간의 흐름을 잴 때 유용한 도구였을 것이다. 이 책에서는 과학적 이유에서뿐만 아니라 사회적으로도 요구된 시간의 기록에 대해 소개하며, 현대 과학이 얼마나 합리적이고 과학적으로 1초를 재기 위해 노력해 왔는지, 그 역사에 대해 자세히 설명한다.

탐구 주제 1 뉴턴은 시간과 공간의 개념을 절대 시간, 절대 공간으로 설명했는데, 이는 누구에게나 균일하게 흐르는 시간, 어느 방향으로나 균일하게 펼쳐진 공간을 말한다. 우주의 탄생에는 '빅뱅'이라는 태초의 사건이 있었다. 우주의 탄생과 시공간의 확장 과정이 어떻게 진행되어 왔는지 탐구해 보자.

탐구 주제 2 현대인에게 시간 약속은 매우 중요한 개념이다. 이는 개인적인 생활, 사회적 상호작용, 그리고 업무의 효율성을 유지하기 위한 핵심적인 요소이기 때문이다. 그런데 시간 약속이란 개념이 생긴 것은 1차 산업혁명 이후로, 그 역사가 오래되지 않았다. 시간 약속의 개념을 산업혁명과 연결 지어 탐구해 보자.

추천 논문

근대 신문물의 유입에 따른 시간과 공간 개념의 변화와 감각 확장 양상
(채영희, 동북아시아문화학회, 2024)

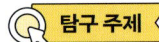

근대 문명의 유입과 함께 서구 과학과 철학이 동아시아에 전파되면서 전통적 세계관이 변화하고 현대적 시간·공간 개념이 수용된 과정을 탐구한 논문이다. 특히 뉴턴의 절대 시간·공간 개념과 아인슈타인의 상대성이론이 동아시아에 소개되며 전통적 자연철학이 재구성되고 과학적 사고의 전환이 이루어진 과정을 조명한다.

탐구 주제 뉴턴의 절대 시간·공간 개념과 아인슈타인의 상대성이론은 동아시아에 전파되며 전통 세계관에 큰 변화를 가져왔다. 서구 과학 개념이 동아시아 철학과 사상에 미친 영향을 탐구하고, 이러한 융합이 현재의 사회와 학문에 끼친 변화를 탐구해 보자.

선택 과목 연계 학습 및 전공 가이드

◆ 선택 과목 연계 학습

선택 과목	학습 안내	
일반 선택	물리학	공간, 시간, 물질의 단위에서 출발해 속도, 가속도, 힘 등 역학의 개념들이 어떻게 파생되었는지 단위의 유래에 대해 파악함으로써 물리학적 사고를 확장할 수 있다.
관련 단원	1. 힘과 에너지	

◆ 전공 가이드

시간, 공간, 물질의 형성 단계에 대해 학습하고, 우주를 기술하는 기본 물리량에 대한 탐구를 통해 기초 물리학의 기본량과 개념의 기반을 다질 수 있다.

- ▶ **인문계열** : 철학과
- ▶ **사회계열** : 경영학과, 경제학과
- ▶ **자연계열** : 물리학과, 천문학과, 화학과, 지구과학과
- ▶ **공학계열** : 건축공학과, 토목공학과, 기계공학과
- ▶ **예체능계열** : 디자인·체육·음악 관련 학과

◆ 선택 과목 연계 학습

선택 과목	학습 안내	
진로 선택	행성우주과학	공간, 시간 속에서 항성들이 운동하는 모습을 관측해 항성까지의 거리를 측정할 수 있음을 이해하고, 이 과정에서 빛의 쓰임새를 탐구해 시공간의 얽힘에 대해 이해한다.
관련 단원	2. 태양과 별의 관측	

◆ 전공 가이드

거시 세계를 측정하는 데 필요한 과학적·수학적 도구들에 대해 학습해 우주의 모습, 빛의 속성, 광도 등에 대해 이해하며 우주 탐구의 기반을 닦을 수 있다.

- ▶ **인문계열** : 역사학과, 고고학과, 인류학과
- ▶ **자연계열** : 천문학과, 물리학과, 대기과학과, 지구과학과
- ▶ **공학계열** : 우주공학과, 전자공학과, 컴퓨터공학과, 항공우주공학과

◆ 선택 과목 연계 학습

선택 과목	학습 안내	
융합 선택	기후 변화와 환경 생태	온실효과로 평균기온이 올라간 최근의 기후 동향에 대해 데이터 분석을 통해 탐구하고, 이를 시간적·공간적으로 분석해 미래 또는 다른 지역에 생길 일을 예측해 볼 수 있다.
관련 단원	2. 기후 위기와 환경 생태 변화	

◆ 전공 가이드

환경 및 기후 문제는 국소적 문제가 아닌 지구 전체, 더 나아가 지구 외권과 밀접한 관계가 있기 때문에 시간적·공간적으로 분석하는 문제로 확장해 볼 수 있다.

- ▶ **사회계열** : 정책학과, 경영학과, 사회학과, 정치학과, 경제학과
- ▶ **자연계열** : 생태학과, 대기환경과, 기상학과
- ▶ **공학계열** : 환경공학과, 에너지자원공학과, 도시공학과

학생부 교과세특 예시

공간과 시간이 기본량임을 이해하고 관련된 과학사적 사건, 실험 등에 대해 조사함. 현대 기술이 없던 고대인들이 시간의 흐름, 공간의 크기를 합리적으로 측정할 수 있었던 배경에 대해 탐구하고, 특별한 장비 없이 옆집과의 거리, 멀리 보이는 산까지의 거리를 직접 측정하고 계산해 기하학에 대한 이해를 도모함. '1초의 탄생(채드 오젤)'을 읽고 '절대 시간'의 개념에 대해 생각해 보게 되어 연계 탐구로 과학자 '마흐'에 대해 추가로 조사했으며, 단위 정의에 사회적·정치적 문제가 개입돼 왔던 역사에서 과학자가 가져야 할 자세로 논리적, 과학적, 중립적이어야 한다는 견해를 밝힘.

교과서 찾아보기

📖 비상 16~19쪽
- 시간과 공간 카드 나열하기
- 미시 세계와 거시 세계 물체의 크기에 따른 차이점 분석
- 길이와 시간의 측정 사례 조사하기

📖 동아출판 14~17쪽
- 미시 세계와 거시 세계의 물체의 크기에 따른 차이점 분석하기
- 길이와 시간 측정의 현대적 방법과 다양한 규모의 측정 사례 조사하기
- 빛을 이용한 길이 측정 방법

📖 미래엔 14~17쪽
- 시간과 길이의 측정 사례 조사하기
- 시간과 길이 측정의 발전
- 미시 세계와 거시 세계의 물체의 크기에 따른 차이점 분석하기

2. 기본량과 단위

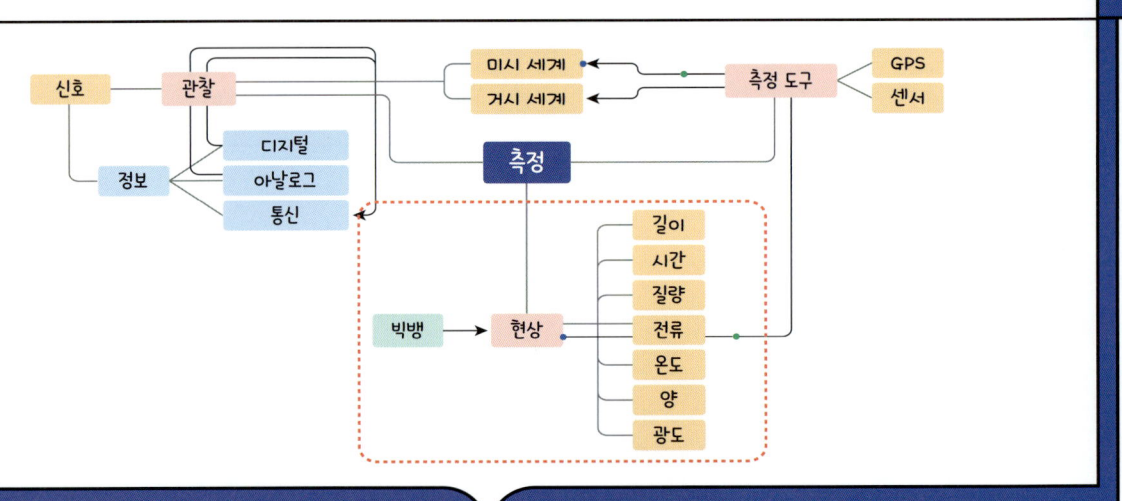

성취 기준 【10통과1-01-02】 과학 탐구에서 중요한 기본량의 의미를 알고, 자연 현상을 기술하는 데 단위가 가지는 의미와 적용 사례를 설명할 수 있다.

학습 개요 빅뱅 이후 우주에는 시간과 공간이 존재하게 되었으며, 물질과 에너지가 시공간에 존재하고 있다. 물질은 원자와 원자를 형성하는 기본 입자로 이루어져 있다. 기본 입자들은 질량, 전하량, 스핀 등 물리적인 기본 성질들을 가지는데, 이 성질들은 국제단위계(SI)의 기본 단위로 표현할 수 있다. 또한 이 성질들을 주관하는 기본 상호작용을 통해 다양하고 복잡한 자연 현상을 일으킨다. 또 다른 기본량에 대해서도 알아보자.

개념 제시 길이, 시간, 질량, 기본량, 단위, 유도량, 현상, 전류, 온도, 물질량, 광도

생각 열기 앙투안 라부아지에(1743~1794)는 프랑스 화학자이자 근대 화학의 아버지로, 질량 보존 법칙과 산소 이론을 연구해 합리적인 화학 체계를 수립했다. 프랑스 혁명 당시 새로운 도량형 체계를 개발하는 데 기여하며 과학적 방법론을 통해 정확하고 통일된 측정 기준을 제시했으며, 이는 오늘날 미터법의 기초가 되었다. 세금 징수원으로 활동했다는 이유로 반혁명 혐의로 기소되어 과학자들의 구명 운동에도 불구하고 1794년 처형되었지만, 단위 통일에 대한 그의 업적은 이후 과학과 산업의 발전에 큰 영향을 미쳤다.

관련 이슈 (단위의 통일) 프랑스 혁명 당시 대중이 단위의 통일을 요구한 것은 주요 사건 중 하나였다. 지역마다 다른 단위를 사용한 탓에 지역 간 거래나 세금 부과 문제가 복잡했기 때문이다. 프랑스 혁명에서는 자유, 평등, 박애의 이념을 바탕으로 사회 개혁이 추진되었으며, 주요 목표 중 하나는 국가의 통일성과 합리화의 추구였다. 미터법이 처음 도입되었을 때는 관습에 익숙했던 사람들의 많은 저항에 부딪혔지만, 혁명의 정신과 과학적 합리성의 상징으로 간주되어 점차 받아들여지게 되었다.

개념 이해

(기본량) 기본량은 숫자와 다르게 단위를 갖고 있다. $1+2$, $f(x)+g(x)$처럼 동일한 수학적 대상들의 합이나 차는 대수적 정의에 따라 항상 가능하지만, 1kg+1m와 같이 다른 단위를 가진 기본량의 합이나 차는 불가능하다. 그러나 기본량끼리의 곱($\times$)이나 나누기($\div$)는 기본량의 정의와 과학 법칙에 따라 가능하다.

(온도) 온도는 열의 개념과는 다르다. 이를테면 몸이 아플 때 '열이 난다'라고 표현하고, 몸의 뜨겁고 차가운 정도를 나타내는 체온은 숫자 하나로 표현할 수 있다. 열은 에너지와 같은 단위를 쓰는 물리량이며, 온도의 기본 단위인 K(켈빈)와 다르다. 열은 온도가 높은 집단에서 낮은 집단으로 이동하는 에너지로 정의되기 때문에 먼저 온도의 정확한 정의가 필요하다.

(속력) '물체의 빠르기'를 뜻하는 속력은 물체의 이동 거리를 물체가 이동하는 데 걸린 시간으로 나눈 것으로, 시간에 대한 평균 개념이다. 속력을 측정하기 위해서는 우선 거리와 시간을 측정해야 한다. 20세기 초에 아인슈타인은 빛을 길이와 시간 측정의 기준으로 보는 특수상대성이론을 발표했으며, 이에 따라 뉴턴의 절대 시간과 절대 공간에 대한 사람들의 가치관도 달라졌다.

탐구 주제 1 과학은 우주에서 일어나는 현상들을 설명하는 학문이다. 각종 물리량의 관계를 수학적으로 표현한 것을 '법칙'이라고 한다. 법칙을 이루는 물리량 중 가장 기본이 되는 7가지 기본량에 대해 조사해 보자. 또한 기본량을 2가지 이상 조합한 유도량에 대해서도 조사해 보자.

탐구 주제 2 가정에서 쓰는 가전 기기의 전원에는 직사각형 모양의 '직류 전원 장치'가 연결된 경우가 많다. 공급되는 교류 전기를 직류 전기로 바꿔주는 장치인데, 이것을 살펴보면 많은 정보가 적혀 있다. 직류 전원 장치에 적혀 있는 물리량들이 의미하는 바와 그 단위에 대해 탐구해 보자.

개념 응용

자료 설명

적혈구 세포, 인간, 지구, 태양계의 순서대로 크기가 큰 것부터 작은 것까지 비교하는 자료이다.

탐구 주제

적혈구의 크기는 약 0.000,006m, 인류의 평균 신장은 약 1.6~1.75m, 지구의 반지름은 6,400,000m, 태양과 지구 사이의 거리는 약 150,000,000,000m이다. 기본 단위로 표현된 큰 수와 작은 수를 효율적으로 표현하는 방법에 대해 조사해 보자.

추천 도서

단위의 탄생 (피에로 마틴, 곽영직 역, 북스힐, 2024)

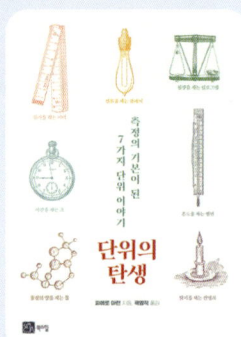

이 책은 국제단위계(SI)의 7가지 기본량에 대해 소개하고 있다. 많은 사람들은 역사의 시작 이래 인류가 자신이 살고 있는 세상을 측정해 오고 있다고 주장한다. 또한 측정의 발전과 더불어 인류 사회도 발전하고 있다고 한다. 이 책은 인류가 자연과 소통하는 방법인 과학에서 기본량 단위의 중요성에 대해 소개하며, 단위와 관련된 물리량이 어떻게 연구되어 왔는지를 알려준다. 챕터별로 소개하는 7가지 물리량을 비롯해 국제단위계에 대한 많은 것을 학습할 수 있다.

탐구 주제 1 국제단위계(SI)의 7가지 물리량은 시간, 길이, 질량, 전류, 온도, 물질의 양, 광도로 구성되며, 자연 현상을 이해하고 표현하는 데 필수적이다. 이 물리량들을 조합한 다양한 유도 물리량에 대해 조사하고 특성을 탐구해 보자. 물리량들을 분류하는 기준을 제시하고 그 기준에 맞게 분류해 보자.

탐구 주제 2 빛의 밝기인 광도는 국제단위계(SI)의 기본량인 데 비해 같은 파동 종류인 소리의 세기는 기본량이 아니다. 소리의 세기 단위를 조사하고, 스마트 기기를 활용해 다양한 환경에서 소리의 크기를 측정해 보자. 소리의 세기가 음악 감상에 미치는 영향을 탐구하고 소음 공해의 기준을 제시해 보자.

단위를 알면 과학이 보인다 (곽영직, 세로북스, 2023)

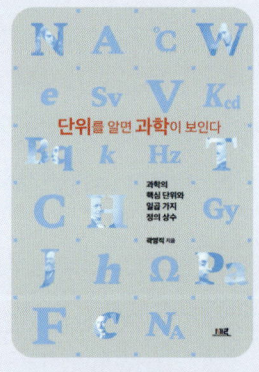

2018년 새롭게 개정된 국제단위계를 바탕으로 주요 단위와 상수에 대해 상세히 설명한 단위 사전이라 할 수 있다. 서론에서 소개되는 단위 체계를 바탕으로 독자들은 단위의 과학적 정의를 이해할 수 있다. 1장에서는 기본단위계에서 파생되는 기초 물리량에 대해 설명하고, 2장에서는 기본 상수의 소개를 통해 기본 상수가 우주와 과학에서 갖는 위상을 알 수 있다. 개정된 국제단위계는 실물 표준을 없애고 기본 상수를 바탕으로 정의되었기 때문에 어디서나 재현 가능한 표준의 역할을 한다.

탐구 주제 1 온도의 기본 단위는 절대 온도 단위인 K(켈빈)이다. 그런데 실제 생활에서는 ℃(섭씨), ℉(화씨) 단위가 더 상용되고 있다. 절대 온도와 섭씨온도는 기준점이 다를 뿐, 단위 간격은 동일하다. 두 온도 단위의 간격이 동일하다는 것의 의미가 무엇인지 탐구해 보자.

탐구 주제 2 절대 온도는 이론적으로 모든 분자의 운동이 멈추는 절대 영도를 기준으로 삼아 분자의 운동을 온도 수치로 나타낸 것이다. 냉찜질과 온찜질은 차갑거나 뜨거운 물건을 신체의 특정 부위에 대어 통증을 낮게 하는 요법을 말한다. 절대 온도의 정의를 바탕으로 냉찜질과 온찜질의 과학적 원리를 탐구해 보자.

추천 논문 | **측정 오차를 활용한 삼각형의 내각의 합 지도 방안 사례 연구**(오영열 외 1명, 한국수학교육학회, 2021)

이 논문에서는 측정 활동을 통해 학생들이 측정의 의미와 측정 오차의 발생 가능성에 대해 인식하고 있는지를 조사한다. 학생들은 생활 속에서 접할 수 있는 다양한 수학적 속성을 인식하고 간단한 측정 도구의 사용법을 익힘으로써 표준 단위의 필요성을 알고, 고차원적 속성을 측정하는 전략을 개발하기 위한 기초를 쌓아나갈 수 있음을 보여준다.

탐구 주제 | 생활 속 다양한 물체를 측정하며 측정 단위의 필요성을 제시하고, 측정 과정에서 발생하는 오차의 원인과 그 영향을 탐구해 보자. 간단한 측정 도구를 활용해 정확한 측정을 수행하는 방법과 측정 데이터를 분석해 신뢰성을 높이는 전략을 개발해 보자.

선택 과목 연계 학습 및 전공 가이드

◆ 선택 과목 연계 학습

선택 과목		학습 안내
일반 선택	화학	물질의 양을 나타내는 단위인 몰의 개념을 바탕으로 화학 반응을 정량적으로 이해한다. 이를 활용해 화학 반응 속도, 농도, 반응 비율 등 화학의 기본 개념이 어떻게 확장되었는지 알 수 있다.
관련 단원	1. 화학의 언어	

◆ 전공 가이드

기본량의 개념과 단위를 학습해 기초과학을 정량적으로 다루는 방법에 대한 기반을 쌓고, 자연 현상을 수치적으로 분석하고 예측하는 능력을 기를 수 있다.

- ▶ **인문계열** : 과학사학과, 철학과
- ▶ **자연계열** : 물리학과, 화학과, 생명화학과, 환경과학과, 과학학과
- ▶ **공학계열** : 화학공학과, 신소재공학과, 환경공학과, 화학소재디자인학과

◆ 선택 과목 연계 학습

선택 과목		학습 안내
진로 선택	역학과 에너지	같은 단위를 갖는 열, 에너지, 일의 개념이 서로 어떤 관계가 있는지 탐구하고, 과학에서 같은 단위를 갖는 기본량 중에서 개념이 연결된 경우, 또는 단위는 같지만 개념이 다른 경우를 조사한다.
관련 단원	1. 열과 에너지	

◆ 전공 가이드

여러 물리량 사이의 관계를 이해하고 기본량들을 조합해 기본량 간의 관계에 대해 학습하고, 이를 통해 자연법칙들 사이의 구조를 이해할 수 있다.

- ▶ **인문계열** : 과학철학과, 과학사학과
- ▶ **공학계열** : 기계공학과, 전기공학과, 에너지공학과
- ▶ **의약계열** : 의예과, 간호학과, 방사선학과, 재활의학과

◆ 선택 과목 연계 학습

선택 과목	학습 안내	
융합 선택	융합과학 탐구	실생활 데이터를 통해 물리량과 단위의 관계를 탐구하고, 데이터 분석을 통해 물리적 현상을 정량적으로 설명한다. 이를 시각 자료로 표현·활용해 문제 해결 능력을 키울 수 있다.
관련 단원	2. 융합과학 탐구의 과정	

◆ 전공 가이드

디지털 도구를 활용해 데이터를 수집·분석하며 평균, 표준편차를 계산해 신뢰성 있는 결론을 도출하고, 이를 통해 측정량의 표현법을 배우고 과학적 소통 능력을 익힌다.

- ▶ **인문계열** : 과학철학과, 데이터사학과, 언어학과
- ▶ **사회계열** : 사회학과, 통계학과, 경제학과, 행정학과
- ▶ **공학계열** : 데이터공학과, 산업공학과, 전자공학과
- ▶ **예체능계열** : 정보디자인학과, 디자인학과, 게임그래픽학과

학생부 교과세특 예시

기본단위계의 중요성을 인식하고, 파생 물리량과 단위에 대해 탐구하고 물리량들이 발생한 과학사적 사건, 실험 등에 대해 조사함. 특히 빛의 속력이 기본 상수인 것처럼 다른 과학 영역에 쓰이는 기본 상수가 더 있는지 탐구함. 이 과정에서 '단위로 읽는 세상(김일선)'을 읽고 기본 상수가 과학의 한 분과를 대표하는 숫자이고, 어떤 단위를 사용하는지에 따라 값이 달라질 수 있기 때문에 단위에 대한 기초 이해가 중요하다는 자신의 견해를 논리적으로 밝힘. 과학 법칙에서 양변의 단위가 같음을 검산으로 사용할 수 있음을 단위 활용의 예시로 들어 개념 확장 능력을 보여주었으며 과학적 통찰력을 발휘함.

교과서 찾아보기

📖 지학사 22~25쪽
- 항공기 불시착하다, 사라진 화성궤도선
- 양을 나타내는 다양한 표현 찾기
- 단위를 사용하여 자연 현상 나타내기

📖 동아출판 18~21쪽
- 국제단위계
- 단위가 없는 물리량
- 단위의 의미와 적용 사례 설명하기

📖 미래엔 18~21쪽
- 기본량의 종류
- 여러 단위의 환산
- 일상생활에서 이용하는 기본량 알아보기

3. 측정 표준

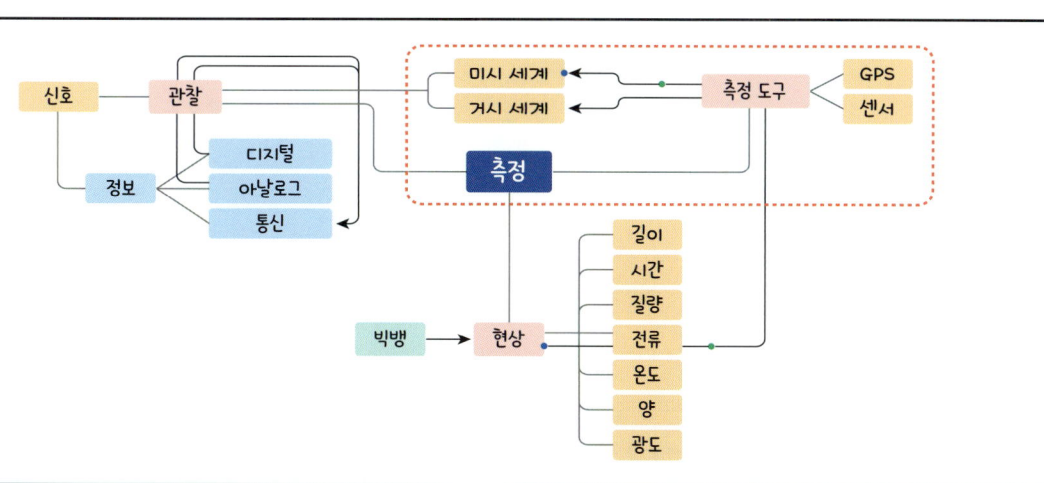

성취 기준 【10통과1-01-03】 과학 탐구에서 측정과 어림의 의미를 알고, 일상생활의 여러 가지 상황에서 측정 표준의 유용성과 필요성을 논증할 수 있다.

학습 개요 '표준시'란 한 나라 안에서 편의를 위해 공통으로 사용하는 표준 시각을 뜻한다. 우리나라는 현재 일본의 표준시를 따르고 있는데, 날짜변경선이 태평양에 있어 한국은 세계에서 하루를 빠르게 맞이하는 나라 중 하나이다. 표준의 기준이 무엇이냐는 사회의 생활 패턴이나 문화까지 결정하는 중요한 요소이다. 따라서 표준의 설정은 단순히 크기나 기준을 정하는 것을 넘어 국가 간 협력과 생활 양식에 깊은 영향을 미친다.

개념 제시 측정, 어림, 표준, 기준, 측정 도구, 측정 표준, 표준 물질

생각 열기 에라토스테네스(BC 273년 추정 ~ BC 192년 추정)는 고대 그리스의 수학자, 지리학자, 철학자이다. 그가 지구의 크기를 측정할 때 세웠던 가정은 단순하다. 지구가 구형이라는 것과 태양 광선이 지구에 평행하게 도달해야 한다는 것이었다. 이 두 가지 가정을 통해 같은 시간, 같은 경도상의 두 도시에 도달한 태양 광선의 각도의 차이로 두 도시의 위도 차이를 알아냈으며, 비례식을 이용해 지구의 크기를 측정한 것이다. 이는 수학과 과학을 활용해 지구의 크기를 비교적 정확하게 측정한 최초의 사례로, 과학사적 가치가 크다.

관련 이슈 (한국표준과학연구원 정관 제1조) 한국표준과학연구원은 국가표준기본법에 따라 국가의 측정 표준을 관장하는 정부 출연 연구 기관이다. 국가 표준 제도를 확립하고 이와 관련된 연구 개발을 수행하며, 그 성과를 확산함으로써 국가 경제와 과학기술 발전 및 국민 삶의 질 향상에 이바지하는 것을 목적으로 한다. 한국표준과학연구원은 다양한 물리적 단위의 측정 표준을 확립하고, 국제 표준과의 정합성을 유지하며, 첨단 산업 및 연구 개발에 필요한 정밀 계측 기술을 지원해 국가 경쟁력을 강화하고 국민의 안전한 삶을 뒷받침하고 있다.

개념 이해

(측정) 중력 가속도는 중력에 의한 낙하 가속도로서, 뉴턴의 만유인력 법칙을 통해 구할 수 있다. 그 값은 $g = G\dfrac{M}{R^2}$이다. 여기서 G는 중력 상수, M은 지구의 질량, R은 지구의 반경인데, 지구의 밀도는 균일하고 완전한 구형이라는 가정이 필요하다. 실제 지구는 그렇지 않기 때문에 지역마다 중력 가속도의 값이 다르다. 과학에서의 이상적인 이론값과 실제 값은 다르기 때문에 측정은 매우 중요하다.

(어림) 일반적으로 사용하는 체중계의 기본 눈금은 kg(킬로그램)이다. 사람들은 체중계의 눈금을 통해 보통 0.1kg 단위까지 체중을 알 수 있다. 그런데 요리를 할 때 계량용으로 체중계를 사용한다면 굉장히 불편할 것이다. 일반적으로 요리에 쓰이는 재료의 양은 1g, 10g 단위로 필요하기 때문이다. 측정 도구는 측정 상황과 대상, 스케일을 모두 고려해 합리적으로 선택해야 한다.

(측정 표준) 지난 100년간 1kg(킬로그램)의 정의로 국제도량형총회에서 채택해 제작한 국제 킬로그램 원기가 사용되었는데, 실물 표준은 시간이 지나면서 미세한 변화로 인해 측정 표준의 안정성과 정밀성을 저해했다. 현재는 플랑크 상수를 이용해 킬로그램의 재정의가 도입되었으며, 실물에 의존하지 않고 자연 상수를 기반으로 재정의해 절대적으로 안정적이고 재현 가능한 단위가 되었다.

탐구 주제 1 현대 사회의 가정에서 자급자족되지 않는 것으로 물, 전기, 연료가 있다. 우리나라에서는 물, 전기, 연료를 사기업, 공기업 등에서 구매해 사용하기 때문에 주택이나 건물에는 이를 측정하는 계량기들이 설치되어 있다. 위 품목들의 고지서에서 알 수 있는 정보를 조사해 보자.

탐구 주제 2 측정은 비단 과학 분야에서만의 문제가 아니다. 측정 표준은 경제 발전에 필수적인 기반을 제공한다. 산업 기술이 발전함에 따라 제품과 서비스의 품질 보증, 상호 호환성, 국제 경쟁력 확보가 중요하기 때문이다. 이와 관련지어 측정 표준과 연관된 역사적 사건에 대해 조사해 보자.

개념 응용

자료 설명

자동차 계기판에는 왼쪽 그림과 같이 속력계와 타코미터(Tachometer), 오도미터(Odometer), 연료 게이지 바가 있다.

탐구 주제

자동차에는 다양한 계기판이 설치되어 있는데, 그중 누적 주행 거리를 알려주는 주행계는 자동차 기술이 발전함에 따라 주행 거리를 측정하는 방식이 기계식에서 전자식으로 변화해 왔다. 변화한 측정 방식의 원리와 장단점을 조사해 보자.

추천 도서

단위·기호 사전 (사이토 가쓰히로, 조민정 역, 그린북, 2019)

이 책은 과학에서 자주 접하지만 이해하기 어려운 단위와 기호를 친근하고 명확하게 설명하는 실용적인 가이드북으로, 단위의 정의, 원리, 활용법을 체계적으로 다룬다. 1부에서는 국제도량형총회에서 결정된 7가지 SI 기본 단위를 중심으로 과학적 기초를 다지고, 2부에서는 자연 현상, 양자 세계, 화학, 공학, 우주와 관련된 특수한 단위와 기호를 심도 있게 설명한다. 사전식 구성으로 개념 설명과 다양한 예시를 시각 자료와 도해로 제공해 과학을 처음 접하는 독자도 유용하게 활용할 수 있다.

탐구 주제 1 조리에서 계량은 식재료의 양을 정확하게 측정하는 것을 말한다. 요식업에서는 음식의 맛을 변함없이 유지하는 것이 매우 중요하기 때문에 계량은 필수적인 과정이다. 이와 같이 일상생활에서 단위가 실용적으로 사용되는 사례를 나의 관심 분야와 관련지어 조사하고 탐구해 보자.

탐구 주제 2 고대 로마, 중국에서는 광대한 영토와 다양한 민족을 효과적으로 통치하기 위해 통일된 도량형 체계를 도입해 문화와 경제의 발전에 크게 기여했다. 현대와 같이 전 세계적으로 통일된 도량형 체계가 인류가 협력하고 발전하는 데 어떤 역할을 했는지를 과학의 실용성을 중심으로 탐구해 보자.

측정의 과학 (크리스토퍼 조지프, 고현석 역, 21세기북스, 2022)

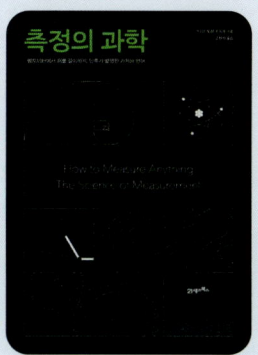

인류 역사에서 측정의 변화 과정을 소개하고 측정 용어를 분야별로 설명해 주는 안내서이다. 최초의 과학이 분명한 '천문학'의 측정 단위부터 시작해 지질학, 기상학, 생명과학 등에 이르는 다양한 과학 분야뿐만 아니라 일상생활 속 단위까지 많은 분야를 다루고 있다. 이 책을 통해 측정이 인간의 생활과 얼마나 밀접하게 연관돼 있는지, 그리고 과학과 사회의 발전에서 얼마나 중요한 역할을 하는지를 알고, 일상생활 속 과학의 쓰임새에 대해 알게 될 것이다.

탐구 주제 1 거래란 상품이나 용역을 교환하는 것을 말한다. 공정한 거래를 위해서는 교환하는 상품의 양을 정확하게 측정해야 한다. 우리나라에서 예로부터 지금까지 계속 사용하는 단위로 평, 근 등이 있다. 거래의 관점에서 이러한 단위들이 쓰이는 문제에 대해 탐구하고 토론해 보자.

탐구 주제 2 음악에서 음의 높낮이와 길이는 주파수와 시간으로 측정된다. 전통 악기와 현대 악기의 음향을 측정해 주파수, 진폭, 파형 등 물리적 특성을 비교해 보자. 또한 음계와 리듬에서의 비율과 단위가 음악적 조화에 미치는 영향을 탐구하고, 이때 적용되는 물리 이론에 대해 조사해 보자.

추천 논문

지구과학교육을 위한 "활동적 고유한 가치" 제안: Eratosthenes 지구 크기 측정을 중심으로
(오준영 외 1명, 대한지구과학교육학회, 2024)

지구의 크기를 측정한 고대 철학자 에라토스테네스의 연구를 다룬 논문이다. 당시 알려져 있던 기하학의 이론과 에라토스테네스가 설정한 가설을 바탕으로, 지구에 살고 있는 인간이 지구의 크기를 측정하는 도전에 성공하고 수학적 도구를 실제 상황에 적용해 문제를 해결한 방법의 가치에 대해 논하고 있다.

> **탐구 주제**
> 거대한 우주의 수많은 은하 중 우리은하의 변두리, 태양계의 세 번째 행성인 지구에 살고 있는 인류가 우리은하의 외부를 탐색하는 것은 쉬운 일이 아니다. 우주의 크기를 측정할 수 있는 방법을 모색해 보고 그 가치에 대해 탐구해 보자.

선택 과목 연계 학습 및 전공 가이드

◆ 선택 과목 연계 학습

선택 과목	학습 안내
일반 선택	지구과학	대기와 해양의 기본량을 측정해 기상과 기후의 변화를 예측할 수 있다. 기상 현상이 다양한 원인에 의해 일어나기 때문에 약간의 측정값 요동이 다른 결과를 도출함을 알 수 있다.
관련 단원	1. 대기와 해양의 상호작용	

◆ 전공 가이드

측정값의 차이가 다양한 결과를 도출할 수 있음을 이해하고, 과학사에서 이러한 사례를 탐구하며 과학자가 지녀야 할 탐구 자세와 방법론을 배울 수 있다.

- ▶ **사회계열** : 환경경제학과, 인문기술융합학부
- ▶ **자연계열** : 대기과학과, 지구과학과, 환경과학과, 기후환경에너지학과
- ▶ **공학계열** : 토목공학과, 지구환경공학과, 수자원공학과
- ▶ **의약계열** : 의예과, 간호학과, 방사선학과, 의료정보학과

◆ 선택 과목 연계 학습

선택 과목	학습 안내
진로 선택	행성우주과학	지구에 사는 인류가 관측을 통해 직접 가지 못하는 외부 우주를 탐구함을 알 수 있다. 별의 시차, 밝기 등의 관측 자료를 근거로 우주의 모습을 예측해 과학의 본성을 체험한다.
관련 단원	2. 태양과 별의 관측	

◆ 전공 가이드

기초과학 분야에서 이론과학과 실험과학의 차이를 이해하고, 가장 기본적인 과학 활동인 관찰, 측정을 통해 이론과 실제의 관계에 대해 연구한다.

- ▶ **사회계열** : 과학기술정책학과, 인문기술융합학부
- ▶ **자연계열** : 천문학과, 물리학과, 우주과학과, 지구물리학과
- ▶ **공학계열** : 항공우주공학과, 컴퓨터공학과

◆ 선택 과목 연계 학습

선택 과목	학습 안내	
융합 선택	과학의 역사와 문화	과학기술의 발전이 각종 분야에 끼친 영향에 대해 탐구하고, 새롭게 나타난 문화적 변화를 측정 기술과 관련지어 학습한다. 아울러 데이터가 각 분야에서 하는 역할에 대해 탐구한다.
관련 단원	3. 과학과 인류의 미래	

◆ 전공 가이드

우리 사회의 각 분야에서 사용되는 기본량의 개념에 대해 학습하고, 기본량을 데이터로 만들기 위한 측정과 측정 표준을 이해하고 활용할 수 있다.

- ▶ **인문계열 :** 디지털인문학과, 문화연구학과, 과학철학과
- ▶ **사회계열 :** 인문기술융합학부, 언론정보학과, 경제학과
- ▶ **자연계열 :** 과학학과
- ▶ **공학계열 :** 산업공학과, 빅데이터공학과, 컴퓨터공학과

학생부 교과세특 예시

측정 표준의 중요성을 인식하고 한국의 공식적인 표준 과학을 연구하는 기관이나 관련 직업을 조사해 표준이 실제 활용되는 다양한 예시를 구체적으로 탐구하는 등 진로 탐색에 적극적인 모습을 엿볼 수 있음. 질량의 실물 표준 원기가 문제가 되는 근거로, 물질의 기본 단위가 원자이며 이 원자들이 열운동을 하는 과정에서 증발 등의 문제로 표준 원기의 역할을 못 한다는 점을 들어 알고 있는 지식을 활용할 줄 아는 과학적 태도를 보여줌. 새로운 질량 단위의 정의로 쓰이는 플랑크 상수에 흥미를 갖고 다른 단위에서 사용되는 기본 상수에 대해 질문하고 조사해 호기심을 해결함.

교과서 찾아보기

📖 지학사 26~31쪽

- 착용형 디바이스
- 표준 물질
- 일상생활에서 측정 표준이 활용되는 사례 탐색하기

📖 동아출판 22~25쪽

- 피자 크기의 기준이 가게마다 다르면 어떤 점이 불편할까?
- 스마트 기기로 기본량 측정하고 분석하기
- 일상생활에서 측정 표준이 활용되는 사례 탐색하기

📖 비상 26~29쪽

- 시간과 길이 어림하기
- 물의 질량 어림하기
- 일상생활에서 측정 표준이 활용되는 사례 탐색

4. 정보와 통신

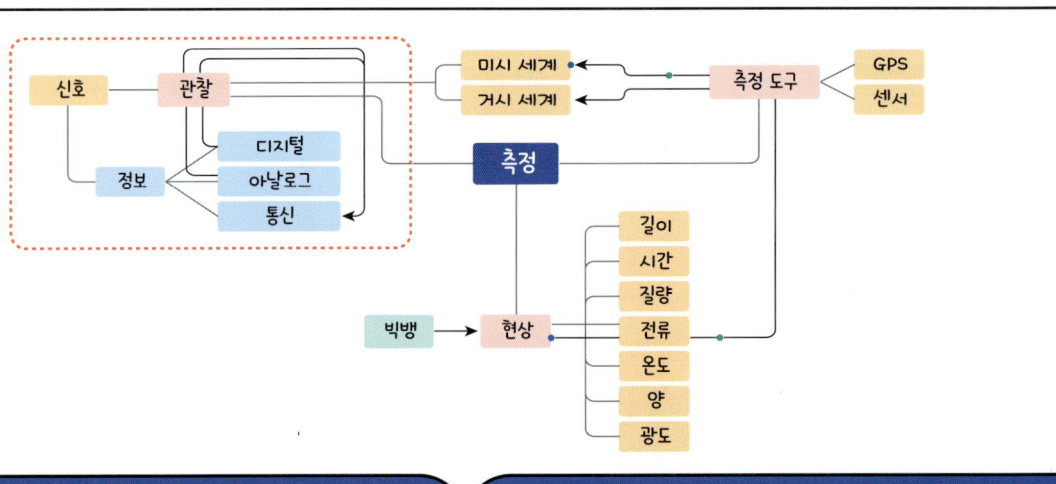

성취 기준 【10통과1-01-04】 자연에서 일어나는 다양한 변화를 측정·분석하여 정보를 산출함을 알고, 이러한 정보를 디지털로 변환하는 기술을 정보통신에 활용하여 현대 문명에 미친 영향을 인식한다.

학습 개요 정보란 사실이나 지식을 전달할 수 있는 형태로 표현한 것을 말한다. 공간적으로 떨어진 두 대상 간의 정보 교환에는 여러 가지 물리적인 신호를 사용해야 하는데, 그 신호는 연속적인 아날로그 방식이나 불연속적인 디지털 방식으로 전달된다. 예를 들어 모스부호는 대표적인 디지털 방식의 정보 전달이며, 전자기파를 이용한 통신은 아날로그 방식으로 이루어진다. 정보 변환 과정에서는 데이터의 왜곡을 최소화하는 것이 중요하기 때문에 변환 기술과 도구를 신중하게 선택하고 설계해야 한다.

개념 제시 신호, 정보, 통신, 파동, 디지털, 아날로그, 센서, 전기 신호, 감각, 변화, 연속, 불연속

생각 열기 새뮤얼 모스(1791~1872)는 정보통신의 혁명을 이끈 선구자 중 한 사람으로 평가받는다. 미국의 발명가이자 화가이며, 모스부호와 전신의 공동 발명자로 유명하다. 모스부호는 알파벳과 숫자를 점과 선으로 표현한 부호 체계로, 대표적인 2진법 디지털 표기법이다. 초기에는 간단한 전신 통신을 위해 고안되었지만, 전 세계적으로 널리 사용되며 해상 통신과 군사 통신 등에서 중요한 역할을 했다. 모스부호는 단순하지만 효율적인 구조 덕분에 열악한 통신 환경에서도 신뢰성 높은 통신을 가능하게 한다.

관련 이슈 (압축 기술) 압축 기술은 데이터를 저장할 때 불필요한 부분을 없애거나 반복 데이터를 제거해 전송 시간, 저장 공간을 절약하는 기술이다. 디지털 기술이 보편화된 현대 사회에서는 소리, 이미지, 영상 등을 파일로 저장하는 일이 많기 때문에 각종 압축 기술은 필수이다. 압축 기술에는 손실 압축과 무손실 압축이 있다. 손실 압축은 일부 데이터가 영구히 제거되기 때문에 원본 상태로 복원

이 불가능하며, 무손실 압축은 압축률이 제한적이라는 단점이 있다. 이러한 단점들을 극복하는 새로운 압축 기술의 개발이 필요하다.

개념 이해

(신호) 자연계에서 발생하는 신호는 물리적 현상이 시간과 공간에 따라 변화하는 연속적인 형태로 표현된 것이다. 인간은 자연 현상을 감지할 때 시각, 청각 등으로 외부 자극을 받아들이는데 전자기파, 음파가 각 신경세포를 자극한다. 이 신호들은 파동의 형태로 연속적인 값으로 변화하며 전달된다. 이 신호는 특정한 주파수와 진폭을 가지며, 시간에 따라 끊임없이 변하는 연속적인 데이터로 표현된다.

(정보) 정보란 데이터를 체계적으로 조직해 의미 있는 형태로 변환한 것으로, 인간이나 시스템이 의사 결정이나 문제 해결에 활용할 수 있는 지식을 말한다. 인간은 주변 세계를 이해하고 소통하기 위해 다양한 형태의 정보를 활용하는데, 이 과정에서 우리의 뇌가 데이터를 수집, 처리, 해석한다. 정보는 숫자, 텍스트, 이미지, 소리 등 다양한 형식으로 표현되며, 이를 통해 특정 상황에 대한 통찰을 얻을 수 있다. 정보는 명확성과 신뢰성을 가져야 하며, 특정한 맥락에서 가치를 지니는 데이터로 구성된다.

(통신) 통신은 송신자에서 수신자로 신호와 정보를 전달하는 과정인데, 사람이나 장치 간의 의미 있는 교환을 가능하게 한다. 음성, 영상, 문자 등 다양한 형태의 정보가 신호로 변환되어 매체를 통해 전송된다. 통신 과정에서 신호는 특징적인 주파수와 진폭 등을 가지며 변화하고, 효율적인 정보 전달을 위해 데이터 압축과 오류 수정 기술이 사용된다. 유선·무선의 다양한 방식으로 이루어지는 통신기술은 각자의 시간과 공간에서 살아가는 인간 사회에서 필수적인 역할을 한다.

탐구 주제 1 유선 통신은 케이블이나 광섬유를 통해 신호를 전달하며 안정성과 보안성이 높지만, 설치와 확장에 제한이 있다. 무선 통신은 전파를 사용해 이동성과 확장성이 뛰어나지만, 신호 간섭과 보안 문제에 취약하다. 두 통신 방식의 효율성과 적합성을 상황별로 비교·분석해 보자.

탐구 주제 2 정수(integer)는 그 값이 1씩 차이 나는 숫자들이다. 실수(real number)는 '이웃하는 숫자들'이라는 표현을 사용할 수 없는 숫자들의 집합이며, 우리는 이를 '연속적'이라고 표현할 수 있다. 정수와 실수가 디지털·아날로그 신호를 표현하는 방법에 대해 탐구해 보자.

개념 응용

[출처] 2016년 11월 전국연합학력평가 고1 〈물리학〉 13번 문항 변형

자료 설명

CD 표면의 트랙 간격을 나타낸 그림으로, 데이터를 저장하는 홈 사이의 거리를 나타낸다.

탐구 주제

CD 표면의 트랙 간격이 데이터 저장 용량에 미치는 영향을 탐구해 보자. 광학 저장 장치의 원리를 조사하고 CD, 블루레이, DVD의 차이점 및 장단점과 기술적 한계를 분석하며, 다른 방식의 미래 저장 기술의 발전 방향에 대해 고찰해 보자.

추천 도서

모스에서 잡스까지 (신동훈, 뜨인돌, 2018)

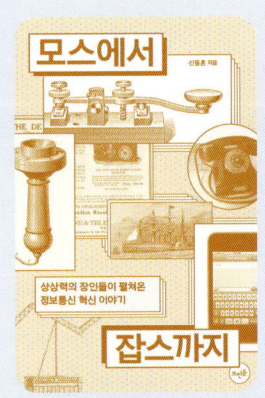

이 책은 모스부호로 시작된 유선 전신부터 스마트폰과 5G 네트워크에 이르기까지 통신기술의 여정과 그로 인한 사회적 변화를 소개하며, 기술적 내용을 일상의 사례와 역사적 사건으로 흥미롭게 풀어낸다. 전쟁 중 발전한 무선 기술이 라디오의 대중화와 재즈의 확산에 기여한 점이나, 스마트폰이 억압 체제를 극복하는 수단으로 활용된 사례를 통해 기술의 사회적 영향력을 보여준다. 기술과 사회의 교차점을 이해하고자 하는 모든 독자에게 깊은 통찰과 흥미를 선사하는 책이다.

탐구 주제 1 스마트폰이 상용화된 현대의 데이터 통신은 누구에게나 친숙하다. 데이터 통신은 2G(2세대)부터 현재의 5G까지 발전했으며 실내에서는 Wi-Fi를 사용하고 있다. 2G부터 5G까지의 발전 과정 및 Wi-Fi와의 차이점에 대해 탐구해 보자. 또한 전자기파의 종류를 알아보고 각각의 차이와 특징을 조사해 보자.

탐구 주제 2 영화 〈엑시트〉, 〈기생충〉에서는 근거리 통신이 불가능한 상황에서 2진법 언어 체계인 모스부호를 사용하는 장면을 보여준다. 컴퓨터 코드에는 16진법 언어 체계도 쓰이는데, 이는 키보드의 입력 방식에 적용된다. 16진법 체계에 대해 조사하고 2진법과 16진법이 사용되는 이유를 탐구해 보자.

이토록 신기한 IT는 처음입니다 (정철환, 경이로움, 2022)

이 책은 스마트폰과 디지털 자산, 클라우드와 데이터센터, 인공지능과 3D 프린터 같은 주요 IT 기술의 핵심 원리와 역사적 배경을 다루며, 기술이 우리의 삶과 사회를 어떻게 바꾸고 있는지를 사례 중심으로 이야기한다. 또한 4차 산업혁명의 핵심 기술인 자율 주행, 드론, 메타버스를 통해 미래의 기술 동향을 조망하고, 스마트 기기의 발전 역사를 통해 기술이 일상생활에서 어떻게 자리 잡았는지 설명한다. 이를 통해 IT 기술이 프로그래밍을 넘어 많은 영역에서 어떻게 혁신을 이루는지 알게 될 것이다.

탐구 주제 1 자율 주행 자동차의 핵심 기술은 센서이다. 센서는 각종 변화의 신호를 전기적 신호로 변환하는 장치를 말하며, 현대 기술의 핵심으로 다양한 분야에서 널리 사용되고 있다. 요즘 가정에서 많이 쓰이는 로봇 청소기에 사용되는 센서의 종류를 알아보고, 추가하면 좋을 기능에 대해 알아보자.

탐구 주제 2 1990년대 걸프전에서는 '스텔스 전투기'가 처음 선보였으며, 이스라엘은 '아이언 돔'을 구축해 외부 공격에 대비하고 있다. 전자는 레이더 탐지를 회피하고, 후자는 레이더를 활용해 신호를 감지한다. 국방 기술에서 중요한 역할을 하는 센서와 신호 감지 기술의 종류에 대해 탐구해 보자.

추천 논문

오디오 포렌식을 위한 소리 데이터의 요소 기술 식별 연구(유혜진 외 3명, 한국정보보호학회, 2024)

디지털 오디오 매체가 급증하면서 소리 데이터 분석의 중요성이 증가한 상황에서, 체계적이고 일관된 오디오 포렌식 기술 개발이 필요하다. 이 논문은 소리 데이터의 수집, 저장, 처리, 분석, 응용의 5단계에서 필요한 기술 요소를 분류하고, 소리 데이터를 다룰 때 필요한 주요 기술을 정의하고 사례를 소개해 소리 분석의 표준화의 기초를 마련했다.

탐구 주제 디지털 포렌식 과정에서 소리 데이터를 다룰 때 필요한 기술로 노이즈 제거, 데이터 증강, 특징 추출 등이 있다. 디지털 포렌식에 대해 정의하고, 이때 필요한 기술에 대해 과학적으로 설명해 보자. 이와 함께 위의 기술에 필요한 물리량을 제시하고 탐구해 보자.

선택 과목 연계 학습 및 전공 가이드

◆ 선택 과목 연계 학습

선택 과목		학습 안내
일반 선택	생명과학	전기 신호로 전달되는 우리 몸의 신경계에 대해 학습하고, 외부 자극을 뇌로 전달하는 전기적 원리에 대해 탐구해 신경계의 구조와 기능을 이해할 수 있다.
관련 단원	2. 항상성과 몸의 조절	

◆ 전공 가이드

신경계의 구조와 기능을 학습하고, 이를 통해 신경과학, 생명공학, 인공지능 등 다양한 분야에서의 응용 가능성을 학습하고 탐구 능력을 기른다.

- ▶ **사회계열** : 심리학과, 인지과학과, 신경심리학과
- ▶ **공학계열** : 바이오메디컬공학과, 신경공학과, 전자공학과
- ▶ **의약계열** : 의예과, 간호학과, 재활의학과, 정신의학과

◆ 선택 과목 연계 학습

선택 과목		학습 안내
진로 선택	전자기와 양자	전기 현상에 대해 탐구하고 전기회로에서 전릿값이 연속적임을 알 수 있다. 전류의 자기 작용을 이용해 전신기를 만들 수 있음을 알고 각종 신호를 전기적 신호로 변환해 본다.
관련 단원	2. 빛과 정보통신	

◆ 전공 가이드

전자기기에 필요한 전기 에너지, 그리고 인류와 기계를 연결해 주는 입력 장치에 대해 학습해 센서, 로봇, 인공지능 등의 최신 기술을 이해할 수 있다.

- ▶ **사회계열** : 정보사회학과, 경영학과, 경제학과
- ▶ **자연계열** : 물리학과, 전자물리학과, 응용물리학과
- ▶ **공학계열** : 전자공학과, 로봇공학과, 컴퓨터공학과, 바이오메디컬공학과, 의료기기학과
- ▶ **의약계열** : 의예과

◆ 선택 과목 연계 학습

선택 과목	학습 안내	
융합 선택	융합과학 탐구	미래 사회에 필요한 새로운 융합과학 기술로서 새로운 센서나 통신기술에 대한 아이디어를 제시하고, 이를 통해 인류가 겪고 있는 난제를 해결할 수 있는 방안을 제시한다.
관련 단원	3. 융합과학 탐구의 전망	

◆ 전공 가이드

앞으로 필요한 전자기기와 인간, 인간과 인간 등 다양한 조합 사이의 통신 방법에 대해 생각해 보고, 이를 실현하기 위한 통신기술을 개발해 볼 수 있다.

- ▶ **인문계열** : 철학과, 윤리학과, 인문정보학과, 문화인류학과
- ▶ **사회계열** : 정책학과, 경제학과
- ▶ **공학계열** : 전자공학과, 정보통신공학과, 신소재공학과, 데이터사이언스학과

학생부 교과세특 예시

신호와 정보의 개념에 대해 심도 있게 학습하고, 공간적으로 분리된 대상에게 정보를 전달하기 위한 방법으로서의 파동을 상황별로 분류, 탐구하여 파동의 원리를 이해함. 디지털 시대에 인류와 기계 사이의 소통이 전기, 자기 신호로 이루어진다는 것에 호기심을 갖게 되어 아날로그 신호를 디지털 신호로 변환하는 방법과 전자기 신호에 대해 알기 위해 '모스에서 잡스까지(신동흔)'를 읽고, 현대인이 항상 접하는 무선 통신 데이터 시스템과 근거리 무선망의 원리에 대해 조사해 전자기파의 종류와 다양한 쓰임새를 알고, 상황에 따른 전파의 사용 범위를 분류하는 응용 능력을 보여줌.

교과서 찾아보기

📖 지학사 32~35쪽
- 우리 주변의 신호를 측정·분석하여 만든 정보 조사하기
- 정보 처리 시스템 과정
- 스마트 기기를 활용하여 여러 가지 기본량을 측정하고 분석하기

📖 비상 30~33쪽
- 기상 리포터 되어보기
- 스마트 기기를 활용한 기본량 측정과 분석
- 디지털 기술이 일상생활에 이용된 사례 조사하기

📖 미래엔 32~35쪽
- 스마트워치를 이용한 건강 관리
- 센서를 이용해 측정한 신호로부터 얻는 정보
- 스마트 기기를 활용하여 기본량을 측정하고 분석하기

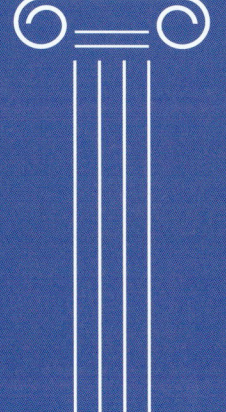
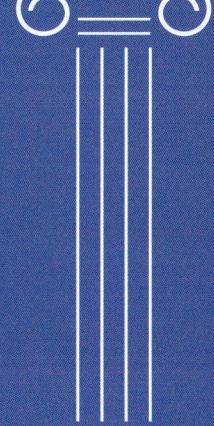

II

물질과 규칙성

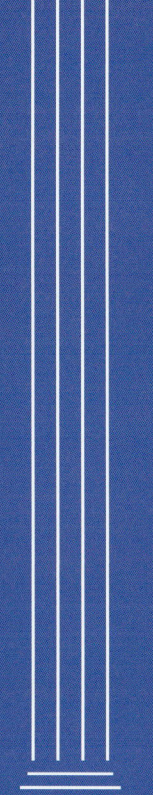

1. 별의 스펙트럼과 우주의 구성 원소

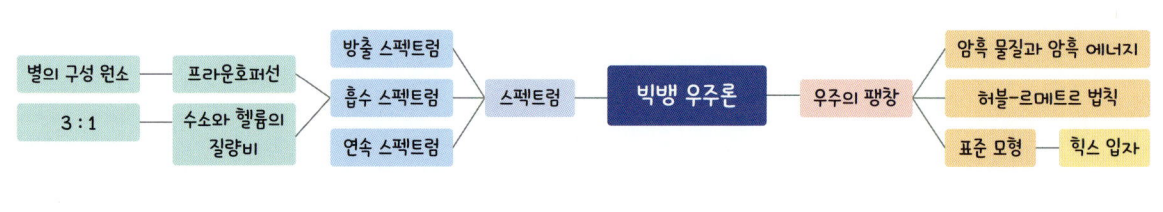

성취 기준   【10통과1-02-01】 천체에서 방출되는 빛의 스펙트럼을 분석하여 우주 초기에 형성된 원소와 천체의 구성 물질을 추론할 수 있다.

학습 개요   '우리는 어디에서 왔는가?'라는 고민은 고대부터 현재까지 이어지는 철학적 질문이다. 이 단원에서는 약 138억 년 전 밀도가 높고 뜨거운 한 점에서 빅뱅이 일어나 공간이 팽창해 현재의 우주가 되는 과정을 알아보고, 태양을 비롯한 다양한 천체들의 구성 원소를 알아볼 수 있는 방법을 소개한다. 우주 전역에서 관측되는 원소는 수소와 헬륨이 대부분인데, 이를 빅뱅 우주론과 함께 엮어 학습한다.

개념 제시   빅뱅 우주론, 스펙트럼, 수소 대 헬륨의 질량비, 우주의 팽창, 프라운호퍼선, 기본 입자

생각 열기   에드윈 허블(1889~1953)은 은하가 멀어지는 속도를 적색편이를 통해 계산했고, 은하의 후퇴 속도가 은하와의 거리에 비례한다는 '허블 법칙'을 발표했다. 하지만 이보다 2년 먼저 르메트르가 우주의 팽창을 주장한 점이 인정되어 2018년을 기준으로 현재는 '허블-르메트르 법칙'으로 불리고 있다. 우주배경복사를 통해 측정한 허블 상수(거리당 멀어지는 속도, 우주의 팽창 속도)는 약 $67\,km/s\cdot Mpc$이고, 은하 스펙트럼의 적색편이를 이용한 값은 약 $73\,km/s\cdot Mpc$로 서로 차이를 보이는데, 이를 '허블 갈등'이라고 한다.

관련 이슈   (**'힉스 보손'의 발견**)   입자물리학의 표준 모형이 제시하는 기본 입자 중 하나인 '힉스 보손'의 존재는 1964년 최초로 제안되었으며, 2013년 유럽 입자물리연구소(CERN)에서 최초로 발견했다. 힉스 입자는 힉스장이 입자에 관성 질량을 부여한다는 증거로, 이 발견은 빅뱅 우주론을 넘어 표준 모형 완성의 한 페이지를 차지하게 된다. 쿼크, 전자, 뮤온, 중성미자 등 12개의 기본 입자와 힘을 매개하는 힉스를 포함한 5개의 보손 입자를 합해 총 17개의 입자로 우주를 설명하는 표준 모형이 완성되었다. 이는 암흑 물질, 암흑 에너지 등을 포함한다.

개념 이해

(빅뱅 우주론) 우주의 빅뱅은 프리드만 방정식에서 처음 예측되었으며, 르메트르가 최초로 빅뱅 우주론을 제시했다. 허블은 외부 은하의 후퇴 속도를 스펙트럼을 통해 관찰해 우주가 팽창하고 있음을 밝혀냈다. 우주가 팽창하고 있다는 사실과 관련해서는 과거 우주의 모든 물질과 에너지가 한 점에 모여 있다가 빅뱅을 일으켜 현재의 우주를 형성했을 것이라는 핵심 개념을 이해하는 것이 중요하다.

(스펙트럼) 뉴턴은 분광기를 통해 태양 빛을 최초로 분해해 스펙트럼을 발견했다. 이후 적외선, 자외선 영역 등 다양한 파장대에서의 전자기파 발견, 프라운호퍼의 태양 빛에서의 흡수 스펙트럼 발견 등, 스펙트럼은 빛을 활용한 분야에서 다양하게 쓰인다. 이 단원에서는 특히 흡수 스펙트럼을 통해 원소의 종류를 알아낼 수 있음을 이해하는 것이 매우 중요하다.

(수소 대 헬륨의 질량비) 빅뱅 우주론에 따르면 빅뱅 직후 전자, 쿼크와 같은 최초의 입자가 만들어졌다. 쿼크끼리 결합하면 양성자와 중성자가 되고, 이후 양성자와 중성자가 결합하면 헬륨 원자핵이 형성된다. 빅뱅 이후 약 38만 년이 지난 뒤에야 비로소 수소 및 헬륨 원자핵과 전자가 결합해 최초의 원자가 형성되었다. 빅뱅 우주론에 따르면 그 질량비는 3:1이며, 이는 우주 전역에서 관측되는 원소의 비율과 일치한다.

탐구 주제 1 빛에는 우리 눈에 보이는 가시광선을 포함해 눈에 보이지 않는 적외선, 자외선, X선, 감마선 등 빛의 파장에 따라 다양한 종류의 전자기파가 존재한다. 여러 종류의 빛이 가지는 특성을 조사하고, X선 등 실생활에서 다양한 파장대의 빛을 활용하는 방안을 탐구해 보자.

탐구 주제 2 백색광을 분광기에 통과시키면 연속 스펙트럼을 얻을 수 있다. 넓은 범위로 다양하게 나타나는 특성 때문에 스펙트럼이란 단어가 비유적 표현으로서 성격이나 정치적 성향 표현, 의학 용어(자폐 스펙트럼 장애 등) 등에 쓰이기도 한다. 스펙트럼 및 다양한 과학 용어들이 빗대어 쓰이는 관용구를 탐구해 보자.

개념 응용

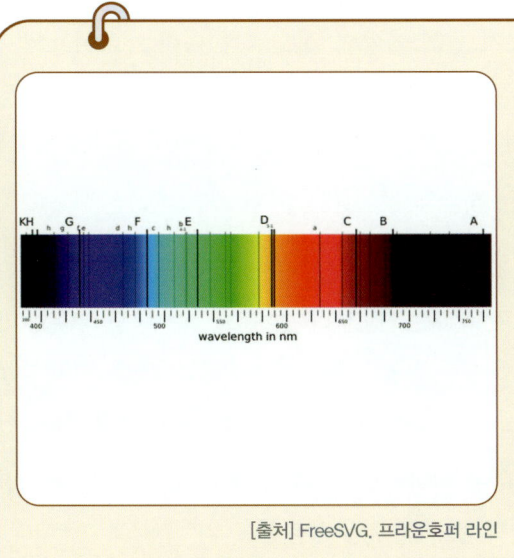

[출처] FreeSVG. 프라운호퍼 라인

자료 설명

독일 물리학자 프라운호퍼(1787~1826)가 분광기를 활용해 관측한 태양의 흡수 스펙트럼을 나타낸 것이다.

탐구 주제

고온의 원소는 검은색 스펙트럼상에서 방출선을 형성하고, 광원에 대해 저온의 기체는 연속 스펙트럼에서 흡수선을 형성한다. 같은 원소라면 둘의 위치가 같다. 이를 이용해 태양에 포함된 원소의 종류를 알아내는 방법에 대해 탐구해 보자.

추천 도서

그림으로 보는 시간의 역사 (스티븐 호킹, 김동광 역, 까치, 2021)

시간과 공간, 우주의 역사에 대한 이야기를 대중도 알기 쉽게 풀어 쓴 《시간의 역사》에 그림을 추가해 《그림으로 보는 시간의 역사》로 재발간했다. 2017년에 스티븐 호킹이 새로 쓴 서문과 부록을 추가하고, 우주에 대한 스티븐 호킹의 최신 의견을 반영해 2021년 재발간한 것이다. 1988년 처음 출간된 후 정립된 이론들인 암흑 에너지, 정보 역설, 중력파 등 최신 이론이 포함되어 있어 〈통합과학〉에서 소개된 빅뱅 우주론에 대한 학습 및 심화 탐구에 적합한 책이다.

탐구 주제 1 빅뱅 우주론은 오랜 기간에 걸쳐 수정되어 급팽창 우주론, 표준 우주 모형 등으로 이어졌다. 빅뱅 우주론이 정립된 과정을 살펴보고, 다른 과학 이론의 예시로 판구조론의 정립 과정과 비교해 보자. 두 과학 이론이 정립되기까지의 과정을 살펴보고 과학 이론의 본성을 탐구해 보자.

탐구 주제 2 스티븐 호킹의 《시간의 역사》에 나오는 시공간의 개념은 여러 문화 산업에도 영향을 미쳤다. 시간 이동, 순간 이동 등은 SF 영화, 소설 등에 단골 소재로 등장했다. 이와 관련해 과학이 문화 산업에 미친 영향, 혹은 문학 등 다른 문화 산업이 과학에 미친 영향을 탐구해 보자.

과학이 필요한 시간 (궤도, 동아시아, 2022)

과학의 대중화를 이끄는 과학 커뮤니케이터 '궤도'가 누구나 알기 쉽게 풀어 쓴 과학 이야기이다. 빅뱅 우주론부터 다중 우주, 차원, 끈 이론, 인공지능 등 들어는 봤지만 잘 모르는 다양한 분야의 과학 이야기를 알기 쉽게 해석해 〈통합과학〉이라는 타이틀에 어울리는 책이다. 과학 학습의 진입 장벽을 낮춰주면서도 지식의 깊이와 전문성을 담고 있어 〈통합과학〉 관련 탐구 활동에 유용하게 활용할 수 있다.

탐구 주제 1 현재 우리가 살아가는 우주는 끊임없이 변화하고 있는 만큼, 우주의 미래를 알아내는 것은 중요한 과제이다. 여러 과학자들은 우주가 중력, 암흑 에너지 등의 영향을 받아 '빅 크런치(대함몰)', '빅 프리즈(대동결)' 등 종말을 맞게 될 거라 추정하기도 한다. 미래의 우주는 어떤 모습일지 탐구해 보자.

탐구 주제 2 광활한 우주를 탐사하는 일에는 여러 가지 의의가 있다. 언젠가 멸망할지 모를 지구를 대신할 새로운 터전이나 인간 외의 지적 생명체를 찾는 활동 등도 우주 탐사에 포함된다. 드넓은 우주에서 다른 지적 생명체를 찾는 이유를 인문학적·철학적 관점에서 알아보고, 우주 탐사의 방법을 과학적 관점에서 탐구해 보자.

추천 논문

아리스토텔레스의 정적인 세계와 전통적인 교육(오준영 외 1명, 대한지구과학교육학회, 2022)

이 논문은 아리스토텔레스의 정적인 우주관과 철학이 서양 세계의 가치관과 교육에 미치는 시사점을 탐구한다. 고대 그리스 철학에서 강조된 완성된 우주와 목적론은 현대의 진화론적·구성주의적 교수-학습 방식과 차이를 보이기 때문에, 학습자의 자율성과 변화를 중시하는 현대 교육의 방향에는 한계가 있음을 지적한다.

> **탐구 주제**
> 현대 입자물리학에서의 입자의 생성과 소멸 과정은 고대 철학의 정적인 세계관으로는 다룰 수 없는 동적인 개념이다. 고대 그리스의 정적인 우주관과 철학이 기본 입자와 물질의 생성을 설명할 때 어떤 논리적 한계가 있는지 탐구해 보자.

선택 과목 연계 학습 및 전공 가이드

◆ 선택 과목 연계 학습

선택 과목		학습 안내
일반 선택	지구과학	스펙트럼에 대한 기초 이론을 학습한다. 별의 스펙트럼에 따른 분광형 탐구, 우주의 진화 탐구 등 스펙트럼을 천문학 및 다양한 분야에서 활용하는 방법을 배울 수 있다.
관련 단원	3. 태양계 천체와 별과 우주의 진화	

◆ 전공 가이드

천문학 연구는 관측 천문학의 한계점을 보완하기 위해 물리학의 이해가 동반되어야 한다. 물리학에 대한 이해를 바탕으로 천문학의 기초를 세울 수 있다.

- ▶ **인문계열**: 고고학과, 철학과
- ▶ **자연계열**: 물리학과, 천문학과
- ▶ **공학계열**: 항공우주공학과, 화학공학과
- ▶ **교육계열**: 물리교육과, 지구과학교육과
- ▶ **예체능계열**: 시각디자인과

◆ 선택 과목 연계 학습

선택 과목		학습 안내
일반 선택	행성우주과학	스펙트럼에서 나타나는 파원의 이동에 따른 도플러 효과를 활용한 외계 행성계 탐사 방법, 외부 은하 스펙트럼의 적색편이와 은하의 공간 분포 등에 대해 심도 있게 배울 수 있다.
관련 단원	3. 우주 탐사와 행성계, 은하와 우주	

◆ 전공 가이드

로켓 공학자, 우주비행사가 알아야 할 항공 및 우주공학과 관련된 기본적인 물리학과 천문학의 지식을 얻을 수 있다.

- ▶ **자연계열**: 천문학과, 천체물리학과
- ▶ **공학계열**: 항공우주공학과, 기계공학과
- ▶ **교육계열**: 물리교육과, 지구과학교육과

◆ 선택 과목 연계 학습

선택 과목	학습 안내
융합 선택	융합과학 탐구	과학 탐구에서는 탐구 과정에서 얻게 되는 많은 양의 데이터 처리 과정도 매우 중요하다. 스펙트럼 등 획득한 데이터를 바탕으로 시각적으로 표현하거나 변환하는 방법을 학습한다.
관련 단원	1. 융합과학 탐구의 이해	

◆ 전공 가이드

천문학 등 다양한 과학 분야에서 데이터의 처리와 변환 과정은 매우 중요하다. 데이터의 종류를 이해하고 데이터를 변환해 표현하는 능력을 기를 수 있다.

- ▶ **사회계열** : 지리학, 사회학 등 데이터를 활용하는 모든 사회계열 학과
- ▶ **자연계열** : 물리학, 화학과 관련된 모든 자연계열 학과
- ▶ **공학계열** : 컴퓨터공학, 기계공학과 관련된 모든 공학계열 학과
- ▶ **의약계열** : 의예과, 약학과, 간호학과 등 질병 데이터를 활용하는 모든 의약계열 학과

학생부 교과세특 예시

우주의 탄생과 진화 과정에 관심을 갖고 탐구 활동을 진행하여 '그림으로 보는 시간의 역사(스티븐 호킹)'를 읽고 보고서를 제출하였음. 빅뱅 우주론이 정립되기까지 등장한 다양한 우주관을 시간 순서에 따라 정리하여, 하나의 과학 이론이 정립되는 과정에는 많은 시행착오가 필요하다는 과학의 본성을 판구조론의 정립 과정과 비교하여 설명한 점이 인상 깊음. 우주의 미래 모습을 관련 이론들과 함께 제시하였으며, 전자 및 다양한 종류의 기본 입자가 원자를 형성하기까지의 과정을 탐구하며 우주 초기 원소의 형성 과정을 상세히 알 수 있었음을 밝힘.

교과서 찾아보기

📖 **지학사 48~53쪽**
- 헬륨과 탄소의 선스펙트럼
- 분광기를 활용하여 다양한 물질의 스펙트럼을 관찰·비교하기
- 천체가 나타내는 스펙트럼으로 수소의 존재 찾기

📖 **미래엔 48~53쪽**
- 별의 스펙트럼과 수소와 헬륨의 방출 스펙트럼
- 분광기를 활용하여 다양한 물질이 방출하는 스펙트럼 관찰·비교하기
- 빅뱅 이후 우주의 진화 과정

📖 **동아출판 40~45쪽**
- 스펙트럼의 종류
- 다양한 물질이 방출하는 스펙트럼 관찰·비교하기
- 대폭발 이후 원자의 형성과 우주의 형성 과정

2. 지구와 생명체를 구성하는 원소의 생성

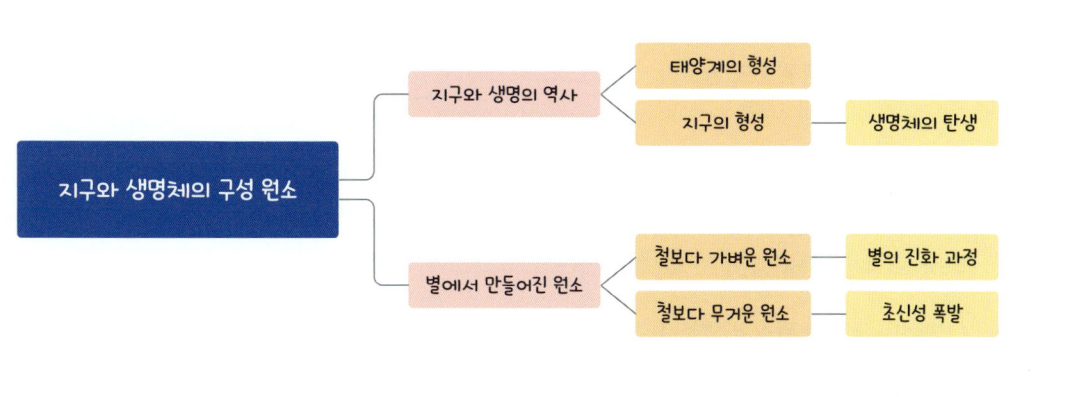

성취 기준 【10통과1-02-02】 우주 초기의 원소들로부터 태양계의 재료이면서 생명체를 구성하는 원소들이 형성되는 과정을 통해 지구와 생명의 역사가 우주 역사의 일부분임을 해석할 수 있다.

학습 개요 태양계는 지구를 비롯한 여러 천체들로 구성되어 있으며, 그중 지구에는 땅과 바다에서 다양한 생명체들이 더불어 살고 있다. 우주 전체의 구성 원소는 대부분 수소와 헬륨이며 그 비율은 3:1이다. 하지만 지구와 생명체를 구성하는 원소들의 비율은 이와 다른데, 헬륨부터 우라늄까지 원소들의 형성 과정을 살펴보되 철을 기준으로 철보다 가벼운 원소와 철보다 무거운 원소의 형성 과정을 살펴보고 지구와 생명의 역사를 알아본다.

개념 제시 태양계 형성, 지구의 탄생, 지각, 생명, 원소, 핵융합, 별의 일생, 초신성 폭발, 성간 물질

생각 열기 피에르시몽 라플라스(1749~1827)는 이마누엘 칸트(1724~1804)와 더불어 태양계의 형성 과정인 '성운설'을 처음 제창했다. 성운설은 성운이 수축해 태양계의 중심에 태양이 형성되었고, 주변에 남은 물질들이 뭉쳐 행성이 되었다는 이론이다. 이후에 수많은 학자들이 이를 수정·보완해 '미행성 응집설'로 발전시켰다. 라플라스는 태양계 형성 이론 이외에도 '라플라시안(라플라스 연산자)', '라플라스 변환' 등 역학 분야에도 많은 업적을 남겼다. 뉴턴의 고전 역학과 관련해 '초깃값을 알면 미래가 정해진다.'라는 결정론 '라플라스의 악마'로도 유명하다.

관련 이슈 (**초신성 SN1987A**) 초신성은 발견된 연도와 순서에 따라 해당 연도 및 순서(알파벳 순)로 명명된다. 초신성 SN1987A는 1987년에 발견되었으며, 현대 천문학이 발달한 이후 최초로 촬영에 성공했다. 당시 소련은 아스트론 자외선 우주 망원경을 활용해 SN1987A 초신성 관측에 성공했으며, 이 초신성의 스펙트럼 분석 및 관측을 통해 초신성 폭발에 대한 수많은 정보를 얻을 수 있었다. 2019년에는 SN1987A 초신성의 잔해인 성운을 관찰해 그 속에 중성자별이 있음을 밝혀냈다.

개념 이해

(태양계의 형성) 우주에 존재하는 물질은 '성간 물질'이라 불리는데, 초신성의 폭발로 형성된 거대한 성운을 이루는 성간 물질들은 중력으로 인해 수축하며 회전하기 시작한다. 이 과정에서 온도가 점점 상승해 중심에는 원시 태양이, 주변에는 원반이 형성된다. 중심부의 온도가 1000만K 이상이 되면 핵융합을 시작해 별이 되고, 원반에서는 성간 물질이 뭉쳐 미행성체가 되고, 미행성체가 뭉쳐 원시 행성이 형성된다.

(철보다 가벼운 원소의 생성) 우리 몸과 지각은 주로 C(탄소), O(산소), H(수소), N(질소), Si(규소) 등 Fe(철)보다 가벼운 원소들로 이루어져 있다. 별이 중심부에 있는 수소를 모두 소모하면 중력 수축하고, 온도가 상승해 1억K 이상이 되면 헬륨 핵융합 반응으로 C, O, N 등이 형성된다. 태양은 헬륨 핵융합까지 가능하지만, 태양보다 10배 이상 무거운 별은 탄소 핵융합, 산소 핵융합, 규소 핵융합에 의해 Fe까지 형성할 수 있다.

(철보다 무거운 원소의 생성) 철은 에너지 관점에서 매우 안정된 원소이다. 수소부터 철까지 핵융합을 할 경우 에너지가 방출되고, 철보다 무거운 원소가 핵융합을 할 경우 에너지를 흡수한다. 따라서 철은 매우 안정적인 원소로, 철보다 무거운 원소의 핵융합에는 초신성 폭발 등 강력한 에너지 공급이 필요하며, 지구에서 발견되는 철보다 무거운 원소들은 과거 태양의 형성 이전에 초신성 폭발이 있었음을 시사한다.

탐구 주제 1 초신성 폭발에 의해 자연적으로 형성될 수 있는 원소 중 가장 무거운 원소는 U(우라늄)이다. 과학자들은 다양한 방법을 통해 자연에 존재하지 않는 원소를 인공적으로 합성하는 데 성공했다. 이러한 원소들은 무엇이 있으며 어떠한 방법으로 형성되었는지 탐구해 보자.

탐구 주제 2 초신성은 매우 밝아서 가장 밝을 때는 은하 전체의 밝기와 비슷하다. 육안으로 쉽게 관찰할 수 있어 많은 기록이 남아 있으며, 〈조선왕조실록〉에서도 기록을 찾아볼 수 있다. 우리나라 및 외국에 남아 있는 관련 자료들을 찾아보고, 이와 관련된 역사적 사실들에 대해 탐구해 보자.

개념 응용

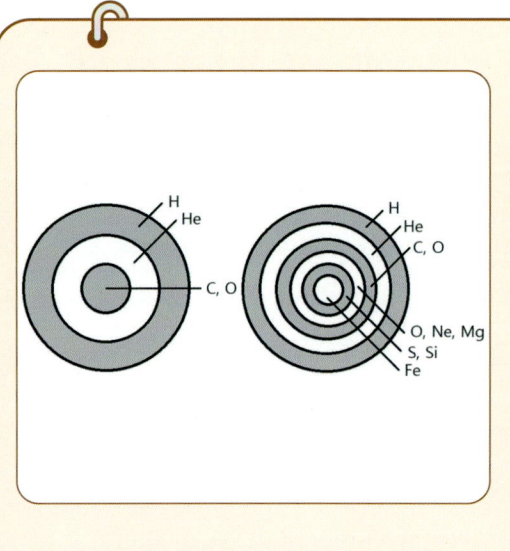

자료 설명

왼쪽은 태양 정도의 질량, 오른쪽은 태양의 10배 정도의 질량을 가진 별의 중심부 모형이다.

탐구 주제

별은 대부분의 일생을 수소를 헬륨으로 합성하며 보내고, 중심부의 수소가 모두 소모되면 별의 질량에 따라 합성할 수 있는 원소가 달라진다. 왼쪽의 그림을 참고해 별에서 최종적으로 생성된 원소를 통해 별의 질량을 구분할 수 있는 방법을 탐구해 보자.

추천 도서

무섭지만 재밌어서 밤새 읽는 천문학 이야기 (아가타 히데히코, 박재영 역, 더숲, 2023)

우주, 심해 등 인간은 미지의 세상에 대한 공포를 느끼는 경우가 있다. 무서우면서도 흥미로운 우주에 대해 공포를 테마로 엮어낸 책이다. 우주 시대를 맞이해 우주의 비밀을 대중이 쉽게 이해할 수 있도록 풀어 쓴 책으로, 사람들이 가질 법한 우주에 대한 두려움과 공포에 대한 궁금증을 현대 과학의 관점에서 해결해 준다. 태양계, 은하, 우주론의 관점으로 나누어 소행성 충돌, 우주의 팽창, 초신성 폭발에 의한 대멸종 등 우주에 관심 있는 독자에게 추천한다.

탐구 주제 1 지구와 비교적 가까운 곳에서 발생한 초신성 폭발은 지구에 영향을 주어 대멸종이나 기후 변화를 일으키기도 한 것으로 추정된다. 하지만 초신성 폭발은 근처 성운의 밀도를 변화시켜 새로운 별의 탄생을 촉진해 태양계를 형성하는 데 도움을 주기도 했다. 지구의 역사에서 초신성의 영향을 탐구해 보자.

탐구 주제 2 '우주 공포증', '목성 공포증'이라는 말이 있다. 우주, 목성이나 심해 등 미지의 세계나 시야를 아득히 뛰어넘는 것에 대해 공포를 느끼는 것을 말한다. 환공포증과 마찬가지로 실제 질병으로 분류되지는 않는다. 과학과 관련된 공포증을 표현하는 다양한 단어들을 조사하고, 그 생리적 메커니즘을 탐구해 보자.

빅 히스토리 (데이비드 크리스천 외 2명, 이한음 역, 웅진지식하우스, 2022)

약 138억 년에 이르는 우주의 역사를 집대성한 책이다. 우주와 원소의 기원부터 태양계의 형성, 생명의 탄생, 인류의 발전과 미래 등 과학 이론과 역사를 함께 다루며 문과와 이과의 구분 없이 정리해 통합형 인재가 반드시 읽어봐야 할 책이다. 은하와 별의 기원, 이 과정에서 생성되는 수소와 헬륨이 아닌 새로운 원소들, 태양계의 형성, 생명의 출현까지 해당 단원과 밀접한 관련이 있어 단원 심화 학습 및 탐구 활동에 도움을 준다.

탐구 주제 1 우주 빅뱅 초기의 원소로는 수소와 헬륨만 존재했으며, 별의 핵융합에 의해 수소보다 무거운 다양한 원소들이 형성되었다. 하지만 지구를 구성하는 원소는 우주를 관측했을 때의 원소 비율과 다르며, 특정 원소는 지구에 존재하지 않기도 한다. 그 이유를 다양한 관점에서 탐구해 보자.

탐구 주제 2 태양은 중심부의 수소가 모두 헬륨으로 바뀌고 나면 반지름이 수백 배 이상 커지며, 그 크기도 지구와 태양 사이의 거리보다도 커진다. 따라서 인류에겐 필연적으로 맞이하게 될 지구 멸망을 피해야만 하는 과제가 남겨져 있다. 생명 가능 지대와 새로운 지구 탐사와 관련된 문학 작품에 대해 탐구해 보자.

추천 논문

근거리 은하군 Leo Triplet 내 적색초거성들의 측광학적 특성 및 공간 분포
(이소원, 한국교육학술정보원, 2019)

Leo Triplet(사자자리 세쌍둥이) 은하군에 속한 적색초거성의 측광학적 특성과 공간 분포를 다룬 논문이다. 적색초거성은 무거운 초기 질량(8-40M☉)과 짧은 수명을 가진 별로, 별의 형성과 항성의 진화를 이해하는 데 중요한 대상이다. 이 연구에선 관측 자료를 통해 적색초거성을 분류했으며, 적색초거성의 진화와 은하의 충돌, 병합 과정에 대한 이해를 확장한다.

Q 탐구 주제 적색초거성은 질량이 태양 질량의 8~40배에 이르는 항성으로, CNO Cycle을 통해 수소를 연소하며 주계열 단계를 보낸다. 적색초거성과 우리 태양의 근본적인 물리적 차이점과, 그로 인해 생겨나는 항성의 진화 과정의 다른 점에 대해 탐구해 보자.

선택 과목 연계 학습 및 전공 가이드

◆ 선택 과목 연계 학습

선택 과목		학습 안내
일반 선택	지구과학	다양한 질량을 가진 별들의 일생을 탐구해 별들의 진화 과정을 H-R도라는 그래프에 나타내고, 별의 진화 과정과 원소의 생성 과정을 보다 심도 있게 학습한다.
관련 단원	3. 태양계 천체와 별과 우주의 진화	

◆ 전공 가이드

이 단원에서는 천문학 및 천체물리학에서 매우 중요한 내용을 다룬다. 태양 및 태양과 비슷한 별의 진화를 비롯해 천문학 및 물리학에 대한 기초 이론을 학습한다.

- ▶ **인문계열**: 철학과
- ▶ **자연계열**: 물리학과, 천문학과, 지구환경과학과, 우주과학과
- ▶ **공학계열**: 항공우주공학과, 에너지공학과, 원자력공학과
- ▶ **교육계열**: 물리교육과, 지구과학교육과

◆ 선택 과목 연계 학습

선택 과목		학습 안내
진로 선택	전자기와 양자	별에서 핵융합에 의해 에너지가 생성되고 빛이 방출되는 원리를 배운다. 수소부터 철까지 핵융합에 의해 에너지가 생성되는 원리를 질량-에너지 등가 원리에 따라 심도 있게 탐구한다.
관련 단원	3. 양자와 미시 세계	

◆ 전공 가이드

천문학 및 천문학 분야에서 매우 중요한 물리학, 그중에서도 핵물리학과 밀접한 관련이 있는 단원이다. 새로운 원소의 합성과 발견, 핵융합 발전 등 신재생 에너지 분야와도 밀접한 관련이 있다.

- ▶ **자연계열**: 물리학과, 천문학과, 화학과
- ▶ **공학계열**: 에너지공학과, 원자력공학과
- ▶ **교육계열**: 물리교육과, 지구과학교육과

◆ 선택 과목 연계 학습

선택 과목	학습 안내	
융합 선택	과학의 역사와 문화	고대 그리스의 우주관이 오늘날의 과학 및 문화 예술에 미친 영향을 배운다. 또한 상대성이론에 의한 질량-에너지 등가 원리가 인류에 미친 영향을 학습할 수 있다.
관련 단원	1. 융합과학 탐구의 이해	

◆ 전공 가이드

상대성이론의 질량-에너지 등가 원리는 많은 과학 분야의 발전과 원자력 에너지 제공 등 좋은 영향도 미쳤지만, 원자폭탄 개발의 이론적 배경이 되기도 했음을 학습한다.

- ▶ **인문계열** : 사학과, 철학과
- ▶ **자연계열** : 물리학과, 과학학과
- ▶ **공학계열** : 원자력공학과, 에너지공학과
- ▶ **예체능계열** : 미술 및 음악 관련 학과

학생부 교과세특 예시

우주는 초기에 수소와 헬륨이 3:1로 존재했으며, 현재의 관측 결과도 크게 다르지 않음에 대해 '빅 히스토리(데이비드 크리스천 외 2명)'를 읽고 지구의 원소 질량비와 비교 탐구하고 발표하였음. 별이 새로운 원소들을 생성해도 비율이 유지되는 이유는 우주 전체에 비해 생성되는 원소의 질량이 매우 적기 때문임을 설명함. 우주와 지구의 원소 비율이 서로 다른 이유는 가벼운 원소는 지구 중력이 약해 대부분 날아갔으며, 태양계의 형성 과정에서 성운이 수축할 때 무거운 원소는 태양에서 가까운 지구형 행성들을, 가벼운 원소는 먼 곳에서 목성형 행성을 형성했기 때문임을 조리 있고 명확하게 설명함.

교과서 찾아보기

📖 비상 48~53쪽
- 구성 원소 비교하기
- 생명체와 지구의 구성 원소 비교하기
- 우주와 지구 역사를 통한 지구와 생명체 구성 성분의 유래 탐구

📖 미래엔 54~59쪽
- 질량에 따른 별의 내부 구조
- 원시 지구의 형성 과정
- 지구의 생명체의 구성 성분을 비교하여 성분의 유래 탐구하기

📖 동아출판 46~51쪽
- 별의 중심부에서 원소가 만들어지는 과정
- 태양계의 형성 과정
- 지구와 생명체를 구성하는 성분의 유래 탐구하기

3. 자연의 규칙성

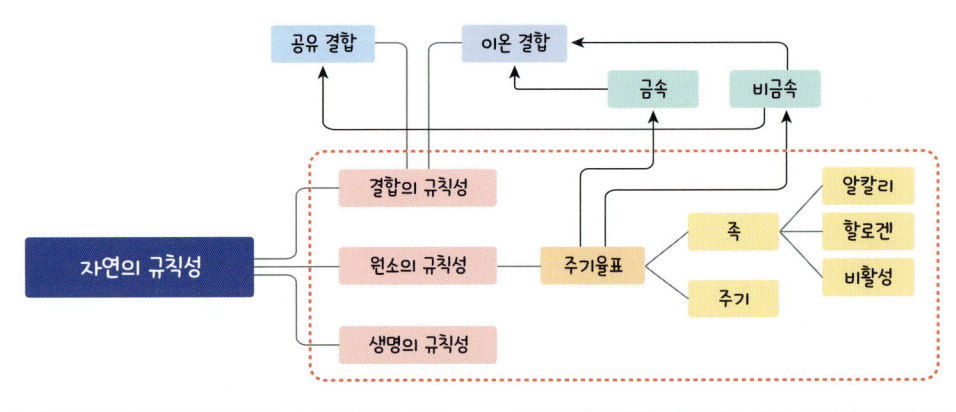

성취 기준 　【10통과1-02-03】 세상을 구성하는 원소들의 성질이 주기성을 나타내는 현상을 통해 자연의 규칙성을 도출하고, 지구와 생명체를 구성하는 주요 원소들이 결합을 형성하는 이유를 해석할 수 있다.

학습 개요 　돌턴이 최초의 근대 원자론을 제시한 이후로 멘델레예프가 주기율표를 소개했음에도 과학계에서 원자론은 쉽사리 받아들여지지 못했다. 당시에는 원자를 직접 관찰하거나 측정할 기술이 부족했기 때문이다. 19세기 말 톰슨의 전자 발견, 러더퍼드의 원자핵 발견, 밀리컨의 전자 전하 측정 등 실험적 증거가 등장하면서 원자론이 물질세계를 설명하는 핵심 이론으로 자리 잡았으며, 110여 개의 원소 주기율표를 완성할 수 있었다.

개념 제시 　원소, 주기성, 원자 번호, 화학적 성질, 전자, 알칼리 원소, 할로겐 원소, 원자가전자

생각 열기 　헨리 모즐리(1887~1915)는 원소의 주기성을 원자 번호와 연관 지어 설명한 과학자로, 주기율표의 체계화에 크게 기여했다. 그는 X선 스펙트럼을 연구해 원소의 고유한 파장이 원자 번호에 따라 달라진다는 사실을 발견하고 원소의 성질이 원자 번호, 즉 원자핵에 있는 양성자의 개수로 결정된다는 것을 입증했다. 모즐리의 연구는 기존의 원자량 기반 주기율표를 원자 번호 기반으로 수정하는 계기가 되었고, 원소의 주기성을 과학적으로 설명하고 현대 화학과 물리학의 발전에 기초를 제공했다.

관련 이슈 　(인공 원소) 　현재까지 발견된 원소는 총 118개로 알려져 있다. 94개는 자연적으로 존재하는 원소이며, 95번부터는 인공적으로 만든 원소이다. 원자는 양성자와 중성자, 전자로 이루어져 있으며, 원자 번호는 양성자의 개수로 원자핵 내부의 양성자의 개수를 조절하면 인공적으로 원소가 합성된다. 인공 원소는 가벼운 원소로 쪼개지는 반감기가 자연 원소에 비해 굉장히 짧은 편이다. 그리고 자연 원소로 분류된 원소 중에도 자연 상태에서 존재량이 매우 적어 인공 원소로 분류되는 것들이 많다.

개념 이해

(원자핵) 원자는 원자핵과 전자로 이루어져 있다. 원자핵은 영국 과학자 러더퍼드(1871~1937)가 발견했으며, 원자핵이 양성자와 중성자로 이루어진다는 사실은 훗날 발견되었다. 기본적으로 원자의 양성자 개수는 서로 다른 원소를 구별하는 기준이 된다. 같은 원소라도 중성자의 개수가 다른 원자들이 있는데, 이를 동위원소라고 하며 동위원소들의 화학적 성질은 대부분 같다.

(전자 배치) 원자의 전자 배치는 전자가 에너지 준위와 오비탈(orbital)에 배열된 상태로, 원자의 화학적 성질을 결정하는 중요한 요소이다. 전자는 낮은 에너지 준위부터 차례로 채워지며, 이는 '파울리 배타 원리', '훈트의 규칙' 등에 따라 이루어진다. 각 전자는 특정 오비탈에 배치되며, 최외각 전자는 화학적 반응성과 결합 성질에 큰 영향을 미친다.

(주기성) 자연의 복잡함을 자세히 들여다보면 체계적인 법칙이 존재한다. 이러한 법칙을 찾아내는 것이 과학의 제1목표일 것이다. 체계적인 법칙에는 주기성으로 표현되는 것들이 많다. 그중 대표적인 것이 원소의 주기성이라고 할 수 있다. 주기율표는 원소의 화학적 성질에 따라 주기적으로 원소를 배치한 것이다.

탐구 주제 1 주기율표에서 원소 배치 방법의 기준은 크게 두 가지가 있다. 양성자의 개수는 원자 번호를 부여해 원자의 배치 순서를 제시한다. 전자 배치는 궤도의 수와 최외각 전자의 개수에 따라 주기와 족을 결정한다. 시간에 따라 변화해 온 주기율표의 원소 배치 방법에 대해 탐구해 보자.

탐구 주제 2 헬륨은 우주에서 두 번째로 가벼운 원소로, 공기보다 밀도가 낮아 소리의 전달 속도에 영향을 미친다. 공기 대신 헬륨과 같은 가벼운 기체가 성대를 통과하면 음조가 높아지는 독특한 현상이 나타난다. 헬륨의 물리적 성질 및 소리의 전달 메커니즘과 연관 지어 원리를 탐구해 보자.

개념 응용

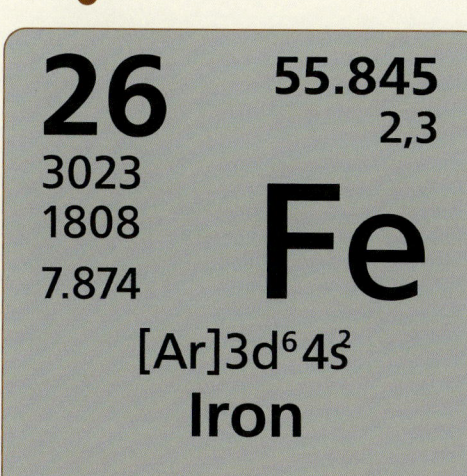

자료 설명

철 원소의 특성을 나타낸 주기율표의 원소 표기로 밀도, 녹는점 등을 표시한다.

탐구 주제

원소는 화합물을 이루는 가장 작은 단위로서, 종류마다 특징이 다르다. 대표적인 성질로 원자량, 녹는점, 밀도, 산화수 등이 있으며, 주기율표에 함께 적어 원소에 대한 폭넓은 이해를 도울 수 있다. 원소 표기법에서 유추할 수 있는 원소의 물리적·화학적 성질을 탐구해 보자.

추천 도서

읽자마자 과학의 역사가 보이는 원소 어원 사전(김성수, 보누스, 2023)

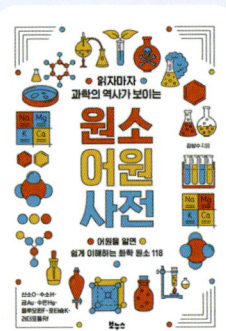

이 책은 화학 원소의 발견과 이름에 얽힌 이야기를 통해 과학의 본질을 탐구한다. 라틴어, 고대 언어, 신화, 발견자의 이름까지, 원소의 이름에는 과학적 원리와 시대의 문화, 가치관이 담겨 있다. 물처럼 흐르는 성질에서 비롯된 이름인 '수은(水銀)'처럼 원소의 이름을 따라가다 보면 과학의 이야기를 자연스럽게 이해할 수 있다. 원소의 이름과 어원에 담긴 숨은 과학사와 물질의 특성을 탐구하며 원소를 이해하는 순간, 우주와 세상을 구성하는 과학의 질서가 더욱 명확하게 보일 것이다.

탐구 주제 1 과학자의 이름이 붙은 원소는 위대한 과학적 업적과 유산을 기념하며, 과학의 역사와 기술 발전을 상징적으로 보여준다. 주기율표에서 과학자의 이름을 딴 원소의 발견 과정, 명명 배경, 이와 관련된 역사적 논쟁을 조사하고, 과학과 정치의 관계를 분석해 현대 사회에서 시사할 점을 탐구해 보자.

탐구 주제 2 동서양에서 다르게 사용하는 원소의 이름은 동서양의 과학적, 문화적, 언어적 맥락을 반영한다. 동서양에서 원소들이 다르게 불리는 사례를 찾아 비교하며 각 문명이 원소를 이해하고 활용한 방식을 분석하고, 이러한 명칭의 차이가 화학 교육과 대중의 과학 이해에 미친 영향을 탐구해 보자.

원소 이야기(팀 제임스, 김주희 역, 한빛비즈, 2022)

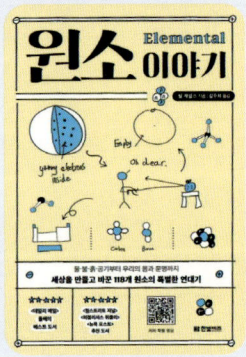

이 책은 45억 년의 지구 역사와 인류의 모든 혁신을 원소들의 조합과 연결 지어 설명한다. 118개의 원소들이 어떻게 결합하느냐에 따라 생명을 살리는 도구가 되기도 하고, 파괴적인 무기로 변하기도 한다. 저자는 불의 발견에서 오늘날의 반도체 기술에 이르기까지, 118개 원소에 얽힌 과학과 역사를 흥미롭게 탐구한다. 원소들의 특성을 이해하는 과정에서 세상이 어떻게 움직이고 구성되는지를 근본적으로 깨닫게 될 것이며, 과학의 언어로 세상을 이해하는 지적 즐거움과 깊은 통찰을 느낄 수 있다.

탐구 주제 1 고대 그리스 철학자 데모크리토스의 원자론부터 현대 주기율표까지의 역사를 추적해, 과학적 발견의 과정에서 관찰과 실험, 그리고 실패가 어떤 역할을 했는지 탐구해 보자. 원소 주기율표에 포함된 원소들의 발견 과정과 과학 발전에 미친 영향을 분석해 보고, 과학적 사고와 방법론의 중요성을 알아보자.

탐구 주제 2 법의학은 다양한 과학적 지식을 필요로 하는 경우가 많다. 그중 원소의 쓰임새는 매우 다양하기 때문에 화학적 지식이 중요하다고 할 수 있겠다. 사망 원인을 규명하는 과정에 사용되는 원소의 쓰임새에 대해 독성 물질과 혈중 원소의 농도와 관련지어 탐구해 보자.

추천 논문 | **한국과 싱가포르의 과학 교육과정 비교 분석: 화학 영역을 중심으로**(홍지혜 외 2명, 대한화학회, 2021)

이 논문은 한국과 싱가포르의 과학 교육과정을 분석했다. 양국에서 공통으로 중요하게 여기는 것은 지식과 기능이다. 초등학교에서는 정성적으로 물질을 이해하고, 중학교 과정에서는 입자 기반의 개념을 학습하도록 구성되어 있다. 중학교 과정의 경우, 싱가포르에서는 주기율표와 가치 교육을, 한국에서는 온도와 압력의 변화에 따른 기체의 부피 변화 등의 주제를 다룬다.

> **탐구 주제** 교육과정을 구성할 때는 교육 목표와 학생들의 발달 단계에 따른 다양한 논의가 필요하다. 원자론과 주기율표는 화학의 기본 원리와 구조를 이해하는 데 핵심적인 개념인데, 이를 중학교 화학 교육에 도입할 때의 장단점과 주의점에 대해 탐구해 보자.

선택 과목 연계 학습 및 전공 가이드

◆ 선택 과목 연계 학습

선택 과목		학습 안내
일반 선택	화학	원자의 전자 구조를 루이스 전자점식으로 표현해 화학 결합의 기본 원리에 대해 이해하고, 분자식으로 분자의 구조를 유추하는 방법에 대한 탐구로 확장할 수 있다.
관련 단원	2. 물질의 구조와 성질	

◆ 전공 가이드

원소의 주기성을 양성자, 전자의 개수와 연관 지어 물질에 대해 이해하고, 자연적으로 또는 인공적으로 존재하는 다양한 물질의 특성에 대해 탐구한다.

- ▶ **인문계열** : 철학과, 문헌정보학과, 환경윤리학과
- ▶ **자연계열** : 화학과, 물리학과, 지구과학과, 환경과학과, 생화학과, 과학학과
- ▶ **공학계열** : 재료공학과, 화학공학과, 신소재공학과, 나노공학과
- ▶ **의약계열** : 의예과, 약학과

◆ 선택 과목 연계 학습

선택 과목		학습 안내
진로 선택	역학과 에너지	물질의 상태를 입자적, 원자적 관점에서 해석해 통계 물리에 대한 안목을 넓히고, 각 원소가 상태에 따라 어떤 특성을 보이는지 학습해 신소재의 가능성을 모색한다.
관련 단원	1. 물질의 세 가지 상태	

◆ 전공 가이드

기본 원소로 이루어진 물질들이 온도에 따라 보이는 특성을 탐구해 인류의 생활에 도움을 주는 신소재의 가능성을 탐색한다.

- ▶ **사회계열** : 환경정책학과, 기술경영학과
- ▶ **자연계열** : 화학과, 물리학과, 지구과학과, 재료과학과
- ▶ **공학계열** : 바이오재료학과, 생체공학과, 의공학과
- ▶ **예체능계열** : 산업디자인학과

◆ 선택 과목 연계 학습

선택 과목	학습 안내
융합 선택	과학의 역사와 문화	문명의 역사를 원소의 발견과 연관 지어 탐구하고, 우리의 생활에서 과학이 수행하는 역할에 대해 사회학적으로 접근해 다양한 관점에서 문제를 해결하는 방법을 학습한다.
관련 단원	1. 과학과 문명의 탄생과 통합	

◆ 전공 가이드

원소의 발견과 연금술이 화학의 발전에 미친 영향을 탐구하고, 원자론이 과학계에 받아들여지기까지 기여한 과학자들을 조사하며 과학사를 이해한다.

- ▶ **인문계열 :** 철학과, 기술윤리학과, 문헌정보학과
- ▶ **사회계열 :** 환경정책학과, 기술경영학과
- ▶ **교육계열 :** 과학교육과, 화학교육과, 교육학과
- ▶ **예체능계열 :** 디자인학과, 시각디자인학과

학생부 교과세특 예시

빅뱅과 우주의 진화 과정에서 생성된 원소와 인공 원소의 차이점에 대해 설명하는 것에서 입자로서의 원소가 갖는 규칙성을 잘 이해하고 있음을 보여줌. 원소들이 같거나 다른 성질을 갖는 것을 원자 내의 전자와 양성자, 중성자의 개수의 관계로 설명하여 원소 세계(주기율표)에 주기성, 규칙성이 있다는 점의 근거를 제시함. '원소 이야기(팀 제임스)'를 읽고 쉽게 사라지지 않는 원소의 다양한 쓰임새에 주목하여 법의학에서 특정 원소가 사건을 해결하는 데 어떤 역할을 하는지 탐구한 내용을 발표하였으며, 실제 예시를 활용하면서 사회에서 과학이 가져야 할 자세가 무엇인지 정리한 점이 돋보임.

교과서 찾아보기

📖 지학사 66~73쪽
- 주기율표의 역사
- 같은 족 원소들의 유사성을 확인하는 실험 설계하기
- 원자의 전자 배치와 주기율표의 관계 찾기

📖 천재 58~69쪽
- 같은 족 원소의 유사성을 탐구하는 실험 설계하기
- 원자의 전자 배치에서 원소들의 주기성 찾기
- 화학 결합을 모형으로 나타내기

📖 미래엔 60~67쪽
- 같은 족 원소들의 유사성을 탐구하는 실험 설계하기
- 원자의 전자 배치를 모형으로 나타내기
- 18족 원소와 같이 안정해지는 방법 추론하기

4. 화학 결합

```
                    공유 결합 ──→ 이온 결합 ←──────┐
                       ↑           ↑              │
                       │           │         금속    비금속
                       │           │           ↑      ↑
                    결합의 규칙성                │      │
                       ↑                        │      │
   자연의 규칙성 ── 원소의 규칙성 ── 주기율표 ──┬─ 족 ──┬─ 알칼리
                       │                        │      ├─ 할로겐
                       │                        └─ 주기 └─ 비활성
                    생명의 규칙성
```

성취 기준 【10통과1-02-04】 인류의 생존에 필수적인 물, 산소, 소금 등이 만들어지는 결합의 차이를 이해하고 각 물질의 성질과 관련지어 설명할 수 있다.

학습 개요 물은 극성 공유 결합으로 독특한 물리적·화학적 성질을 지니며, 생명체의 필수 용매로 작용한다. 산소는 이중 공유 결합으로 안정성을 가지며, 호흡 과정에서 중요한 역할을 한다. 소금은 이온 결합으로 형성되어 물에 녹아 전기 전도성을 나타내며, 전해질 균형과 신경 신호 전달에 기여한다. 원자들의 다양한 조합의 결합으로 새로운 물질이 만들어지며, 새로운 물질의 특성은 결합 전 원소와는 다른 특성을 나타낸다.

개념 제시 화학 결합, 이온 결합, 공유 결합, 물, 산소, 소금, 화합물, 분자, 결정, 정전기적 인력

생각 열기 길버트 루이스(1875~1946)는 화학 결합을 원자 내에 존재하는 전자의 상호작용으로 설명하며 루이스 점 구조와 옥텟 규칙(8개의 전자)을 제안했다. 화학 결합의 방식으로 공유 결합은 원자가전자를 공유해 안정한 구조를 이루는 방식이며, 이온 결합은 전자의 이동으로 형성된 양이온과 음이온이 전기적 인력으로 결합하는 방식이다. 또한 그는 산과 염기를 전자쌍 관점에서 설명하고, 루이스 산-염기 이론을 통해 산과 염기의 일반적 정의를 제시해 물질의 화학 결합을 이해하는 데 기초를 마련했다.

관련 이슈 (이차전지) 이차전지는 충전과 방전을 통해 반복적으로 사용할 수 있는 충전식 배터리를 말한다. 이차전지인 리튬 이온 배터리에서 음극인 흑연은 공유 결합으로 이루어진 층 구조를 가지며, 리튬 이온이 이 층 사이에 삽입되어 저장된다. 양극인 리튬 금속 산화물 역시 공유 결합 구조를 형성해 리튬 이온의 삽입과 방출을 돕는 역할을 한다. 리튬 이온은 전해질 내에서 음이온과 이온 결합을 형성해 용해되어 음극과 양극 사이를 안정적으로 이동할 수 있게 되며, 배터리의 효율적인 작동을 가능하게 한다.

개념 이해

(화학 결합) 화학 결합은 전자를 통해 2개 이상의 원자가 결합하는 방식으로, 물질의 화학적 특성을 변화시킨다. 이때 화학적 특성이란 결합 전의 두 물질이 가지는 특성과는 다른 새로운 특성을 말한다. 물리적 결합에는 대표적으로 물 분자 간의 수소 결합이 있는데, 이는 물의 상태 변화에 관여한다.

(이온 결합) 원자가 특정 원소의 입자이기 위한 조건은 양성자의 개수이다. 양성자와 전자의 개수가 같은 경우 이를 '중성원자'라고 한다. 중성원자의 전자 배치보다 주기율표에서 원소 근처에 있는 비활성 원소의 전자 배치가 더 안정적이기 때문에 금속 원소는 전자를 잃어서 양이온, 비금속 원소는 전자를 얻어서 음이온이 되려고 하는 경향성이 크고, 이 양이온과 음이온은 전기적 인력에 의해 결합하려는 이온 결합을 한다.

(공유 결합) 17족 원소인 중성 염소 원자는 7개의 원자가전자를 가지고 있는데, 하나의 전자를 얻어 주기율표 근처에 있는 아르곤 원자의 전자 배치와 같아질 수 있다. 그래서 자연에서 염소는 염소 음이온 상태로 존재하기도 하고, 원자가전자가 7개인 다른 원자와의 일대일 반응으로 전자를 하나씩 공유하기도 한다.

탐구 주제 1 이온 결합은 보통 비금속 원자와 금속 원자 사이의 결합에서 일어난다. 공유 결합은 비금속 원자 사이의 결합에서 일어난다. 금속, 준금속, 비금속의 분류 기준과 그 특성을 조사하고, 이온 결합과 공유 결합의 기준과 원리를 이 분류 기준과 연관 지어 탐구하고 정리해 보자.

탐구 주제 2 물질의 결합 방식의 차이는 일상생활에서 쓰이는 물질 재료의 특성에 영향을 미친다. 예를 들면 공명 현상을 이용한 악기의 재료의 특성을 악기에서 연주되는 음의 특성과 연관 지어 생각해 볼 수 있다. 금관악기와 목관악기의 재료의 결합 방식과 소리의 특성에 대해 비교·탐구해 보자.

개념 응용

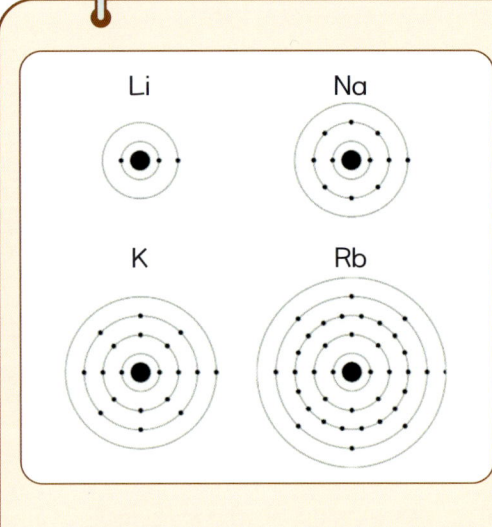

자료 설명

알칼리족인 리튬(Li), 나트륨(Na), 칼륨(K), 루비듐(Rb)의 전자 배치를 나타낸 자료이다.

탐구 주제

1족 원소들은 대표적인 금속 원소이다. 금속 원소들은 단일 원소로, 물질을 형성할 때 금속의 성질을 지니는데 이는 원자의 전자 배치와 연관이 있다. 1족 원소들은 최외각 전자들이 1개인데, 금속을 형성할 때 이 전자들의 역할에 대해 탐구해 보자.

추천 도서

아는 만큼 보이는 세상: 화학 편(사마키 다케오, 최윤영 역, 유노책주, 2024)

이 책은 우리가 일상에서 흔히 접하는 물질들에 얽힌 과학적 진실과 역사적 배경을 쉽고 재미있게 풀어내며 과학적 호기심을 자극한다. 뿐만 아니라 화학이 인류 문명을 어떻게 진화시키고 발전시켰는지에 대한 통찰도 담겨 있다. 자연에서 발견된 물과 불에서 시작해 철과 같은 금속의 발견이 건축과 산업의 혁명을 이끈 과정 등 화학이 우리 삶에 준 득과 실을 균형 있게 소개하며, 화학이 단순한 학문이 아니라 우리의 삶과 세상을 움직이는 핵심 요소임을 생생히 보여준다.

탐구 주제 1 비활성 원소는 주기율표의 18족에 속한 원소들이다. 비활성 원소의 주된 특성은 다른 원자와의 화학 결합이 어려워 주로 단원자 상태로 존재한다는 것이다. 특히 헬륨, 네온은 안정성이 커서 자연 상태의 화합물을 찾기 힘들지만, 최근 학술적으로 예시가 보고되고 있는데 이를 조사해 보자.

탐구 주제 2 무분별한 원소의 사용으로 인한 환경과 기후 문제가 인류에게 커다란 재앙이 되고 있다. 플라스틱 분해 및 재활용 기술과 같이 환경과 기후 문제를 해결하기 위한 화학적 방법에 대해 조사하고, 자원의 지속 가능한 활용에 기여하는 방법을 중점으로 지속 가능한 미래를 설계하는 방안을 탐구해 보자.

알고 보니 다 화학이었어(누노 마울리데 외 1명, 이덕임 역, 북라이프, 2024)

이 책은 우리가 매일 접하는 음식부터 전 세계적 환경 문제에 이르기까지, 화학이 세상을 움직이고 바꿔온 여정을 소개한다. 사과 한 알의 섭취와 같은 효과를 보이는 화학물질을 예로 들며 시작되는 이야기는 음식, 인체, 의약, 비료, 플라스틱, 가스, 기후라는 7가지 키워드를 통해 화학의 세계를 탐구한다. 양파를 썰 때 눈물을 흘리지 않는 방법 같은 생활 속 화학 이야기부터, 의약품으로 인간의 수명을 늘리고 플라스틱으로 인류의 삶을 혁신한 화학의 역사까지 매혹적인 과학 이야기를 다룬다.

탐구 주제 1 인체는 음식 섭취를 통해 영양분을 공급받아 생명 활동을 유지한다. 3대 영양소인 탄수화물, 지방, 단백질은 여러 원소들로 이루어진 고분자 화합물이다. 적은 양이지만 인체에 꼭 필요한 무기질은 단일 원소의 이온 형태로 존재하는 경우가 많다. 단일 원소 무기질의 종류와 역할에 대해 정리해 보자.

탐구 주제 2 특정 원소의 발견은 인류의 역사에 큰 영향을 미쳐왔다. 구리와 주석의 합금인 청동의 발명으로 청동기 시대가 시작되었고, 철의 제련법의 발명으로 철기 시대가 시작되었다. 마리 퀴리의 방사능 원소의 발견이 당대에 미친 영향과 문제점을 조사하고, 현대에는 어떻게 활용하고 있는지 탐구해 보자.

추천 논문

화학 결합에서 모바일 증강현실을 이용한 과정 기반 안내 탐구 학습이 과학 학업 성취도, 과학 학습 동기, 학습 몰입감에 미치는 영향(전영은 외 2명, 한국과학교육학회, 2022)

이 연구는 화학 결합 학습에서 모바일 증강현실 기법을 활용한 학습 효과를 분석했다. 화학 결합은 학생들이 어려워하는 개념이므로 증강현실을 활용한 시각적 학습을 통해 이온 및 공유 결합의 원리를 직관적으로 이해하는 데 도움을 줄 수 있다. 추상적인 화학 결합의 개념을 시각화함으로써 탐구 기반 학습이 효과적임을 시사한다.

> **탐구 주제** 증강현실(AR) 및 가상현실(VR) 기술은 학습자의 시각적 이해를 돕고 몰입감을 제공하는 새로운 학습 도구이다. 증강현실 및 가상현실 시뮬레이션이 화학 학습에서 효과적으로 사용될 수 있는 학습 주제를 선정해 활용 방안을 모색해 보자.

선택 과목 연계 학습 및 전공 가이드

◆ 선택 과목 연계 학습

선택 과목	학습 안내
일반 선택	물리학	물질의 이중성이 원자나 분자, 고체 내부에서 어떤 영향을 미치는지 학습해 물질의 특성을 양자역학적인 관점에서 고찰한다. 이와 함께 전자의 에너지 관점에서 화학 결합을 탐구한다.
관련 단원	3. 빛과 물질	

◆ 전공 가이드

거시 세계와 다른 원자 단위의 물질세계에 대한 이론으로서 원자론과 양자역학의 이론과 언어를 학습해 원자, 분자의 구조를 예측하고 이를 활용한 기술을 탐구한다.

- ▶ **인문계열** : 철학과, 문헌정보학과, 사학과
- ▶ **사회계열** : 문화기획학과(전시기획)
- ▶ **공학계열** : 신소재공학과, 나노공학과, 화학공학과, 의공학과, 바이오메디컬공학과
- ▶ **의약계열** : 약학과
- ▶ **예체능계열** : 시각디자인학과, 전시디자인학과

◆ 선택 과목 연계 학습

선택 과목	학습 안내
진로 선택	물질과 에너지	물질의 상태를 분자 간 상호작용을 통해 학습하고, 결정과 비결정의 차이를 화학 결합의 종류에 따라 분류해 이온 결합과 공유 결합, 금속 결합에 대한 이해를 확장한다.
관련 단원	1. 물질의 세 가지 상태	

◆ 전공 가이드

원자 간, 분자 간 인력을 전자기학과 양자역학의 관점에서 접근해 융합적인 사고력을 키우고, 이를 물질세계에 적용해 과학적 응용력을 키워 공학 기술에 적용한다.

- ▶ **인문계열** : 철학과, 윤리학과
- ▶ **자연계열** : 신경과학과, 응용물리학과, 나노과학과, 물리학과
- ▶ **공학계열** : 화학공학과, 재료공학과, 로봇공학과, 전자공학과, 의료기기공학과, 재활공학과

◆ 선택 과목 연계 학습

선택 과목	학습 안내	
융합 선택	융합과학 탐구	평균, 표준편차 등 통계 기술에 필요한 개념을 학습해 양자역학의 세계에 대한 이해를 도모하고 확률 기술로 원자 세계를 묘사한다. 아울러 확률 해석을 기반으로 오비탈의 개념을 학습한다.
관련 단원	2. 융합과학 탐구의 과정	

◆ 전공 가이드

확률, 통계 분석을 학습하고 입자통계역학, 양자역학, 양자화학의 기반을 마련해 미시적 세계의 물리적·화학적 현상을 이해하고 양자컴퓨터 등 최신 기술을 개발한다.

▶ **사회계열** : 기술경영학과, 환경정책학과, 산업심리학과
▶ **자연계열** : 생체물리학과, 생화학과, 응용물리학과, 수학과
▶ **공학계열** : 양자과학공학과, 나노공학과, 컴퓨터공학과, 전자공학과, 바이오정보학과, 의료정보학과
▶ **예체능계열** : 디자인학과, 시각정보디자인학과, 창작디자인학과

학생부 교과세특 예시

원자가 물질을 이루기 위한 결합 방식들의 차이에 대해 학습한 후, 이 결합 방식들의 차이가 어떤 특성을 결정하는지에 호기심을 갖고 '화학 결합과 물질의 특성의 관계'에 대한 탐구를 수행함. 이 과정에서 '아는 만큼 보이는 세상: 화학 편(사마키 다케오)'을 읽고 자연계에 화합물 상태로 존재하는 특정 재료를 얻기 위한 인류의 노력을 중심으로 과학의 발전에 대해 서술하여 화학의 중요성을 강조함. 눈에 보이지 않는 세계를 학습할 때 미디어 도구의 중요성을 강조하였는데, 19세기에는 루이스 전자점식이었다면 현대에는 증강현실, 가상현실이 그 역할을 하여 과학 교육에 도움이 될 수 있다는 견해를 밝힘.

교과서 찾아보기

📖 **지학사 74~79쪽**
- 순수한 물
- 여러 가지 이온 결합, 공유 결합 화합물
- 이온 결합 화합물과 공유 결합 화합물의 성질 비교하기

📖 **동아출판 64~69쪽**
- 자연을 구성하는 원소들
- 안정한 전자 배치를 이루는 방법 알아보기
- 이온 결합 화합물과 공유 결합 화합물의 전기 전도성 비교하기

📖 **미래엔 68~73쪽**
- 물에 젖은 손으로 플러그를 꽂으면 감전될 수 있는 까닭은 무엇일까?
- 공유 결합을 모형으로 나타내기
- 이온 결합 물질과 공유 결합 물질의 성질 비교하기

5. 지각과 생명체 구성 물질의 규칙성

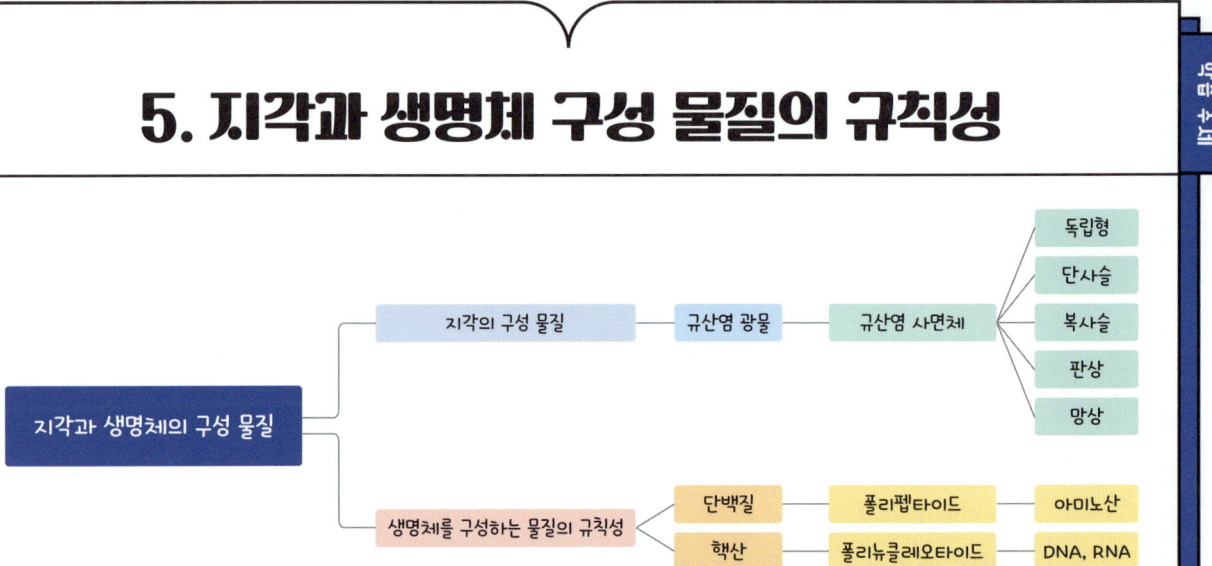

성취 기준 【10통과1-02-05】 지각과 생명체를 구성하는 물질들이 기본 단위체의 결합을 통해서 형성된다는 것을 규산염 광물, 단백질과 핵산의 예를 통해 설명할 수 있다.

학습 개요 지각은 대부분 규산염 광물로 이루어져 있으며, 규산염 광물은 규산염 사면체라는 기본 단위체의 결합으로 형성된다. 생명체를 이루는 성분 중 단백질과 핵산은 각각 아미노산과 뉴클레오타이드라는 기본 단위체로 이루어져 있다. 지각과 생명체는 모두 기본 단위체의 다양한 배열 방식에 따라 다양한 종류가 형성됨을 이해하고 그 원리와 규칙성을 학습한다.

개념 제시 규산염 광물, 규산염 사면체, 펩타이드 결합, DNA, RNA, 이중 나선 구조, 상보 결합

생각 열기 제임스 왓슨(1928~), 프랜시스 크릭(1916~2004), 모리스 윌킨스(1916~2004)는 로절린드 프랭클린(1922~1958)의 도움을 받아 DNA의 이중 나선 구조를 밝혀 1962년 노벨 생리·의학상을 수상했다. 이는 현대 유전공학 및 의학, 생명공학 분야에서 매우 큰 업적으로 여겨진다. 이들은 DNA가 A, T, C, G 염기에 의해 상보적 결합을 이루어 한 가닥을 통해 다른 한 가닥을 형성할 수 있어 복제가 가능함을 밝히기도 했다. 이러한 발견은 현대의 유전자 가위 등 수많은 후속 연구로 이어진다.

관련 이슈 (CRISPR 유전자 가위) 본래 크리스퍼 시스템은 세균의 면역 기작으로, 세균 자신을 공격한 바이러스 유전자의 염기 서열 일부를 저장해 바이러스를 기억하고 면역에 활용한다. 이렇게 유전자 일부를 저장한 부분을 '크리스퍼(CRISPR)'라고 부른다. 이를 활용해 유전체를 자르거나 붙여 편집할 수 있는 기술을 '유전자 가위'라고 부른다. 유전자 가위는 유전자의 편집 기술을 이용하는 생명공학, 키메라 연구 등의 의학 분야와 농업 등 다양한 분야에서 활용되고 있다.

개념 이해

(규산염 사면체) 규산염 사면체는 규산염 광물을 이루는 기본 단위체이다. 이는 독립적으로 존재하거나, 산소를 공유하며 다양한 결합 구조를 만들어 수많은 규산염 광물을 만들어낸다. 지각을 구성하는 원소는 산소(O)와 규소(Si)가 가장 많은데, 이는 지각의 대부분이 규산염 사면체로 이루어져 있기 때문이다. 따라서 우리가 살아가는 땅을 형성하는 규산염 사면체의 중요성을 이해해야 한다.

(펩타이드 결합) 단백질은 아미노산이라는 기본 단위체의 펩타이드 결합을 통해 형성된다. 2개의 아미노산은 물 분자 1개가 빠져나가며 결합하는 펩타이드 결합을 하고, 수십 개 이상 연결되는 것을 '폴리펩타이드'라고 부른다. 폴리펩타이드는 다양하게 구부러져 입체 구조를 형성해 단백질을 만들고 다양한 생명 활동과 기능을 할 수 있도록 돕기 때문에 그 기본 원리를 이해하는 것이 중요하다.

(DNA) 핵산은 생명체의 특징을 결정하고 유전에 관여한다. 핵산은 뉴클레오타이드라는 기본 단위체로 이루어져 있으며, 이들이 연결되면 폴리뉴클레오타이드가 된다. 폴리뉴클레오타이드로 이루어진 핵산에는 DNA와 RNA가 있다. 이중 나선 구조인 DNA에는 A, T, C, G 등 4종의 염기에 의해 정보가 저장되어 있고, 이 정보를 읽어 아미노산을 만들고 폴리펩타이드를 형성해 단백질이 만들어진다.

탐구 주제 1 지각을 구성하는 대부분의 광물은 규산염 사면체로 이루어진 규산염 광물이다. 이러한 광물들은 결합 구조에 따라 독특한 특성을 지니기도 한다. 판상으로 깨지는 흑운모, 육각기둥 형태의 석영 등이 그 예이다. 이러한 광물들이 실생활 및 역사 속에서 활용된 예를 탐구해 보자.

탐구 주제 2 블록 완구는 블록을 기본 단위체로 해 다양한 모양을 만들 수 있다. 또한 한글은 자음과 모음으로, 영어는 알파벳이라는 기본 단위로 이루어져 있다. 한국어에서는 단어, 형태소, 어절, 문장, 문단 등 다양한 단위가 쓰인다. 이와 같이 기본 단위체로 이루어진 것들에 대해 탐구해 보자.

개념 응용

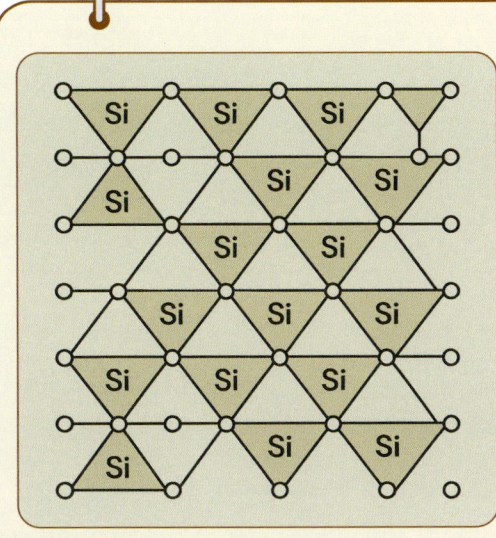

자료 설명

규산염 사면체는 왼쪽 그림과 같이 다양한 결합 구조를 통해 여러 종류의 광물을 형성한다.

탐구 주제

규산염 사면체는 독립형, 단사슬, 복사슬, 판상 구조, 망상 구조 등 다양한 결합 형태를 보여준다. 규산염 사면체로 이루어진 규산염 광물은 결합의 종류에 따라 규소와 산소의 비율이 달라진다. 결합의 종류에 따라 변화하는 규소와 산소의 비율을 탐구해 보자.

추천 도서

광물, 그 호기심의 문을 열다(이지섭, 동명사, 2018)

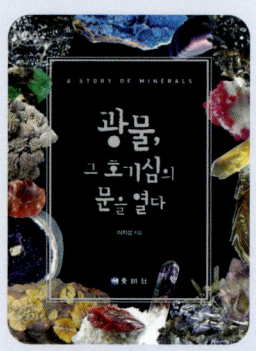

'민자연사연구소' 소장이자 광물 수집가인 저자는 광물에 대한 호기심에서 시작된 광물의 이야기를 책으로 엮어냈다. 쉽게 얻을 수 있는 지식으로 단순하게 설명하는 것이 아니라, 오랜 기간 광물을 접해온 사람으로서 광물과 관련된 다양한 지식을 함께 담고 있다. 광물에 대한 기본적인 과학 지식부터 문화, 예술, 문명, 전설 등 광물 및 인문학과 관련된 지식까지 광물에 대한 살아 있는 지식을 전해 준다.

탐구 주제 1 광물은 '자연적으로 형성된 결정형이 있는 고체'를 뜻한다. 남극의 빙하는 광물이지만 냉장고에 있는 얼음은 광물이 아니다. 자연에 존재하는 금속들은 광물이지만 광물을 녹여 만든 물건들은 광물이 아니다. 우리 주변의 다양한 사물을 찾아 광물 및 비광물로 분류하고 탐구해 보자.

탐구 주제 2 인류 문명은 광물과 떼려야 뗄 수 없는 관계이다. 인류의 역사가 구석기, 신석기, 청동기, 철기 등 광물의 활용 정도에 따라 구분되는 만큼, 광물이 인류 문명이 끼친 영향은 매우 크다. 인류의 역사와 문명 발달에 영향을 미친 다양한 광물에 대해 조사하고 그 특성을 탐구해 보자.

꼬리에 꼬리를 무는 호모 사피엔스(정주혜, 주니어태학, 2023)

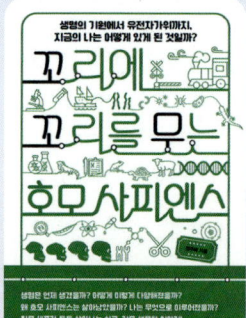

생명의 기원부터 유전자 가위까지 생명에 관한 다양하고 폭넓은 주제를 다룬다. 생명과학 교사가 다양한 질문과 관련된 생물학의 역사를 정리한 책으로, 생물학을 공부하면서 생길 수 있는 갖가지 의문, 생물학의 발전 과정 등을 탐구할 수 있다. 새로운 과학 이론들이 누구에게서 시작되고, 어떻게 받아들여졌는지에 대한 설명이 흥미롭다. 이 단원과 관련해 DNA의 발견부터 DNA의 역할, 복제 과정, 유전자, 아미노산, 유전자 가위 등 고등학생에게 적절한 수준의 질문들을 던지는 책이다.

탐구 주제 1 DNA에 저장된 정보는 RNA로 전사되고, 이 RNA의 정보를 읽어 아미노산이 만들어지고 펩타이드 결합을 통해 단백질이 형성된다. 세포 내에서 DNA의 정보를 통해 단백질이 형성되는 과정과, DNA의 정보를 직접 읽지 않고 RNA를 통해 단백질이 형성되는 이유를 탐구해 보자.

탐구 주제 2 DNA는 유전 정보를 담고 있다. 이 DNA를 활용해 유전자 복제 생물을 만들어낼 수 있는데, 가장 잘 알려진 것이 복제 양 '돌리'이다. 하지만 복제 과정에서 다양한 윤리 문제가 생기곤 한다. 난자를 얻는 과정, 인간의 복제, 수정란의 생명체 인정 시점 등 생명 윤리 문제를 탐구해 보자.

추천 논문

DNA가 포함된 법과학 인공 혈액의 혈흔 형태 분석 적용(이상윤 외 1명, 한국과학수사학회, 2024)

이 논문은 합성 DNA가 포함된 법과학용 인공 혈액을 개발해 혈흔 형태 분석에 적용한 연구 결과를 다룬다. 다양한 길이(72, 90, 140bp)로 설계된 합성 DNA를 포함한 인공 혈액을 개발해 PCR과 Nested PCR을 통해 안정적으로 증폭되고 식별 가능함을 확인해, 인공 혈액이 실제 유혈 사건의 해결에 중요한 기여를 할 수 있음을 시사한다.

> **탐구 주제** 법의학은 다양한 과학 분야와 결합해 사건 재구성, 신원 확인, 원인 분석 등을 지원함으로써 사건 해결에 도움을 준다. 혈액을 통해 범죄의 증거를 찾을 수 있는 방법들을 조사하고, 각 방법에 사용되는 과학적 원리와 기술적 특징에 대해 탐구해 보자.

선택 과목 연계 학습 및 전공 가이드

◆ 선택 과목 연계 학습

선택 과목	학습 안내	
진로 선택	지구시스템과학	암석의 순환 과정의 특성을 학습한다. 퇴적암, 화성암, 변성암 등 암석들이 형성되고 풍화 및 침식되거나 용융되는 등 암석이 순환되는 과정과 암석의 특성을 배운다.
관련 단원	1. 지구 탄생과 생동하는 지구	

◆ 전공 가이드

광물의 특성, 암석의 순환을 통해 지질학을 비롯한 지구시스템과학에 관한 기초 이론을 학습한다. 지질학, 지리학, 지구화학, 지구물리학 등과 밀접하게 관련된 지식을 습득할 수 있다.

- ▶ **자연계열**: 지질학과, 지리학과, 지구시스템과학과, 지구환경과학과, 지구과학과
- ▶ **공학계열**: 지구시스템공학과, 자원공학과
- ▶ **교육계열**: 지구과학교육과

◆ 선택 과목 연계 학습

선택 과목	학습 안내	
일반 선택	생명과학	DNA와 RNA에 대해 보다 깊이 있게 탐구해 염색체의 구조를 이해하고 DNA, 유전자의 관계를 학습한다. 이를 통해 세포 분열, 진화의 원리 등에 대한 이론적 배경을 학습한다.
관련 단원	3. 생명의 연속성과 다양성	

◆ 전공 가이드

생물학, 유전공학, 의약계열, 계통분류학 등 다양한 생명과학 분야에 필요한 이론적 배경을 학습할 수 있다.

- ▶ **자연계열**: 생물학과, 응용생물학과, 축산학과, 산림자원학과, 원예학과, 동물·식물자원학과
- ▶ **공학계열**: 생명공학과, 미생물공학과, 유전공학과, 의료공학과, 바이오공학과, 식물생명공학과
- ▶ **의약계열**: 의예과, 간호학과, 수의예과, 약학과, 치의예과, 한의예과
- ▶ **교육계열**: 생물교육과

◆ 선택 과목 연계 학습

선택 과목	학습 안내
진로 선택	세포와 물질대사	핵산과 단백질의 기본 구조에 대해 심도 있게 학습하고 그 기능에 대해 배운다. 핵산과 단백질의 기본 기능을 알고, 이들이 생명체 내에서 갖는 중요성을 이해할 수 있다.
관련 단원	1. 세포	

◆ 전공 가이드

생명체 내에서의 핵산과 단백질의 역할을 아는 것은 생물학의 기본이다. 향후 생물학과 관련된 다양한 분야에 진출하는 데 필요한 이론적 배경을 쌓을 수 있다.

- ▶ **자연계열**: 생물학과, 응용생물학과, 축산학과, 산림자원학과, 원예학과, 동물·식물자원학과
- ▶ **공학계열**: 생명공학과, 미생물공학과, 유전공학과, 의료공학과, 바이오메디컬공학과, 바이오정보학과
- ▶ **의약계열**: 의예과, 간호학과, 수의예과, 약학과, 치의예과, 한의예과, 재생의학과
- ▶ **교육계열**: 생물교육과

학생부 교과세특 예시

지각과 생명체 구성 물질의 규칙성에 대해 학습한 후, 지각을 구성하는 규산염 광물의 기본 단위체인 규산염 사면체를 탐구하여 보고서를 작성하고 친구들에게 발표하였음. 대부분의 암석은 규산염으로 이루어져 있지만 일부 성분은 규산염이 아닌 점에 착안하여 탐구한 결과, 규산염 사면체의 중심부에 있는 규소가 때론 다른 성분으로 치환될 수 있음을 알아내었음을 밝힘. 규산염의 규소의 특성을 주기율표를 활용하여 설명하고, 치환되는 원소가 규소와 전자껍질의 수가 같아 원자 크기가 비슷하거나, 원자가전자가 같을 경우 다른 원소로 치환되는 경우가 발생할 수 있음을 논리적으로 설명함.

교과서 찾아보기

📖 **지학사 80~87쪽**
- 삼각형 조각으로 모양 만들기
- 규산염 광물의 결합 구조 만들기
- DNA의 구조적 특징과 규칙성 탐구

📖 **천재 78~85쪽**
- 규산염 광물의 결합 모형 만들기
- 다양한 단백질이 만들어지는 원리 알아보기
- DNA 모형 만들고 구조적 특징과 규칙성 탐구하기

📖 **비상 72~79쪽**
- 삼각형 조각으로 모양 만들기
- 규산염 광물의 결합 구조 만들기
- DNA의 구조적 특징과 규칙성 탐구

6. 물질의 전기적 성질

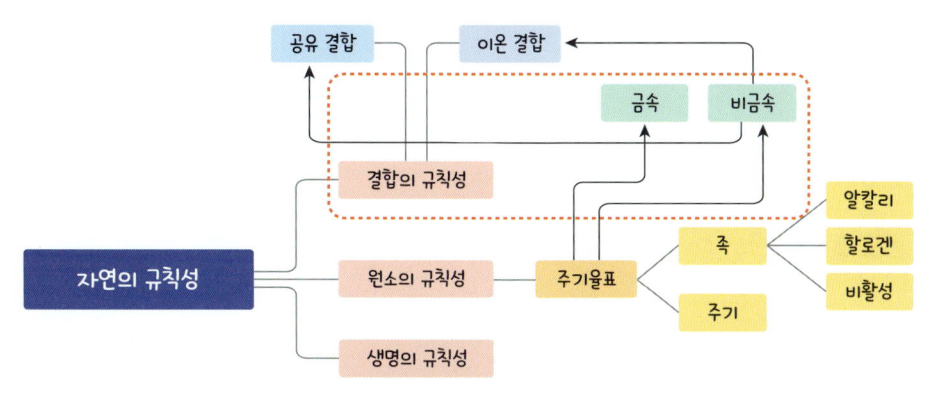

성취 기준 【10통과1-02-06】 지구를 구성하는 물질을 전기적 성질에 따라 구분할 수 있고, 물질의 전기적 성질을 응용하여 일상생활과 첨단기술에서 다양한 소재로 활용됨을 인식한다.

학습 개요 물질은 특성에 따라 분류 기준이 다양하다. 전기적 특성으로 분류하면 도체, 반도체, 부도체로 나눌 수 있으며, 자기적 특성에 따르면 강자성체, 반자성체, 상자성체로 분류할 수 있다. 탄소와 수소의 결합 유무에 따라 유기물과 무기물로 분류하기도 한다. 물질의 기본 입자인 원자의 다양한 결합 방법에 따라 세상에는 특성이 다양한 물질들이 존재하고, 그 다양성에 의해 우주와 생명의 엔트로피가 커지는 방향으로 진화하고 있다.

개념 제시 금속 결합, 자유전자, 물질의 성질, 전기적 성질, 도체, 반도체, 부도체, 전류, 반도체 원소

생각 열기 독일 물리학자 게오르크 옴(1789~1854)은 전기회로에서 저항과 전류, 전압에 대한 법칙인 '옴의 법칙'을 정립했다. 이 공식은 선형 저항체 물질에서의 세 물리량의 관계를 알려준다. 전기 전도성과 관련 있는 비저항이라는 물리량은 전기 전도도와 관계가 있고, 전기 전도도는 기하학적 특성인 길이, 단면적 등에 따라 저항값을 결정한다. 그런데 선형 저항체가 아닌 물질에서는 옴의 법칙이 성립하지 않는다. 예를 들어 반도체가 그러하다. 반도체로 만들어진 접합 다이오드의 경우, 역방향 연결에서는 회로에 전류가 흐르지 않는다.

관련 이슈 (LED의 발명) 대표적인 반도체 소자에는 다이오드, 트랜지스터 등이 있다. 접합 다이오드의 일종인 LED(발광 다이오드)는 리모컨, 조명, 디스플레이 등에 사용된다. 단색 LED는 반도체의 에너지 갭에 따라 색깔이 결정된다. 에너지 크기가 비교적 작은 적색과 녹색 LED는 일찍부터 상용화되었으나, 고에너지갭 물질은 찾기 힘들어 청색 LED는 구현하기가 쉽지 않았다. 2014년 일본 공학자인 아카사키 이사무와 아마노 히로시, 나카무라 슈지는 청색 LED 발명의 공로를 인정받아 노벨 물리학상을 수상했다.

개념 이해

(금속 결합) 물질을 이루는 결합 방식 중 전자쌍을 공유하는 공유 결합이나, 이온끼리의 전기적 인력으로 결합하는 이온 결합과는 다른 금속 결합 방식이 있다. 결합에서 특정 방향성을 가지게 되어 분자의 기하학적 구조를 결정하는 공유 결합과 다르게, 금속 결합은 이웃하는 특정 원자들만의 결합이 아니며 금속 원자들은 원자가전자들을 물질 내의 적당한 구역 내에서 다 함께 공유한다.

(도체) 보통의 금속 물질들은 도체이다. 그러나 도체가 모두 금속인 것은 아니다. 도체는 전하 운반자의 역할 유무에 따라 분류할 수 있다. 전하 운반자란 전하를 운반하는 역할을 하는 것으로 자유전자, 양공 등이 있다. 물질 자체가 이온의 상태로 전하를 운반할 수도 있는데, 수용액 상태에서 전기가 흐르는 물질들을 예로 들 수 있다.

(반도체) 상품 제작 시 전기의 흐름이 필요한 경우에는 재료로 도체를 사용한다. 전기회로를 구성하는 전선은 반드시 도체를 사용해야 한다. 반대로 전기의 차단이 필요할 때는 절연 장갑, 절연 테이프 등의 부도체를 사용한다. 그렇다면 반도체는 어디에 쓰일까? 반도체는 조건에 따라 전기의 흐름을 제어해야 하는 다양한 상황에서 쓰이는데 특히 정보통신, 전자공학의 핵심 재료라 할 수 있다.

탐구 주제 1 원자가전자가 4개인 탄소 원자는 다른 원자들과 다양한 결합이 가능하며 같은 탄소 원자와도 결합해 동소체를 이룬다. 결합 방식과 결정 구조에 따라 동소체는 각기 다른 전기적 특성을 보이기도 한다. 탄소 동소체를 도체, 반도체, 부도체로 분류하고 그 특성을 탐구해 보자.

탐구 주제 2 실리콘밸리는 미국 캘리포니아주에 위치한 첨단기술 연구단지이다. 실리콘은 반도체 기술의 핵심 재료인데 기술 혁신과 첨단 산업을 상징적으로 표현하는 대명사가 되었다. 과학기술이 발전함에 따라 새로 만들어진 과학 관련 용어의 예시를 들어보고 그 당위성에 대해 탐구해 보자.

개념 응용

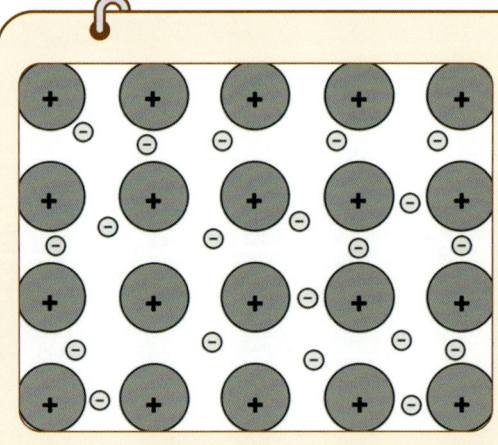

자료 설명

금속 결합 모식도. 금속 원소의 원자핵과 자유전자를 표현하고 있다.

탐구 주제

금속 결합은 금속의 강도와 유연성, 전기 전도성을 결정짓는 핵심 요소이다. 금속 내 자유전자의 움직임과 양이온의 상호작용이 금속의 성질에 미치는 영향을 분석하고, 이를 바탕으로 강도와 유연성을 최적화하는 합금 설계 방법을 탐구해 보자.

출출할 땐, 주기율표 (곽재식, 초사흘달, 2024)

이 책은 일상 속 금속 원소와 화합물에 얽힌 과학적 원리와 이야기를 통해 화학이 세상에 미친 영향을 탐구한다. 이산화황을 황산으로 전환하는 기술, 철이 핵융합을 멈추는 원리, 구리의 생리적 역할과 윌슨병 등 다채로운 사례를 다룬다. 환경 문제 해결과 경제적 이익을 연결한 화학 기술의 가치를 조명하며, 원소의 활용이 삶에 가져온 득과 실을 깊이 있게 탐구함으로써 화학의 양면성을 이해하고 지속 가능한 미래 기술의 방향을 생각하게 하며, 과학을 친근하게 느끼도록 돕는 안내서이다.

탐구 주제 1 금속은 도체로서 다양한 산업에서 필수적인 소재로 사용되고 있다. 금속의 높은 전기 전도성은 각 산업 분야에서 기능적 효율성을 높이고 에너지 손실을 줄이는 데 중요한 역할을 한다. 도체로서의 금속의 산업적 활용 사례를 조사하고 앞으로의 금속 활용 가능성에 대해 탐구해 보자.

탐구 주제 2 도체와 부도체는 인류 역사에서 기술 혁신의 핵심 소재로 활용되어 왔다. 도체는 전기 신호를 전달하는 특성, 부도체는 전기를 차단하는 특성을 가지고 있다. 도체와 부도체의 특성을 중심으로 구리와 고무의 발명이 인류 역사에 미친 영향을 탐구하고 구체적인 사례를 조사해 보자.

세상에서 가장 쉬운 과학 수업: 반도체 혁명 (정완상, 성림원북스, 2024)

이 책은 트랜지스터의 발전 과정을 중심으로 반도체 물리학의 기초와 과학자들의 업적을 흥미롭게 풀어낸다. 실리콘 분리부터 트랜지스터 발명, MOSFET(금속 산화막 반도체 장효과 트랜지스터) 개발까지 반도체 혁신의 역사를 다루며, 이를 가능하게 한 과학자들의 도전과 열정을 조명한다. 특히 원문으로 수록된 노벨상 수상 논문은 과학적 사고와 도전 의식을 고취하며, 과학의 본질을 이해하는 데 도움을 준다. 이 책은 과학 꿈나무부터 전문가까지 모두에게 과학적 통찰과 영감을 제공하며, 대한민국 과학의 밝은 미래를 꿈꾸게 한다.

탐구 주제 1 트랜지스터는 현대 전자기기의 핵심 부품으로, 신호를 증폭하거나 스위칭하는 데 사용되는 반도체 소자이다. 트랜지스터의 핵심 기능인 신호 제어와 증폭은 그 내부의 독특한 구조와 반도체 물질의 전기적 특성에서 비롯된다. 이 기능이 특정 전자기기 내에서 어떤 역할을 하는지 탐구해 보자.

탐구 주제 2 트랜지스터의 발명은 전자공학의 획기적인 진보뿐만 아니라 예술과 문화의 발전에도 큰 영향을 미쳤다. 음악 산업의 대중화를 이끌며, 록 음악과 같은 새로운 음악 장르의 탄생과 확산을 가능하게 했다. 기존의 진공관과 비교해 트랜지스터의 발명과 예술 문화 발전의 연관성을 조사해 보자.

추천 논문

인공지능 반도체 및 패키징 기술 동향(김희주 외 1명, 한국마이크로전자및패키징학회, 2023)

이 연구는 AI 기술이 발전함에 따라 반도체 기술 개발이 가속화되는 점에 주목하고 있다. 대규모 데이터의 고속 처리와 실속 있는 전력 효율이 중요한 과제가 되면서 AI 반도체 기술이 주목받고 있다. 이 논문에서는 인공지능 반도체의 종류와 2.5D 및 3D 패키징 기술을 소개하고 있으며, 이는 AI 반도체의 성능 향상과 비용 절감에 핵심적인 역할을 할 것이다.

탐구 주제
인공지능(AI) 기술의 발전으로 대규모 데이터를 신속하게 처리할 수 있는 고성능 AI 반도체의 수요가 증가하고 있다. 데이터를 처리할 때 생기는 문제와 이를 해결하기 위한 AI 전용 반도체 기술 및 패키징의 종류와 기술적 원리에 대해 탐구해 보자.

◆ 선택 과목 연계 학습

선택 과목		학습 안내
일반 선택	물리학	전기 현상이 무엇인지 고찰해 보고, 전기 현상을 만드는 입자의 전기적 성질부터 전기 에너지까지 전기에 대한 전반적인 학습을 통해 전자기기, 인공지능 등 현대 기술에 대해 이해한다.
관련 단원	2. 전기와 자기	

◆ 전공 가이드

전기 현상의 본질과 전기적 성질을 이해하고, 이를 기반으로 전기 에너지와 현대 기술의 원리를 탐구해 전자기기, 인공지능 등 첨단기술의 발전에 기여할 수 있다.

- ▶ **인문계열** : 과학철학과, 과학사학과, 디지털인문학과
- ▶ **자연계열** : 물리학과, 응용물리학과, 화학과, 재료과학과, 전자물리학과, 양자물리학과, 과학학과
- ▶ **공학계열** : 전기공학과, 전자공학과, 반도체공학과, 정보통신공학과, 인공지능공학과,
  인지과학과(인공지능/뇌공학)

◆ 선택 과목 연계 학습

선택 과목		학습 안내
진로 선택	전자기와 양자	전기회로를 구성하는 요소들의 물리적 관계를 이해하고 다이오드, 트랜지스터 등 반도체 소자를 활용한 전기회로에 관해 탐구하며 문명에서 반도체의 역할에 대해 탐색한다.
관련 단원	1. 전자기적 상호작용	

◆ 전공 가이드

전류, 전압, 저항 등 전기회로를 이해할 때 꼭 필요한 기본 물리량들을 바탕으로 인간의 언어를 전기, 전자, 인공지능 등의 언어로 변환할 수 있음을 이해한다.

- ▶ **인문계열** : 과학철학과, 과학사학과
- ▶ **사회계열** : 기술경영학과, 산업심리학과, 인지과학과
- ▶ **공학계열** : 전기공학과, 전자공학과, 반도체공학과, 정보통신공학과, 데이터사이언스학과,
  인지과학과(AI/기술)
- ▶ **교육계열** : 물리교육과, 컴퓨터교육과, 화학교육과

◆ 선택 과목 연계 학습

선택 과목	학습 안내	
융합 선택	과학의 역사와 문화	금속의 발견이 인류 문명에 끼친 영향을 깊이 고찰한다. 금속이 사회적, 정치적, 역사적 변화를 이끌었던 역할에 대해 탐구하고, 이러한 활용이 권력 구조에 미친 영향을 분석한다.
관련 단원	1. 과학과 문명의 탄생과 통합	

◆ 전공 가이드

금속 결합과 다른 결합들의 차이점을 통해 금속의 특징을 이해하고, 이러한 특징으로 인해 금속이 인류의 역사에 어떤 영향을 끼쳤는지 탐구한다.

- ▶ **인문계열** : 역사학과
- ▶ **사회계열** : 정치외교학과, 사회학과, 경제학과
- ▶ **자연계열** : 지구과학과, 재료과학과, 환경과학과, 화학과, 보건환경학과, 신소재공학과, 지구환경과학과
- ▶ **공학계열** : 의료재료공학과, 생명공학과, 금속공학과, 재료공학과, 에너지자원공학과

학생부 교과세특 예시

물질을 전기적 특성으로 분류한 도체, 반도체, 부도체의 개념에 대해 이해하고, 이러한 특성을 갖기 위한 결합 형태로서의 금속 결합의 원리를 탐구함. 금속 결합의 특성이 금속의 어떤 특성을 만드는지 조사하여 다른 물질과의 차이점을 물리적인 수치로 확인하고, 이 특성으로 인해 금속이 인류 문명에 끼친 영향을 탐구함. 이 과정에서 '세상에서 가장 쉬운 과학 수업: 반도체 혁명(정완상)'을 읽고 도체가 아닌 반도체가 현대 사회에서 하는 역할과 쓰임새를 추가 조사하여 디지털 세상에서 도체와 반도체의 주요 역할을 정리하여 보고서로 작성함. 과학 개념을 인문학적으로 분석한 탁월한 해석 능력을 엿볼 수 있음.

교과서 찾아보기

📖 지학사 88~91쪽
- 반도체 부품의 사용
- 순수한 반도체와 불순물 반도체
- 일상에서 사용하는 반도체의 성질 조사하기

📖 동아출판 76~79쪽
- 자율 주행 자동차와 센서
- 첨단기술에 반도체가 활용되는 예 조사하기
- 지구의 온도를 낮추는 저전력 반도체

📖 미래엔 88~91쪽
- 전자기기를 구성하는 물질은 어떤 것들이 있으며 모두 전기가 잘 통할까?
- 여러 가지 물체의 전기적 성질 비교하기
- 도체, 부도체, 반도체의 활용 살펴보기

III

시스템과 상호작용

1. 지구 시스템의 구성과 상호작용

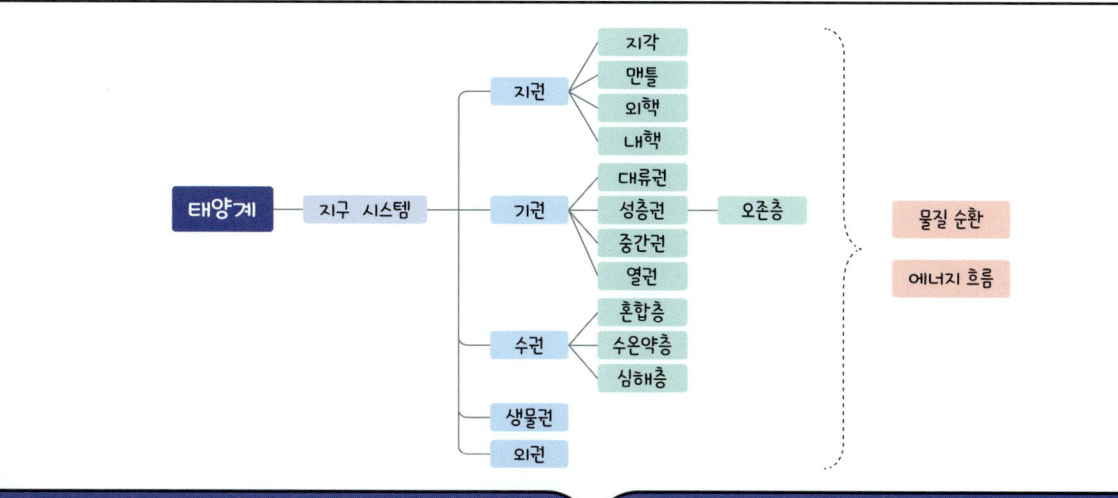

성취 기준 【10통과1-03-01】 지구 시스템은 태양계라는 시스템의 구성 요소임을 알고, 지구 시스템을 구성하는 권역들 간의 물질 순환과 에너지 흐름의 결과로 나타나는 현상을 논증할 수 있다.

학습 개요 태양을 중심으로 행성과 위성, 소천체들로 이루어져 상호작용하는 시스템을 태양계라고 한다. 지구는 태양계의 일원이면서 그 자체로도 '지구계' 혹은 '지구 시스템'이라고 불리는 상호작용 체계의 중심이기도 하다. 지구 시스템은 지권, 기권, 수권, 생물권, 외권으로 구성되어 있는데, 이들은 상호작용하며 전 지구적 물질 순환 및 에너지 흐름을 일으켜 자연 현상들을 발생시키고 생명체가 활동할 수 있는 환경을 마련해 준다.

개념 제시 지구 시스템, 지권, 기권, 수권, 생물권, 외권, 성층 구조, 물질 순환, 에너지 흐름

생각 열기 슈쿠로 마나베(1931~)는 클라우스 하셀만(1931~), 조르조 파리시(1948~)와 함께 2021년 노벨 물리학상을 수상했다. 지구 시스템과 관련한 노벨상 수상 중에서는 외권에 해당하는 천문학을 제외하고 기상학과 관련해 최초의 과학 분야 노벨상 수상이라는 의의가 있다. 이들은 대기 및 해양에서의 상호작용에 대한 컴퓨터 모델링 분야에서 선구적인 업적을 남겼으며, 이들의 노벨 물리학상 수상은 기후 변화 위기에 대한 대중 및 과학자들의 인식이 반영된 결과라고 할 수 있다.

관련 이슈 (호주 산불) 2019년 9월 호주에서 산불이 발생해 2020년까지 이어져 한반도 전체 면적에 가까운 삼림이 소실되었다. 이 화재는 기후 변화로 인해 장기화되어 더 큰 화재로 이어졌다는 연구 결과들이 있다. 또한 지구 시스템은 화재로부터 장단기적으로 커다란 영향을 받게 되었다. 이러한 대규모 화재는 대량의 탄소를 배출해 장기적으로 지구온난화를 가속하는 결과를 낳았다. 반면 이때 발생한 에어로졸(연무질)은 햇빛을 차단해 기온 하강의 효과를 가져오기도 했다.

개념 이해

(성층 구조) 지구 시스템의 구성 요소 중 기권, 수권, 지권은 각각의 성층 구조를 이룬다. 기권의 성층 구조 중 대류권은 기상 현상을 발생시켜 다른 구성 요소와 다양한 상호작용을 일으킨다. 지권에서 금속으로 이루어진 액체 상태의 외핵은 자기장을 발생시켜 외권의 위험 요인으로부터 지구의 생명체들을 보호한다. 수권의 수온약층은 혼합층과 심해층의 물질 및 열 교환을 막는 역할을 한다. 이러한 성층 구조들은 지구 시스템에서 매우 중요한 역할을 한다.

(에너지 흐름) 지구 시스템에서의 물의 순환은 에너지의 흐름과 깊은 관련이 있다. 수권의 물은 태양 에너지를 흡수해 수증기가 되어 기권으로 이동하며, 비나 눈의 형태로 풍화 및 침식을 일으켜 지형을 변화시키거나 생명 유지에 활용되어 지권, 기권, 수권, 생물권에 영향을 준다. 태양 에너지의 흐름에 의해 발생하는 물의 순환은 기상 현상과 지표의 변화 등 지구 시스템 전반에 걸쳐 변화를 일으킨다.

(물질 순환) 물질 순환 중 탄소 순환은 탄소가 지구 시스템 전반에 걸쳐 이산화탄소, 석회암, 화석 연료, 탄산염 등의 다양한 형태로 존재하며 순환하는 것을 말한다. 탄소는 광합성, 호흡, 화석 연료의 연소, 화산 폭발, 용해 등의 현상을 거쳐 에너지의 흐름을 동반하며 순환한다.

탐구 주제 1 수권과 기권의 상호작용으로 발생하는 태풍은 저위도의 에너지를 고위도로 이동시키고 지구의 에너지 불균형을 해소한다. 하지만 그 과정에서 '볼라벤', '매미', '루사' 등 강력한 태풍이 큰 피해를 낳기도 한다. 태풍을 발생시키는 에너지의 근원을 탐구해 보자.

탐구 주제 2 태양 활동의 변화는 전 지구적인 온도 변화를 발생시킨다. 지구의 갑작스러운 기온 하강은 작물 재배에 영향을 주어 큰 피해를 일으키기도 한다. 이와 관련해 〈조선왕조실록〉에는 1670년 현종 11년에 발생한 경신 대기근이 기록되어 있다. 갑작스러운 기온 변화로 인한 재난과 관련된 역사적 기록을 조사해 보자.

개념 응용

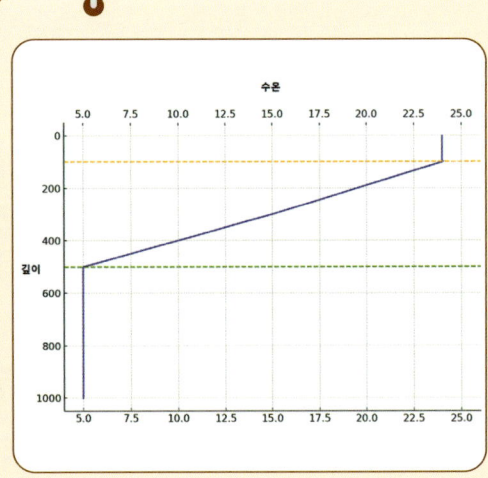

자료 설명

수심에 따른 수온의 변화로 나타낸 수권의 성층 구조로, 3개의 층이 관찰된다.

탐구 주제

수온약층은 혼합층과 심해층 사이에 존재한다. 하부는 수온이 낮고 상부는 높아서 안정적인 구조이기 때문에 대류가 발생하지 않아 혼합층과 심해층 사이의 물질 및 에너지 교환을 막는다. 계절 및 위도에 따른 수온약층의 변화를 탐구해 보자.

추천 도서

폭염 살인 (제프 구델, 왕수민 역, 웅진지식하우스, 2024)

저자 제프 구델은 기후 변화, 해수면 상승 등과 관련한 정보를 주로 전달하는 기후 저널리스트이다. 이 책은 기후 변화와 그 과학적 원인뿐만 아니라, 기후 변화가 생물권에 속한 인간에게 끼치는 영향들을 전문적으로 다루고 있다. 생물들이 체온을 관리하는 원리, 지구온난화가 인체에 미치는 영향 등 체계적인 구성의 지식 전달로 독자가 쉽게 이해할 수 있도록 집필되었다. 사막화, 질병 등 기후와 관련된 다양한 분야에 관심 있는 학생에게 추천할 만한 책이다.

탐구 주제 1 중생대에는 빙하기 없이 기후가 온난했으며, 이때의 평균기온은 현재보다도 매우 높았던 것으로 추정된다. 하지만 오늘날에는 지구 기온이 조금만 상승해도 지구온난화가 심각한 생물 변화를 일으킬 것으로 우려된다. 생물의 진화 속도와 관련지어 지구온난화의 심각성에 대해 탐구해 보자.

탐구 주제 2 우리나라는 온대기후에서 아열대기후로 점차 변화하고 있다. 작물의 재배지뿐 아니라, 기후 위기에 따른 질병의 양상 또한 변화를 맞이하고 있다. 열사병 등 열과 직접적인 관련이 있는 질병부터 모기 매개 질병, 부패에 의한 질병 등이 발생할 것이다. 기후 변화와 관련된 질병에 대해 탐구해 보자.

최종 경고: 6도의 멸종 (마크 라이너스, 김아림 역, 세종서적, 2022)

지구온난화와 관련해 학생들이 주로 갖는 의문은, 매일 변화하는 기온이 지구온난화로 인한 온도 변화보다 훨씬 큰데도 1℃, 2℃ 오르는 것에 큰 의미를 부여한다는 것이다. 이 책은 지구 온도가 1℃ 오를 때마다 전 지구적으로 발생하는 현상에 대해 영화처럼 그려내어, 독자들이 지구 온도 상승이 가져올 결과가 쉽게 와닿을 수 있도록 제시한다. 3℃가 상승하면 발생할 것으로 예상되던 초대형 산불과 태풍이 벌써 발생하고 있는 만큼 환경에 대한 관심과 대책이 절실함을 역설한다.

탐구 주제 1 과학자들의 연구에 따르면, 지구 온도가 현재보다 약 1.5℃ 상승하면 지구온난화가 더욱 가속화되어 더 이상 멈출 수 없는 비가역적인 결과를 초래할 것으로 예상된다. 산업혁명 이후 현재까지의 기온 상승을 조사하고, 앞으로 기온 상승이 계속될 경우 발생할 일들에 대해 탐구해 보자.

탐구 주제 2 인류는 남아프리카에서 20만 년 전 최초로 출현해 이후 전 세계 각지로 퍼져나갔다. 인류 문명의 형성과 전파는 지구 시스템 구성 요소들의 상호작용과 큰 관련이 있다. 기후 변화, 빙하기, 식생 변화 등 지구 시스템의 상호작용이 인류 문명의 형성과 전파에 미친 영향을 탐구해 보자.

추천 논문

지구 시스템 내 물질 순환에 대한 중·고등학교 학생들의 시스템 사고 분석: 인간의 활동이 순환에 미치는 영향을 고려하여 (오현석 외 2명, 경북대 과학교육연구소, 2021)

이 논문은 지구 시스템 내의 물질 순환에서 인간 활동의 영향을 고려한 교육과정 개선 방향을 논의한다. 물의 순환에서는 물의 분포와 이동을 중심으로 인간의 영향이 거의 나타나지 않았으며, 탄소 순환에서는 일부 드러났다. 이에 따라 기존 지구 시스템 중심의 교육을 사회-생태 시스템을 고려하는 방향으로 확장해야 한다는 개선안을 제시한다.

탐구 주제 위의 연구에 따르면, 물의 순환에서는 인간 활동의 영향이 크지 않지만 지구 시스템의 각 권은 유기적으로 상호작용하기 때문에 간접적으로 인간 활동의 영향이 미칠 수 있다. 인간 활동이 물의 순환에 간접적으로 미치는 영향을 분석해 보자.

선택 과목 연계 학습 및 전공 가이드

◆ 선택 과목 연계 학습

선택 과목		학습 안내
진로 선택	지구시스템과학	〈지구시스템과학〉은 지구과학에서 천문학을 제외하고 고체 지구와 유체 지구를 다루는 과목이다. 지권, 기권, 수권을 구성하는 요소들의 과학적 원리에 대해 심화 학습할 수 있다.
관련 단원	1. 지구 탄생과 생동하는 지구	

◆ 전공 가이드

지구 시스템의 구성 요소인 지권, 기권, 수권과 관련된 이론을 학습한다. 이는 대학 진학 후 학습하게 될 지질학, 대기과학, 해양학 등 과학 분야 지식의 기반이 된다.

- ▶ **사회계열**: 해양경찰학과, 지리학과
- ▶ **자연계열**: 지질학과, 지구시스템과학과, 해양학과, 지구환경과학과, 대기과학과, 지구과학과
- ▶ **공학계열**: 항해학과, 기관학과, 지구시스템공학과, 토목공학과, 건축학과, 조선해양공학과, 환경공학과
- ▶ **교육계열**: 지구과학교육과, 지리교육과

◆ 선택 과목 연계 학습

선택 과목		학습 안내
일반 선택	지구과학	기권 및 수권의 성층 구조, 기후 변화와 인간의 관계 등 지구 시스템 구성 요소 간의 상호작용을 학습한다. 이와 함께 기후 변화의 원인을 파악하고 해결하는 방법을 탐구한다.
관련 단원	1. 대기와 해양의 상호작용	

◆ 전공 가이드

수권 및 기권의 기초 이론을 배우고, 인간 활동에 의한 기후 변화가 환경 및 인간에게 미치는 상호 영향을 학습한다. 이를 통해 대기, 해양, 환경과 관련한 학과에 진학할 수 있다.

- ▶ **사회계열**: 해양경찰학과, 지리학과
- ▶ **자연계열**: 지질학과, 지구시스템과학과, 해양학과, 지구환경과학과, 대기과학과, 지구과학과

▶ **공학계열** : 항해학과, 기관학과, 지구시스템공학과, 조선해양공학과, 환경공학과, 에너지자원공학과
▶ **교육계열** : 지구과학교육과, 지리교육과

◆ 선택 과목 연계 학습

선택 과목	학습 안내	
진로 선택	역학과 에너지	열의 출입에 의한 물질의 상태 변화를 이해하고, 계에 가해진 열이 온도를 상승시키거나 외부에 일을 하는 원리를 배운다. 에너지의 흐름 및 물질 순환의 원리를 심화 학습한다.
관련 단원	1. 열과 에너지	

◆ 전공 가이드

이 단원에서는 열의 출입과 에너지의 흐름을 심화 학습한다. 이는 열기관이 활용되는 다양한 공학 분야의 기초 이론으로, 물리학과 관련된 공학계열에 진학할 수 있다.

▶ **자연계열** : 물리학과, 응용물리학과
▶ **공학계열** : 모든 공학계열 학과
▶ **교육계열** : 물리교육과, 지구과학교육과

학생부 교과세특 예시

'지구 시스템의 상호작용' 단원을 학습한 후, 역사 속에서 지구 시스템의 구성 요소들이 인간에게 준 영향에 대해 탐구하여 보고서로 작성함. 자연 등 환경의 변화는 인류에게 긍정적인 영향을 주기도 하고, 부정적인 영향을 주기도 한다는 서문을 시작으로, 우리나라 및 해외의 역사 기록 속에서 자연이 인간에게 미친 영향을 보기 좋게 정리하였음. 대표적인 예로 '경신 대기근'을 들었는데, 약 400년 전 이산화탄소 감소로 발생한 기온 하강으로 흉년이 들었고, 이로 인해 많은 사망자가 발생했음을 설명함. 기권과 생물권의 상호작용에 대한 기록의 좋은 예라고 설명한 점이 인상적임.

교과서 찾아보기

📖 지학사 104~111쪽
- 지구 시스템의 구성 요소와 기권, 지권, 해수의 성층 구조
- 지구 시스템의 에너지원과 물질의 순환
- 지구 시스템 권역의 상호작용 알아보기

📖 미래엔 104~111쪽
- 지구 시스템의 층상 구조
- 물의 순환과 에너지 흐름으로 나타나는 자연 현상 알아보기
- 지구 시스템의 균형이 깨짐으로써 인간 생활에 주는 영향 알아보기

📖 비상 96~101쪽
- 태양계 천체 분류하기
- 지구 시스템의 상호작용 알아보기
- 지구 시스템의 권역 간의 물질 순환과 에너지 흐름 논증

2. 지권의 변화와 영향

```
지권 → 지권의 변화 → 판의 경계 → 수렴형 경계
                                발산형 경계  } → 화산, 지진
                                보존형 경계
```

성취 기준 【10통과1-03-02】 지권의 변화를 판구조론 관점에서 해석하고, 에너지 흐름의 결과로 발생하는 지권의 변화가 지구 시스템에 미치는 영향을 추론할 수 있다.

학습 개요 지권의 변화는 지진, 화산 활동 등을 발생시킬 수 있다. 인간을 비롯한 수많은 생물들은 땅 위에서 살아가므로, 지권의 변화는 생물권을 비롯한 지구 시스템의 각 구성 요소들에 커다란 영향을 미친다. 오랜 기간 과학자들은 지진, 화산 폭발 등 지권과 관련된 자연 현상들을 이해하고자 노력했으며, 수십 년에 걸친 이론의 수정과 보완을 통해 판구조론을 완성해 지권의 변화에 대한 비밀을 일부 알아내게 되었다.

개념 제시 환태평양 화산대, 불의 고리, 판구조론, 수렴형 경계, 발산형 경계, 보존형 경계

생각 열기 존 투조 윌슨(1908~1993)은 판구조론의 정립에 큰 역할을 한 캐나다의 지질학자이다. 판구조론의 '판(plate)'이라는 용어를 처음으로 사용했으며, 해령과 해령 사이의 보존형 경계에서 발견되는 '천발 지진'이 발생하는 경계에 '변환단층'이라는 이름을 붙였다. 해령에서 올라온 맨틀 물질의 상대적인 속도 차이가 이러한 단층을 형성해 대서양 중앙 해령 등의 경계가 연속적이지 않음을 밝혔다. 또한 태평양에서 발견되는 하와이 열도 등의 연속성을 통해 판구조론과 열도의 형성이 연관이 있음을 주장했다.

관련 이슈 (후쿠시마 원자력발전소 사고) 2011년 3월 11일 발생한 동일본 대지진으로 인한 원자력발전소 사고이다. 동일본 대지진을 감지한 원자로는 바로 셧다운되었지만, 지진에 이어진 파고 약 15m에 이르는 쓰나미로 변전 시설 등 원자력발전소의 냉각 시스템을 구동하는 장비들이 침수되었다. 연료봉이 수증기와 반응해 수소가 발생해 폭발하고 노심이 용융하며 태평양에 방사능이 누출되었다. 이때 누출된 방사능은 해류를 따라 전 세계로 퍼져 현재까지도 영향을 끼치고 있다.

개념 이해

(환태평양 화산대) 전 지구적 관점에서 볼 때, 태평양을 중심으로 그 주변부에 존재하는 대륙과의 경계 부근에 화산과 지진이 집중되어 나타난다. 태평양 주변부에는 판의 경계가 다수 존재하는데, 전 지구의 80%에 달하는 화산 활동이 여기서 발생해 이를 '환태평양 화산대' 혹은 '불의 고리'라고 부른다.

(판구조론) 판(plate)은 지각과 맨틀의 상부를 포함하는 두께 약 100km의 암석 판으로, 지구의 표면을 이루는 각각의 조각들을 일컫는다. 이러한 판은 '암석권'이라고 부르기도 한다. 판의 아래에는 연약권이 위치하는데, 이 연약권은 고체로 되어 있지만 부분 용융이 일어나 유동성이 있어 천천히 대류하며 연약권 위에 있는 판을 이동시켜 다양한 지권의 변화를 일으킨다.

(판의 경계) 지구의 표면은 십수 개의 판이라고 하는 조각들로 나뉘어 있다. 이러한 판들이 서로 만나는 경계부는 발산형 경계, 수렴형 경계, 보존형 경계로 이루어져 있으며, 각 경계에서의 판들의 상대적인 움직임이 지진, 화산 활동 등을 일으킨다. 또한 거대한 습곡 산맥을 만들거나 일본과 같은 호상 열도를 형성하기도 한다.

탐구 주제 1 한반도에는 커다란 화산체인 백두산과 한라산이 있다. 또한 과거의 화산 폭발로 형성된 울릉도, 독도 등도 존재한다. 뉴스를 살펴보면 백두산의 화산이 조만간 폭발할 것이라는 기사를 쉽게 찾아볼 수 있다. 판구조론과 관련해 백두산, 한라산의 폭발 원리를 탐구해 보자.

탐구 주제 2 2011년의 동일본 대지진과 후쿠시마 원전 사고의 여파는 현재 진행형이다. 일본만큼은 아니지만 우리나라도 해일에 완벽하게 안전한 나라는 아니다. 〈조선왕조실록〉에도 1741년 발생한 지진 해일 등 수십 회의 해일이 발생했다는 기록이 남아 있다. 〈조선왕조실록〉에 나타난 해일 자료를 탐구 및 분석해 보자.

개념 응용

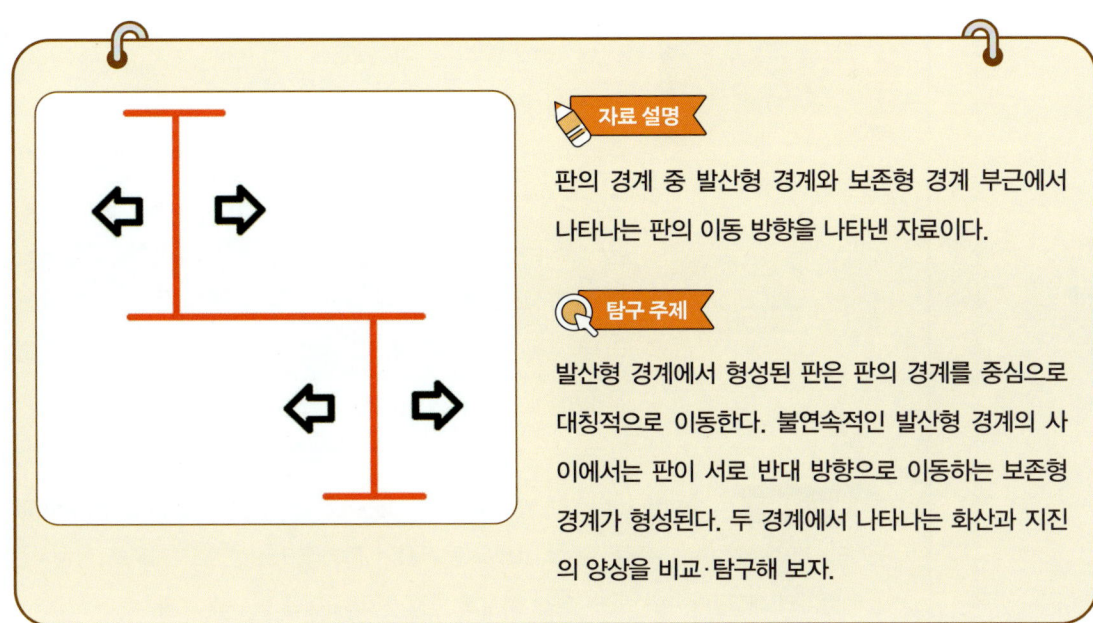

자료 설명

판의 경계 중 발산형 경계와 보존형 경계 부근에서 나타나는 판의 이동 방향을 나타낸 자료이다.

탐구 주제

발산형 경계에서 형성된 판은 판의 경계를 중심으로 대칭적으로 이동한다. 불연속적인 발산형 경계의 사이에서는 판이 서로 반대 방향으로 이동하는 보존형 경계가 형성된다. 두 경계에서 나타나는 화산과 지진의 양상을 비교·탐구해 보자.

추천 도서

알기 쉬운 지진과 건물 이야기 (이리형 외 1명, 자유아카데미, 2021)

지진은 왜 일어나는지, 지진은 왜 예보할 수 없는지 등 지진과 관련된 기본 지식의 전달은 물론 지진 피해 현황과 대책을 다룬 책이다. 판구조론, '불의 고리' 등 〈통합과학〉과 연계되는 내용이 가득 담겨 있다. 우리나라는 지진 피해에 비교적 안전한 나라로 알려져 있지만 100% 안전한 국가는 아니다. 가까운 거리에 거대한 화산이 있고, 실제 지진 피해들도 관찰된다. 이 책을 통해 지진에 대한 전반적인 지식과 지진에 대비하는 건축 이야기를 비롯해 지진과 판구조론에 대한 지식까지 확장해 볼 수 있다.

탐구 주제 1 환태평양 화산대에서는 많은 화산 활동과 지진 등이 일어난다. 이곳에 사는 사람들은 지진으로부터 집과 인명을 보호하기 위해 다양한 내진 설계 방법을 고안해 집을 짓는다. 내진 설계, 제진 설계, 면진 설계 등 다양한 지진 대비 방법과 그 과학적 원리에 대해 탐구해 보자.

탐구 주제 2 우리나라와 일본을 비교하면 지진의 발생 빈도와 피해 정도에서 많은 차이를 보인다. 인접한 국가임에도 이러한 차이가 나타나는 이유를 지진의 깊이, 화산의 개수 등과 관련지어 조사해 보자. 그 조사 결과와 판구조론을 바탕으로 우리나라와 일본의 차이를 설명해 보자.

지질학 (얀 잘라시에비치, 김정은 역, 김영사, 2023)

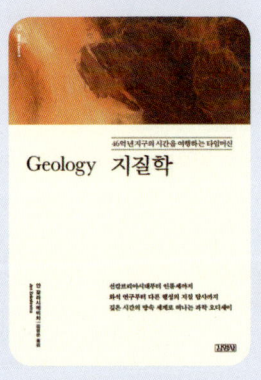

46억 년에 달하는 지구의 역사를 담은 지질에 대한 책이다. 선캄브리아 시대부터 현대의 인류세에 이르기까지, 화석 연구를 비롯해 지구가 아닌 다른 행성의 지질 탐사까지 깊은 땅속에서 일어나는 현상을 다루고 있다. 초창기의 지질학부터 대륙이동설과 판구조론은 물론, 야외 지질 조사 방법, 퇴적학, 지구물리학, 광물 등의 자원, 사회와 관련된 지질학 등 다양한 분야를 폭넓게 다루고 있어 지질학 분야의 진로를 생각하는의 학생이나 융합형 인재가 되기를 원하는 학생 모두에게 추천할 만하다.

탐구 주제 1 화산이 폭발할 때 발생하는 화산재는 햇빛을 차단해 약 1년간 지구의 평균기온을 낮춰 주지만, 지속적인 화산 폭발은 온실 기체를 증가시켜 장기적으로는 지구 기온을 상승시킨다. 이와 관련해 페름기의 대멸종을 조사하고, 화산 폭발과 환경 변화에 대해 탐구해 보자.

탐구 주제 2 과거에는 바다가 중심부로 갈수록 깊어진다고 생각했다. 과학기술이 발달하고 해저 탐사가 이루어짐에 따라 사람들은 바다 한가운데가 오히려 수심이 얕다는 사실을 알게 되었다. 지질 및 해양 탐사에 필요한 과학기술과 도구를 조사하고, 판의 경계를 발견한 원리를 알아보자.

| 추천 논문 | **백두산 폭발 대비 방안 연구**(신옥란, 한국교육학술정보원, 2023) |

판의 경계에 위치하는 나라들에 비해 한국은 비교적 화산 및 지진 피해로부터 안전한 나라이다. 그렇다고 해서 완벽하게 안전하다고 볼 수는 없다. 이 논문에서는 백두산 폭발로 인한 복합 재난 가능성, 초기 대응 방법, 피해 규모 등을 다루고 있다. 이와 함께 위험도 평가 및 시뮬레이션을 통한 대비와 매뉴얼 제작의 필요성을 설명한다.

> **탐구 주제** 미디어에서 백두산이 폭발할지 모른다는 기사를 쉽게 접할 수 있다. 백두산 폭발과 관련한 영화가 제작되기도 했다. 위의 논문과 〈통합과학〉의 과학 지식, 뉴스 기사 등을 조사해 백두산 폭발 시 우리나라에 발생하게 될 피해와 대책을 탐구해 보자.

◆ 선택 과목 연계 학습

선택 과목		학습 안내
진로 선택	지구과학	판구조론과 관련해 마그마가 형성되는 원리와 마그마가 식어 암석이 되는 원리를 배울 수 있다. 압력 감소, 물의 첨가 등 마그마의 형성 원리를 통해 판의 경계를 심화 학습한다.
관련 단원	2. 지구의 역사와 한반도의 암석	

◆ 전공 가이드

마그마의 형성, 판의 경계, 암석의 순환 등의 학습을 통해 지질학 관련 학과에 진학할 수 있다. 또한 지진 예보 등과 관련된 심화 학습을 통해 예보관의 진로 탐색을 할 수 있다.

- ▶ **인문계열**: 역사학과, 고고학과, 문화인류학과, 문화재학과
- ▶ **자연계열**: 지리학과, 지질학과, 지구환경과학과, 지구과학과, 대기과학과
- ▶ **공학계열**: 지구시스템공학과, 에너지자원공학과, 해양지질학과
- ▶ **교육계열**: 지구과학교육과

◆ 선택 과목 연계 학습

선택 과목		학습 안내
일반 선택	지구시스템과학	고체 지구과학과 관련해 판구조론의 발달사, 맨틀의 상부 운동, 화산 활동의 역할, 지진과 관련된 내용을 학습하고, 지진파를 통해 지구 내부 구조를 알아내는 방법을 배운다.
관련 단원	1. 지구 탄생과 생동하는 지구	

◆ 전공 가이드

심화된 판구조론과 플룸 구조론을 학습하고, 화산 및 지진 이론을 바탕으로 지질학 관련 학과에 진학할 수 있다. 또한 우주 행성 탐사 등 천문학 및 지질학 분야에도 진출할 수 있다.

- ▶ **인문계열**: 고고학과, 문화인류학과, 고고미술사학과, 문화재학과
- ▶ **자연계열**: 지질학과, 지구시스템과학과, 지리학과, 지구환경과학과, 대기과학과, 행성과학과
- ▶ **공학계열**: 지구시스템공학과, 에너지자원공학과, 해양지질학과
- ▶ **교육계열**: 지구과학교육과

◆ 선택 과목 연계 학습

선택 과목	학습 안내	
진로 선택	역학과 에너지	지진이 일어나면 지진파는 탄성파의 형태로 지구 내부 곳곳에 전달된다. 매질에 따른 탄성파의 위상 변화를 통해 지구의 내부 구조를 알아내는 원리를 학습할 수 있다.
관련 단원	3. 탄성파와 소리	

◆ 전공 가이드

매질의 경계면에서 변화하는 탄성파의 위상은 다양한 곳에 활용된다. 지구 내부 구조를 다루는 지구물리학, 다양한 비파괴 검사, 초음파 검사 등에도 활용된다.

- ▶ **자연계열** : 지구시스템과학과, 물리학과, 지질학과
- ▶ **공학계열** : 반도체공학과, 재료공학과, 지구시스템공학과, 기계공학과, 비파괴검사공학과
- ▶ **의약계열** : 의예과, 간호학과, 수의예과, 한의예과, 방사선학과
- ▶ **교육계열** : 물리교육과, 지구과학교육과

학생부 교과세특 예시

건축과 인간 생활에 관심을 갖고 지권의 변화와 관련하여 심화 탐구를 진행하고 보고서를 작성하고 발표하였음. 판의 이동이나 화산 폭발 등에 동반되어 발생하는 지진은 진동과 해일을 발생시켜 큰 피해를 주므로 이에 대한 대책이 필요함을 강조함. 건축이나 토목 공사를 통해 이러한 피해를 막는 방법을 다양한 시각 자료와 함께 제시함. 또한 내진 설계 중 제진 설계와 관련하여 실제 구조물을 만들고 질량 댐퍼를 설치한 후 휴대전화의 센서를 이용하여 진동을 측정하고, 질량 댐퍼의 효과를 측정한 실험 자료를 제시하여 학생들의 이해를 도운 점이 인상 깊음.

교과서 찾아보기

📖 지학사 112~117쪽
- 빅데이터 자료를 이용하여 지진대의 화산대 찾아보기
- 판의 분포와 주요 변동대의 위치
- 화산 분출에 따른 피해 조사 및 대책 마련하기

📖 동아출판 102~107쪽
- 판의 이동과 경계
- 판의 경계에서 나타나는 지형
- 화산 분출이 지구 시스템에 미치는 영향 알아보기

📖 비상 102~107쪽
- 화산 활동을 소재로 시나리오 만들기
- 지진과 화산 활동이 일어나는 지역 알아보기
- 지진과 화산 분출로 나타나는 피해 조사와 대책 수립

3. 역학 시스템

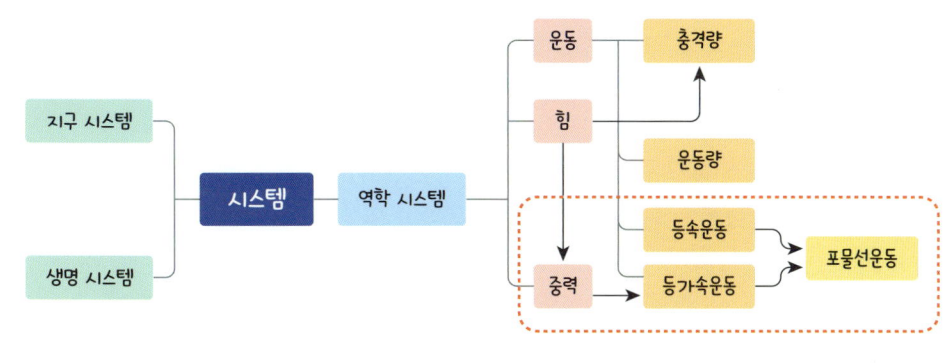

성취 기준 【10통과1-03-03】 중력의 작용으로 인한 지구 표면과 지구 주위의 다양한 운동을 설명할 수 있다.

학습 개요 뉴턴의 《프린키피아》(1687년)가 출간된 지 340년 가까이 흘렀다. 이후 과학기술은 비약적으로 발전해 지금의 인공지능 시대에 이르렀다. 고대 과학과 현대 과학의 분기점인 '과학 혁명'은 16~17세기에 일어났다. 코페르니쿠스의 지동설부터 뉴턴의 중력 이론까지 인류의 오랜 관심사는 우주와 천체였고, 천체들의 움직임을 통제하는 과학 법칙은 중력 이론이다. 《프린키피아》의 출간은 현대 과학의 기초를 확립한 결정적 사건으로 평가받는다.

개념 제시 중력, 지구, 연직 방향, 무게, 중력 가속도, 힘, 수평 방향, 뉴턴의 대포, 궤도운동

생각 열기 아이작 뉴턴(1642~1727)은 과학 혁명의 주역 중 한 사람으로서 과학 혁명을 상징하는 인물이다. 《프린키피아(자연철학의 수학적 원리)》를 통해 중력, 운동 법칙, 미적분에 대해 소개해 물리학과 수학의 발전에 큰 역할을 했으며, 빛의 분산 실험을 통해 광학 이론의 발전에도 기여했다. 과학자로서 큰 명성을 떨친 후 영국의 조폐국장을 역임하며 동전의 위조 방지 기술을 개발하기도 했다. 뉴턴은 "거인의 어깨 위에 서 있기에 더 멀리 볼 수 있었던", 진리라는 거대한 바닷가에서 뛰놀던 소년이었다.

관련 이슈 (**중력파**) 뉴턴은 만유인력의 법칙을 통해 지상에서 운동하는 물체들과 지구와 떨어져 있는 달의 운동이 같다는 것을 설명할 수 있었다. 그는 질량을 가진 두 물체 사이에 힘이 작용하는 원리에 대해서는 중력이 순간적으로 공간을 통해 작용하는 원격 작용으로 설명하고자 했다. 이는 어떤 정보도 빛의 속도보다 빠를 수 없다는 특수상대성이론에 부합되지 않는 것으로, 과학자들은 중력을 전달하는 중력파를 검출하기 위해 노력했다. 국제중력파연구협력단은 블랙홀을 통해 2015년 중력파를 최초로 검출했다.

개념 이해

(중력) 만유인력은 질량을 가진 두 물체 사이에 작용하는 인력을 말한다. 중력은 지구가 물체를 잡아당기는 힘을 뜻하지만, 만유인력과 혼용되기도 한다. 연직이란, 지구의 생물 중 공간을 감각하는 생물에게 위와 아래의 감각을 느끼게 하는 중력의 방향을 말한다.

(운동) 물체의 빠르기는 이동 거리를 걸린 시간으로 나누는 속력으로 비교할 수 있다. 물체가 일정하게 움직이기 위해서는 힘이 작용해야 한다는 아리스토텔레스의 이론은 과학 혁명 이전까지 사람들의 생각을 지배했다. 갈릴레이는 관성에 대한 사고실험을 통해 물체에 작용하는 힘이 없을 때는 물체가 등속운동을 한다고 주장했다.

(등가속도운동) 물체에 힘이 작용해 속력이 달라지는 운동을 '가속운동'이라고 하며, 시간에 따라 달라지는 속력의 크기가 일정한 운동을 '등가속도운동'이라고 한다. 갈릴레이가 주어진 힘의 크기에 따라 달라지는 속력의 크기를 실험할 때 경사면을 이용했고, 자유낙하 실험은 피사의 사탑에서 수행했다는 일화가 전해지지만 사실 여부는 정확하지 않다. 뉴턴은 갈릴레이의 실험을 수학적으로 정리해 운동 법칙으로 체계화했다.

탐구 주제 1 뉴턴이 사과가 떨어지는 모습에서 만유인력을 발견했다는 일화가 있다. 《프린키피아》에서 뉴턴은 지상의 사과의 운동과 지상에서 떨어진 달의 운동이 같다는 것을 증명했다. 사과의 운동과 달의 운동의 차이점을 서술하고 두 운동이 근본적으로 같은 이유를 탐구해 보자.

탐구 주제 2 발레와 현대 무용의 차이는 표현법에서 찾을 수 있다. 발레는 공중에 떠 있는 듯한 느낌을 강조하고, 현대 무용은 낙하와 같은 느낌을 표현하는 동작이 많다. 두 무용에서 표현하는 중력에 대한 철학적 관점과 예술적 표현 방식의 차이에 대해 탐구해 보자.

개념 응용

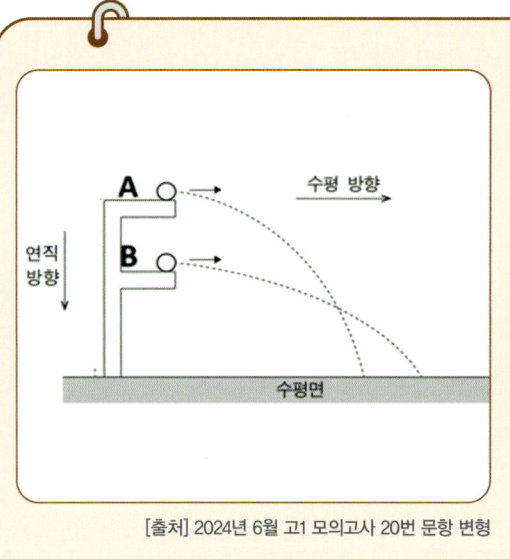

[출처] 2024년 6월 고1 모의고사 20번 문항 변형

자료 설명

각각 다른 높이에서 수평 방향으로 서로 다른 속도로 던진 두 물체의 운동 궤도를 나타낸 그림이다.

탐구 주제

낙하하는 물체의 체공 시간(공중에 떠 있는 시간)은 낙하 높이와 관계가 있다. 수평으로 던진 물체가 바닥에 떨어질 때까지 이동한 수평거리는 수평으로 던진 속도와 관계가 있다. 이들의 관계를 수평 방향과 연직 방향으로 나누어 정성적으로 설명해 보자.

태어난 김에 물리 공부 (커트 베이커, 고호관 역, 윌북, 2024)

이 책은 물리학의 복잡한 개념을 그림과 간결한 설명으로 풀어내며 과학의 기본 원리를 전달한다. 인포그래픽과 시각적 배치를 통해 독자들이 집중력을 유지하며 핵심 내용을 빠르게 이해할 수 있도록 구성되어 있다. 힘과 운동, 전자기학, 열역학, 현대 물리학 등 물리학 전반에 걸친 주제를 다루며, 특히 물리학의 통합성과 법칙의 아름다움을 강조하고 있다. 이 책은 우리가 살아가는 세상과 우주를 이해하는 데 필요한 기초 지식을 제공하고 과학적 사고력을 기를 수 있도록 도와준다.

탐구 주제 1 초속 수천 미터에 달하는 인공위성의 속도를 유지하기 위해서는 지구의 중력이 필요하다. 지구 중력을 이용한 인공위성의 궤도 안정 원리는 현대의 통신과 GPS 기술의 핵심이다. 중력과 원운동의 개념이 인공위성의 설계와 운영에 어떻게 활용되는지 조사하고 달의 궤도운동에 적용해 설명해 보자.

탐구 주제 2 낙하산 점프는 중력 가속도를 체감하며 중력의 작용을 직접적으로 경험할 수 있는 대표적인 익스트림 스포츠이다. 중력이 낙하운동에 미치는 영향을 분석하고, 낙하산이 펼쳐졌을 때 공기 저항과 중력 간의 균형으로 낙하 속도가 감소하는 원리를 탐구해 안전한 낙하 기술을 설계해 보자.

중력에 대한 거의 모든 것 (마커스 초운, 김소정 역, 현암사, 2022)

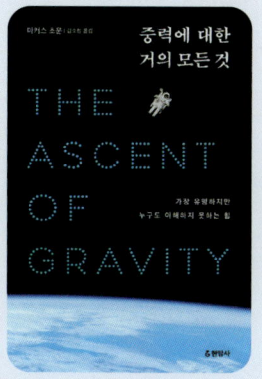

이 책은 중력의 발견과 물리학의 혁신 과정을 생생하게 담아냈다. 뉴턴과 아인슈타인, 그리고 현대 물리학자들이 이룩한 업적을 소개하며 중력의 본질을 탐구한다. 뉴턴이 《프린키피아》를 통해 자연 현상의 원리를 중력으로 풀어낸 과정을 소개해 뉴턴의 과학적 통찰력을 알 수 있게 해준다. 아인슈타인의 일반상대성이론은 중력을 단순한 힘이 아닌 시공간의 왜곡으로 재정의하며 물리학의 패러다임을 완전히 바꿔놓았다. 저자는 최신 물리학의 개념까지 담아내어 중력에 대한 새로운 시각을 제공한다.

탐구 주제 1 뉴턴의 중력 법칙은 물체에 작용하는 보편적인 힘을 설명하며 고전 물리학의 출발점이 되었다. 뉴턴은 지구상의 사물의 움직임과 천체의 궤도를 하나의 이론으로 통합해 과학계에 혁신적인 통찰을 제공했다. 뉴턴의 이론이 천문학의 발전에 미친 영향을 사례를 중심으로 탐구해 보자.

탐구 주제 2 건축 구조의 안정성은 중력이 미치는 하중을 효과적으로 분산시키는 데 달려 있다. 건축물을 지을 때는 중력의 영향을 고려하고, 이를 기반으로 재료의 선택과 구조적 배치를 결정한다. 중력이 건축 설계와 재료 선택에 미치는 구체적인 영향을 분석하고, 효율적인 구조 설계 방법을 탐구해 보자.

추천 논문

물리학적 관점에서 본 요안 부르주아(Yoann Bourgeois)의 안무 특성 연구: 뉴턴의 운동 법칙을 중심으로(박종현, 한국무용과학회, 2023)

이 논문은 프랑스 공연예술가 요안 부르주아의 안무 특성을 물리학적 관점에서 분석하며, 그의 작품에서 뉴턴의 운동 법칙(관성, 작용·반작용, 중력)의 활용을 중점적으로 다루고 있다. 부르주아는 서커스와 현대 무용을 결합해 독특한 안무를 창안했으며, 무대 장치를 통해 물리적 현상을 시각적으로 표현해 예술 표현의 확장을 제시한다.

탐구 주제: 서커스와 현대 무용은 물리학의 원리를 활용해 예술적 표현을 확장해 왔다. 현대 공연예술에서 물리학적 원리(관성, 중력, 작용·반작용)를 활용한 표현 기법을 조사하고, 중력과 관성의 활용 방식이 예술적으로 어떤 느낌을 표현할 수 있는지 탐구해 보자.

선택 과목 연계 학습 및 전공 가이드

◆ 선택 과목 연계 학습

선택 과목		학습 안내
일반 선택	물리학	물체에 작용하는 알짜힘의 개념에 대해 학습해 알짜힘이 0일 때와 0이 아닐 때 등속운동과 가속운동의 차이를 알 수 있다. 중력장에서의 역학적 에너지의 본질을 이해한다.
관련 단원	1. 힘과 에너지	

◆ 전공 가이드

상호작용으로서의 힘의 개념을 학습하고, 기본 상호작용에 의해 우주가 형성된 원리, 우주를 구성하는 모든 것의 상태에 대해 설명할 수 있다.

- ▶ **인문계열** : 과학철학과, 사학과
- ▶ **자연계열** : 물리학과, 천문우주학과, 응용물리학과, 대기과학과, 과학학과
- ▶ **공학계열** : 기계공학과, 항공우주공학과, 재료공학과, 로봇공학과, 전기전자공학과, 에너지공학과
- ▶ **교육계열** : 물리교육과, 과학교육과

◆ 선택 과목 연계 학습

선택 과목		학습 안내
일반 선택	역학과 에너지	운동 법칙과 상호작용의 관계를 통해 포물선운동 등의 2차원 운동을 학습하고, 나아가 원운동, 진자운동 등 곡선운동을 통해 힘과 운동의 방향이 일치하지 않는 것에 대해 이해한다.
관련 단원	1. 시공간과 운동	

◆ 전공 가이드

물체에 작용하는 힘의 방향이 운동 방향이 아닌 운동의 변화의 방향과 같음을 알고, 전자기력에 대해 학습해 전하를 가진 물체의 운동을 이해할 수 있다.

- ▶ **자연계열** : 물리학과, 재료과학과, 응용물리학과
- ▶ **공학계열** : 전기전자공학과, 로봇공학과, 항공우주공학과

▶ **교육계열** : 물리교육과, 과학교육과
▶ **예체능계열** : 미디어아트학과, 정보디자인학과, 체육학과

◆ 선택 과목 연계 학습

선택 과목	학습 안내	
융합 선택	과학의 역사와 문화	현대 과학의 시작점이라고 할 수 있는 데카르트, 갈릴레이, 뉴턴의 연구에 대해 조사하고, 물체의 운동을 힘과 연관 지어 설명하고 이를 공간좌표로 표현하는 법을 학습한다.
관련 단원	1. 과학과 문명의 탄생과 통합	

◆ 전공 가이드

실험과학의 탄생이 인류 문명에 어떤 영향을 미쳤는지 탐구하고, 현대 과학의 급격한 발전에 대처하는 우리의 자세를 연구해 미래 사회에 대비할 수 있다.

▶ **자연계열** : 물리학과, 화학과, 생명과학과, 지구과학과
▶ **공학계열** : 첨단공학과, 정보공학과, 환경공학과, 생명공학과, 인공지능학과, 바이오정보학과, 신소재공학과, 에너지공학과
▶ **의약계열** : 바이오의공학과, 보건과학과, 의료기술학과

학생부 교과세특 예시

물체의 운동을 표현하기 위한 기본 물리량에 대해 학습하고, 이를 토대로 속도와 가속도의 개념에 대해 이해함. 중력이 실생활에 영향을 미치는 다양한 사례를 조사하면서 예체능 분야, 특히 발레와 현대 무용에서 중력의 표현의 차이점을 분석한 점에서 열린 탐구 자세를 엿볼 수 있었음. 이 탐구를 토대로 음악에서 중력을 표현한 사례를 찾아 중력에 대한 무겁고 거대한 이미지를 설명함. 수학적 기초도 탄탄하여 등속직선운동과 자유낙하운동의 차이점에 대해 수학적으로 풀어냈으며,《태어난 김에 물리 공부》(커트 베이커)를 읽고 힘, 속도의 변화, 방향을 연계하여 두 운동의 차이점을 계산하여 분석함.

교과서 찾아보기

📖 지학사 124~129쪽
- 여러 가지 운동의 관찰
- 자유낙하운동과 수평으로 던진 물체의 운동을 시각화하여 비교하기
- 뉴턴의 대포

📖 동아출판 114~119쪽
- 자유낙하와 수평으로 던진 물체의 운동 비교하기
- 동영상 분석 프로그램을 활용하여 물체의 운동 분석하기
- 뉴턴의 대포

📖 비상 112~117쪽
- 가상현실 기기로 달 체험하기
- 자유낙하와 수평 방향으로 던진 물체의 운동 비교
- 뉴턴의 사고실험 따라 하기

4. 운동량과 충격량

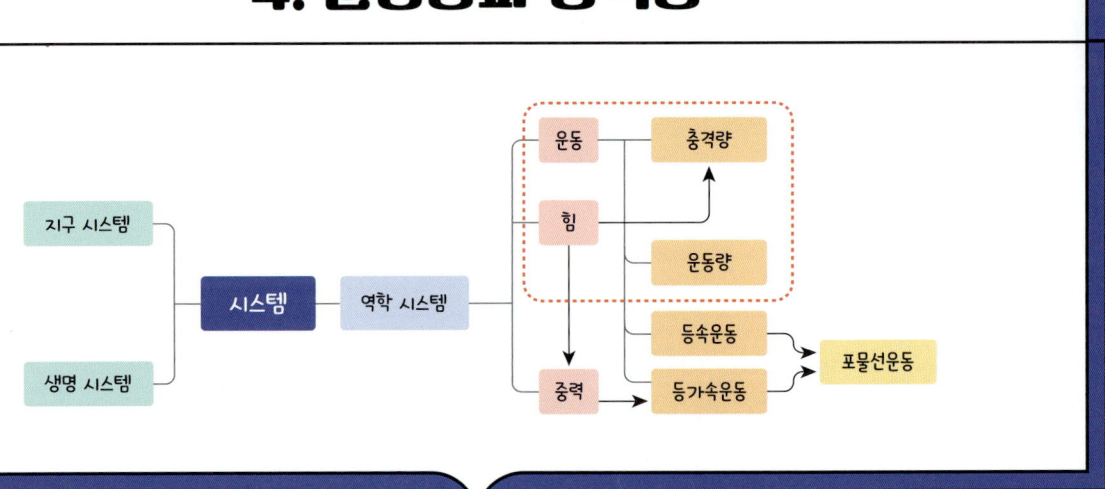

성취 기준 【10통과1-03-04】 상호작용이 없을 때 물체가 가속되지 않음을 알고, 충격량과 운동량의 관계를 충돌 관련 안전장치와 스포츠에 적용할 수 있다.

학습 개요 과학에서 자연의 값을 측정한 결과는 숫자로 나타낸다. 숫자는 크기를 비교할 때 편리한 수학적 도구이다. 자연에 존재하는 측정값들은 크기의 표현만으로는 부족한 경우가 많다. 방향도 함께 표기해야 하는 값의 경우 이러한 값들을 더해줄 때는 방향을 고려해야 하는데, 힘의 방향을 고려해서 더한 값들을 '합력' 또는 '알짜힘'이라고 한다. 물체에 작용하는 여러 종류의 힘이 0이 아니더라도 알짜힘은 0이 될 수 있다.

개념 제시 힘, 상호작용, 알짜힘, 합력, 관성, 관성의 법칙, 가속도의 법칙, 운동량, 충격량

생각 열기 갈릴레오 갈릴레이(1564~1642)는 뉴턴이 그 어깨에 올라서서 조금 더 멀리 볼 수 있게 해준 거인 중 한 명이다. 갈릴레이는 과학철학에서 실험의 중요성을 알고 직접 많은 실험을 설계 및 수행했으며, 저서를 통해 사고실험을 소개하기도 했다. 과학철학이 근대 물리학이 되는 길을 닦아 후배 과학자들에게 많은 영감을 주었다. 수학적 능력도 우수했던 그는 피사 대학의 수학 교수로 지내면서 자신이 수행한 실험의 결과를 법칙으로 정리해 아리스토텔레스 역학의 오류를 지적해 피사 대학에서 추방되기도 했다.

관련 이슈 (**입자가속기**) 입자가속기는 물리학의 기초를 탐구하고 우주의 근본 원리를 이해하는 데 핵심적인 도구로 사용된다. 이 장치는 전자, 양성자와 같은 하전 입자를 높은 에너지 상태로 가속한 뒤 서로 충돌시켜, 그 결과로 발생하는 입자의 행동과 특성을 관찰한다. 힉스 보손과 같은 입자의 발견은 바로 이러한 충돌 실험을 통해 가능해졌다. 충돌은 두 물체가 서로 직접적인 힘을 주고받는 물리적 상호작용으로, 입자가속기에서의 충돌은 다양한 물리 법칙을 실험적으로 검증하는 장을 제공한다.

개념 이해

(관성) 관성이란 물체가 운동 상태를 유지하려고 하는 성질이다. 물체는 질량이 무거울수록 관성이 크기 때문에, 관성이 큰 물체의 운동 상태를 바꾸는 것은 어렵다. 일상생활에서 관성의 존재는 흔하게 경험할 수 있다. 무거운 자동차는 가벼운 자동차보다 큰 용량의 엔진이 필요하고, 정지시키기도 어렵다.

(운동량) 고속도로 교통사고는 일반도로에서보다 중대 사고로 일어나는 경우가 많다. 일반도로보다 제한속도가 높아서 다른 자동차들도 함께 고속 주행을 하기 때문에 차가 생각보다 많이 빠르다는 걸 감지하기 어렵다. 자동차끼리의 속도 차이가 큰 경우가 훨씬 위험하기 때문에 고속도로에서는 저속 주행 역시 하한 제한속도로써 법적으로 규제한다.

(충격량) 관성이 크면서 운동 속력이 빠르면 물체의 운동량이 크다. 운동량을 0으로 만들기 위해서는 같은 크기의 충격량이 가해져야 한다. 관성이 큰 대형차가 고속으로 주행할 경우 정지시키기, 즉 운동량을 0으로 만들기는 어렵기 때문에 다른 차들보다 안전거리를 더 길게 확보해야 한다. 자동차의 엔진이 가하는 힘의 크기는 제한되어 있어 힘을 가하는 시간을 늘려야 하기 때문이다.

탐구 주제 1 공항에서 비행기가 달리는 길인 활주로는 큰 규모를 자랑한다. 우리나라 대표 공항 활주로들의 길이는 대략 3,000~4,000m에 달한다. 공항의 활주로가 길어야 하는 이유를 비행기의 이륙 및 착륙과 연관 지어 조사하고 이를 운동량과 충격량의 개념으로 설명해 보자.

탐구 주제 2 일상에서 관성은 습관이나 기존 방식에서 벗어나기 어려운 심리적 현상을 설명하는 용어로도 사용되며, 개인과 조직의 변화 과정에서 중요한 개념으로 다뤄진다. 습관의 지속성을 설명하는 관성의 비유적 의미가 타당하게 사용되는지 논하고 이 단어가 쓰이는 사례를 조사해 보자.

개념 응용

자료 설명

사격 종목에 사용되는 소총과 권총의 이미지로, 충격 시간의 차이를 가늠해 볼 수 있다.

탐구 주제

스포츠의 사격 종목은 소총과 권총으로 나눌 수 있다. 소총은 정밀한 기술과 집중력을 요하며, 권총은 소총에 비해 정밀도가 떨어지는 편이다. 사격은 각 종목의 특징에 맞는 종목별 규정에 따라 경기가 운영된다. 소총과 권총 종목의 차이점을 운동량과 충격량으로 설명해 보자.

추천 도서

가볍게 꺼내 읽는 뉴턴(얀 맘브리니, 김옥진 역, 북스힐, 2024)

이 책은 뉴턴의 운동 법칙과 만유인력의 법칙을 시작으로 에너지의 본질, 현대 양자 물리학과의 연결점을 조명한다. 뉴턴의 연구가 후대 과학자들에게 끼친 영향을 이해하고, 그가 제시한 법칙들이 오늘날에도 여전히 물리학과 우주 탐구의 중요한 기반임을 알 수 있다. 뉴턴의 간결하면서도 강력한 법칙은 과학적 탐구의 길을 열어, 인류가 우주의 작동 원리를 이해하도록 이끌었다. 이 책을 통해 그의 천재적인 통찰력과 과학적 유산이 현대 과학기술과 우주론의 발전에 어떤 영향을 미쳤는지를 알 수 있다.

탐구 주제 1 뉴턴의 운동 법칙은 물체의 운동을 설명하는 기본 원리를 제공한다. 이 법칙이 최적으로 활용되는 스포츠 종목과 해당 종목에서 선수들의 경기력을 분석하고 훈련 방법을 최적화하는 데 어떻게 활용되는지 알아보고, 운동 법칙을 바탕으로 새로운 훈련 기법이나 장비 설계 방안을 제안해 보자.

탐구 주제 2 충돌 사고에서 발생하는 물체나 인체 간의 충돌은 신체의 물리적 손상과 직접적으로 연결된다. 이러한 충돌 현상에서의 손상 정도는 힘의 크기와 충격량의 분포를 통해 분석할 수 있다. 충돌 역학의 개념을 바탕으로, 충돌이 신체에 미치는 영향을 분석해 법의학적 증거로서 활용할 방법을 탐구해 보자.

물리적 힘(헨리 페트로스키, 이충호 역, 서해문집, 2023)

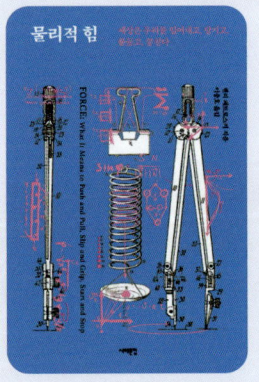

이 책에서는 공학 분야에서 많은 업적을 쌓은 저자가 물리적 힘에 대한 다양한 예시를 통해 과학과 공학의 이야기를 들려준다. 힘에 대한 정의는 사람마다 다를 수 있지만, 이 책에서 말하는 힘은 'power'가 아닌 'force'(물체에 작용하는 물리적 상호작용)를 의미한다. '힘을 주다'와 '힘이 작용하다'의 차이가 무엇인지에 대한 명확한 해설을 통해, 독자는 물리적 힘의 개념을 보다 직관적으로 이해할 수 있다. 물리학의 기본 개념이 어떻게 공학 설계와 기술 개발에 적용되는지를 흥미롭게 풀어낸다.

탐구 주제 1 힘에 대한 이해는 현대 기술 발전의 핵심적인 밑바탕이 되어왔다. 중력, 전자기력과 같이 일상에서 흔히 접할 수 있는 주요 힘은 과학적 연구를 통해 규명되었으며, 이를 바탕으로 다양한 기술적 응용이 이루어졌다. 자연계의 힘을 이해하고 이를 기술적으로 활용한 사례들을 탐구해 보자.

탐구 주제 2 인체의 골격과 근육은 중력과 물리적 힘의 상호작용을 통해 움직임을 조절하며 균형을 유지한다. 중력의 영향과 근육이 발휘하는 힘의 분배는 인체 운동의 효율성과 안정성을 결정짓는 핵심 요소이다. 재활 치료 과정에서 환자의 근육과 관절이 받는 힘의 균형을 강화하는 방법을 탐구해 보자.

추천 논문

다양한 환경에 적용 가능한 충격 흡수 시설의 시뮬레이션 분석 및 실물 충돌 시험 결과 분석
(노민형 외 4명, 대한토목학회, 2022)

이 논문은 도로 교통안전을 위해 다양한 환경에 적용 가능한 충격 흡수 시설의 설계와 성능 평가를 다루고 있다. 관련 연구에서는 기존의 충격 흡수 시설이 설치 환경에 따라 성능이 제한되는 문제를 해결하기 위해, 소프트웨어를 사용해 곡형 가드레일 기반의 새로운 충격 흡수 시설을 설계하고, 다양한 충돌 조건에서 실물 충돌 시험을 통해 검증한다.

 **탐구 주제** 충돌에서 재료의 강도, 경도, 탄성계수 등은 충격의 결과에 큰 영향을 미친다. 이는 안전 설계나 구조물 보호 기술의 개발에 필수적인 요소로 작용한다. 재료의 물리적 특성이 충돌 시 변형과 에너지 흡수에 미치는 영향을 간단한 실물 실험을 통해 탐구해 보자.

선택 과목 연계 학습 및 전공 가이드

◆ 선택 과목 연계 학습

선택 과목		학습 안내
일반 선택	물리학	거시적, 미시적 세계에서 일어나는 다양한 충돌에 대해 학습한다. 충돌 현상이 반드시 두 물체가 접촉해야 일어나는 것은 아님을 이해하고 이를 소립자의 충돌에 적용할 수 있다.
관련 단원	1. 힘과 에너지	

◆ 전공 가이드

인명 사고를 유발하는 충돌 상황에 대해 학습하고 피해를 줄이기 위한 방안을 과학적으로 설계하고, 이에 대한 정책적, 법률적 근거를 마련할 수 있다.

- ▶ **공학계열** : 기계공학과, 교통공학과, 안전공학과, 시스템공학과, 산업공학과
- ▶ **의약계열** : 응급의학과, 생체역학과, 재활의학과, 보건안전학과, 의공학과
- ▶ **예체능계열** : 안전디자인학과, 제품디자인학과, 시각디자인학과

◆ 선택 과목 연계 학습

선택 과목		학습 안내
진로 선택	행성우주과학	우주 탐사를 위해 우주선을 직접 보내는 방법에 필요한 역학적 원리에 대해 이해하고, 우주선 분리 기술의 중요성과 적용 사례를 학습해 효율적인 우주선 개발 및 운용에 기여한다.
관련 단원	1. 우주 탐사와 행성계	

◆ 전공 가이드

중력이 작용하지 않는 우주 공간에서 물체의 운동을 변화시키기 위해 필요한 운동량 보존과 충격량의 개념에 대해 학습하며 우주 탐사의 역학적 원리를 이해할 수 있다.

- ▶ **자연계열** : 우주생명과학과, 물리학과, 응용물리학과
- ▶ **공학계열** : 항공우주공학과, 기계공학과, 시스템공학과, 로봇공학과, 바이오의공학과, 생체역학과, 전기전자공학과, 데이터사이언스학과
- ▶ **의약계열** : 재활의학과

◆ 선택 과목 연계 학습

선택 과목	학습 안내
융합 선택	과학의 역사와 문화
관련 단원	2. 과학과 인류의 미래

역학의 기본 원리를 이해하고, 발전하는 과학기술을 통해 충돌 사고의 피해를 최소화할 수 있는 신소재를 개발하거나 낙하 사고를 방지하기 위한 발명품이나 장치에 대해 탐구한다.

◆ 전공 가이드

문명이 발전함에 따라 인류의 생활도 변화하기 때문에, 그로 인해 일어날 수 있는 다양한 사고들을 예방하고 대비하는 법률적 근거를 마련할 과학 원리를 탐구한다.

- ▶ **인문계열** : 윤리학과, 과학철학과, 미래학과, 과학사학과, 문화인류학과, 디지털인문학과
- ▶ **사회계열** : 법학과, 의료법학과, 공공정책학과
- ▶ **공학계열** : 안전공학과, 교통공학과, 정보보안공학과, 스마트시스템공학과, 생명공학과
- ▶ **의약계열** : 보건학과, 재난응급의학과

학생부 교과세특 예시

뉴턴의 운동 법칙에 대해 학습한 후 힘이 일방적 작용이 아니라 상호작용임을 이해하기 위해 직접 접촉하지 않는 충돌에 대한 실험을 설계해 수행하였으며, 실제 실험을 수행할 수 없는 우주에서의 충돌 상황에 대해 조사함. '물리적 힘(헨리 페트로스키)'을 읽고 '힘이 작용하다'라는 표현의 물리학적 의미에 대해 이해하여 '힘을 주다'라는 표현이 과학적으로 어떻게 잘못된 것인지에 대한 자신의 의견을 포함한 보고서를 작성함. 자동차 충돌 사고의 피해를 줄이기 위한 범퍼의 역할에 대해 탐구하고, 충격을 효과적으로 흡수할 수 있는 가드레일을 디자인하는 등 지식을 실생활에 적용할 수 있는 융합적 탐구 자세를 보여줌.

교과서 찾아보기

📖 지학사 130~135쪽
- 자동차의 물리학
- 충돌이 일어날 때 가장 큰 힘을 받는 순간 알아보기
- 교통수단과 스포츠에서 충격을 줄이는 방법 탐색하기

📖 비상 118~123쪽
- 과자를 보호하는 종이 구조물 만들기
- 물체의 운동 상태 예상해 보기
- 힘이 작용한 시간에 따른 충격의 차이 알아보기

📖 미래엔 132~137쪽
- 가속 열차에 안전띠가 없는 까닭은 무엇일까?
- 자유낙하운동을 하는 물체의 운동량의 변화량
- 교통수단과 스포츠 등에서 충격을 줄이는 방법 탐색하기

5. 생명 시스템과 화학 반응

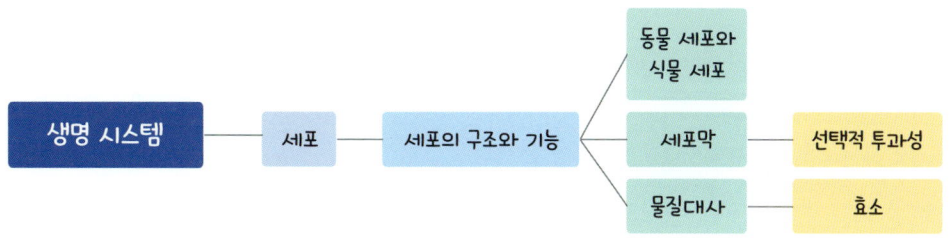

성취 기준 【10통과1-03-05】 생명 시스템을 유지하기 위해서 다양한 화학 반응과 물질 출입이 필요함을 이해하고, 일상생활에서 활용되는 화학 반응 사례를 조사하여 발표할 수 있다.

학습 개요 지구 시스템 중 생물권에는 인간을 비롯한 다양한 생물들이 포함된다. 모든 생명체는 세포라는 단위체로 이루어져 있다. 동물과 식물 모두 형태나 관계가 유사한 세포로 구성되어 있다. 따라서 세포에 대해 탐구하는 것은 생명 시스템을 이해하는 첫걸음이 된다고 할 수 있다. 세포의 구조 및 기능, 세포막의 역할, 생명 시스템에서 발생하는 물질대사 등 생명 시스템의 원리와 이를 실생활에서 활용하는 방법을 학습한다.

개념 제시 세포의 구조, DNA, 세포막, 인지질 이중층, 삼투 현상, 물질대사, 효소, 활성화 에너지

생각 열기 영국 화학자이자 물리학자인 로버트 훅(1635~1703)은 현미경과 망원경을 활용해 다양한 생물 및 무생물을 관찰하고 기록을 남겼다. 그는 과학의 전 분야에 걸쳐 많은 업적을 남겼는데 진화론, 중력, 탄성력, 보일 법칙 등의 연구를 비롯한 다양한 분야에 기여했다. 또한 코르크를 관찰해 그 형태를 그리고 '세포(cell)'라는 용어를 처음으로 사용했다. 로버트 훅이 관찰했던 것은 세포가 아닌 세포벽이었고 세포의 구조를 모두 밝혀낸 것은 아니지만, 현미경을 활용해 최초로 생명체의 미세 구조를 밝혀냈다는 데 의의가 있다.

관련 이슈 (빛 집게) 빛은 진공 속에서 바람개비를 돌리는 등 빛 자체도 압력을 갖고 있다. 레이저 빔은 중심부의 압력이 더 강한데, 이를 활용하면 아주 작은 물체의 고정이나 이동 시 필요한 힘을 측정할 수 있다. 이러한 '빛 집게'로 키네신이 가진 힘의 크기를 측정해 냈다. 키네신은 세포 내에 존재하는 운동 단백질의 일종으로, 세포 분열, 단백질의 운반에 관여해 생명 활동에 기여한다. 빛 집게는 '광학 집게'로도 불리며, 분자 모터 연구와 DNA의 물리적 특성 연구에 주로 활용된다.

개념 이해

(세포) 동물과 식물의 세포는 기능과 형태가 유사하지만 차이점도 존재한다. 둘 다 세포막, 핵, 소포체, 미토콘드리아 등의 소기관은 공통적으로 가지고 있지만 세포벽이나 액포, 엽록체 등은 대체로 식물 세포에만 존재한다. 세포 속 소기관들은 상호작용하며 생명 활동을 일으킨다.

(세포막) 세포막은 물질의 종류에 따라 잘 투과시키는 물질이 있고, 잘 투과시키지 않는 물질이 있다. 이는 세포막의 구성 성분 및 구조 때문인데, 인지질 이중층의 구조는 산소와 이산화탄소를 투과시켜 기체 분자가 확산하고, 포도당이나 이온은 막 단백질을 통해 이동하며 생명 활동을 한다.

(효소) 생명체 내에서 발생하는 화학 반응을 통틀어 '물질대사'라고 한다. 이러한 물질대사의 화학 반응에는 효소가 관여한다. 화학 반응을 일으키는 데 필요한 최소 에너지를 활성화 에너지라고 하는데, 효소는 이 활성화 에너지를 낮추는 역할을 한다. 효소는 다른 화학 반응에서의 촉매와 비슷한 역할을 하기 때문에 '생체 촉매'라고 불리기도 한다.

탐구 주제 1 인지질 이중층으로 되어 있는 세포막에서는 세포막을 경계로 해서 용액의 농도가 낮은 쪽에서 높은 쪽으로 이동한다. 이를 '삼투'라고 하는데, 양파의 표피세포를 활용한 실험을 통해 이를 관찰할 수 있다. 의료 분야에서 삼투 현상을 활용하는 치료 방법에 대해 탐구해 보자.

탐구 주제 2 생명은 세포라는 단위체로 이루어져 있고, 이러한 세포들의 유기적 관계에 의해 생명 활동이 이루어진다. 사회학에서는 이러한 세포와 생명체의 관계를 개인과 사회에 빗대어 '사회유기체'라고 부르기도 한다. 사회유기체설을 조사해 장점과 단점, 그리고 전체주의에 대해 탐구해 보자.

개념 응용

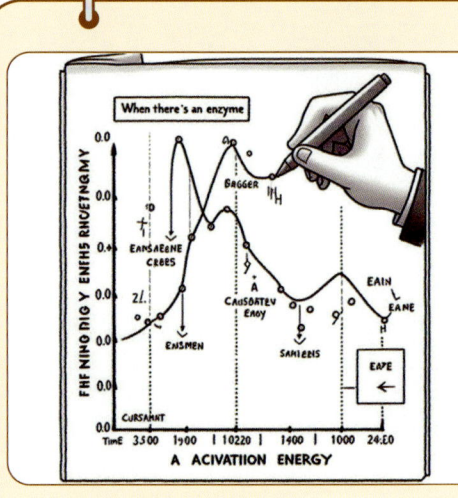

자료 설명

효소가 있을 때 시간에 따른 활성화 에너지의 크기 변화를 나타낸 것이다.

탐구 주제

효소가 없을 때는 화학 반응을 위한 활성화 에너지가 매우 크지만, 효소가 관여하는 반응에서는 그 크기가 작아진다. 효소는 반응물과의 반응을 통해 생성물을 형성하는데, 반응 후 효소는 재사용이 가능하다. 효소의 또 다른 특성을 탐구해 보자.

효소(폴 엥겔, 최가영 역, 김영사, 2023)

효소와 관련된 기본 지식부터 필수 지식까지 모두 담은 책이다. 효소는 체내에서 활성화 에너지를 낮추고 반응 속도를 증가시키며, DNA를 만들거나 음식물의 소화에도 관여한다. 그만큼 효소는 생명 활동에 필수적인 요소로서, 일상생활에서 세제, 신약은 물론 빵이나 치즈와 같은 음식에도 쓰이고 있다. 이 책은 효소의 종류와 원리, 효소의 활용까지 폭넓게 다루고 있어 생명 관련 분야에 대한 탐구 의지가 있는 학생에게 유용하다.

탐구 주제 1 몇 년 전 팬데믹을 일으켰던 코로나19 검사에는 중합효소연쇄반응(PCR) 기법이 쓰여 효소가 큰 역할을 했다. 초기에는 PCR 기법 사용 시 온도에 의한 단백질의 열변성으로 인해 효소를 여러 번 넣었어야 했다. 하지만 온천에서 발견된 효소는 고온에서도 안정적이었다. PCR 기법에 대해 탐구해 보자.

탐구 주제 2 효소는 몸속뿐만 아니라 몸 밖에서도 작용하기도 한다. 효소를 이용해 빵, 치즈, 요구르트 등을 만들기도 하고, 최근에는 PET나 스타이로폼을 분해하는 효소가 발견되어 환경 보호에 큰 영향을 줄 것으로 보인다. 화장품을 비롯해 실생활에서 쓰이는 효소의 사례를 탐구해 보자.

머릿속에 쏙쏙! 세포·유전자 노트(다케무라 마사하루, 정미애 역, 시그마북스, 2024)

이 책은 세포와 관련된 생명공학 전반에 걸친 내용을 담고 있다. 세포, 유전자, 클론, 게놈 등 뉴스 등에서 들어봤을 법한 생명공학 용어들에 대해서도 알기 쉽게 풀어 썼다. 지구온난화 등 지구 환경의 급격한 변화로 생태계가 파괴되어 가고 질병이 확산됨에 따라 생명 분야에 대한 대중의 관심이 증가하고 있다. 세포의 발견부터 유전 물질, 바이러스, 생명공학까지 다루고 있어 생명 분야를 탐구하고자 하는 학생에게 권할 만한 책이다.

탐구 주제 1 호박 속에 갇힌 모기에서 추출한 공룡의 DNA로 공룡을 부활시키거나, 인간 클론을 만들어 장기 기증에 활용하는 것을 소재로 한 영화도 있다. 최근에는 매머드를 부활시키는 프로젝트도 진행 중이다. 이러한 프로젝트가 과연 실현 가능한지, 실현할 경우 생태계에서 나타날 문제점은 없을지 탐구해 보자.

탐구 주제 2 탄소 배출 감소, 동물 학대 방지 등 개인적인 신념에 따라 혹은 건강상의 문제로 채식을 하는 사람들이 있다. 이들은 고기와 비슷한 식감을 얻기 위해 식물 세포로 이루어진 콩고기를 섭취하기도 한다. 콩고기와 일반 육고기의 식감의 차이 등 식물 기반 대체육과 실제 고기의 차이점에 대해 탐구해 보자.

추천 논문	**미세먼지가 다양한 사람 세포주에 미치는 세포 독성**(이지현 외 5명, 한국생명과학회, 2019)

생명 시스템은 지구 시스템의 일부로, 생물권에 속해 있다. 생물권은 기권, 지권 등 다른 지구 시스템과 상호작용을 하는데, 이 논문은 기권에 속한 미세먼지가 생물권에 속한 생물의 생명 시스템에 미치는 영향을 탐구한 것이다. 생명 시스템을 다루는 단원의 세포와 관련해 기권이 미치는 영향에 대해 탐구하는 데 참고할 만한 논문이다.

> **탐구 주제** 미세먼지는 크기에 따라 다양하게 분류된다. 일반적인 먼지는 크기로 인해 체내 혹은 세포 내에 깊숙이 침투하기 힘들다. 하지만 미세먼지는 세포 내에도 영향을 주어 염증이나 다양한 독성 반응을 일으킨다. 미세먼지가 세포에 미치는 영향을 탐구해 보자.

◆ 선택 과목 연계 학습

선택 과목		학습 안내
일반 선택	생명과학	생물 및 생명과학의 특성을 이해하고 세포 및 물질대사에 대해 학습한다. 생명 시스템의 구성 단계별로 세포, 개체, 개체군, 군집, 생태계에 이르기까지 작은 단위부터 큰 단위까지 학습한다.
관련 단원	1. 생명 시스템의 구성	

◆ 전공 가이드

생명 시스템 중 세포에 관한 기초 이론을 배운다. 생물학 및 생명공학, 환경 관련 진로를 생각하고 있는 학생에게 적절한 선택 과목이다.

- ▶ **자연계열** : 생물학과, 응용생물학과, 축산학과, 동물·식물자원학과, 환경생명과학과, 바이오정보학과
- ▶ **공학계열** : 생명공학과, 컴퓨터공학과, 의료공학과, 바이오메디컬공학과, 바이오로봇공학과
- ▶ **의약계열** : 의예과, 간호학과, 수의예과, 약학과, 치의예과, 한의예과, 생명약학과
- ▶ **교육계열** : 생물교육과

◆ 선택 과목 연계 학습

선택 과목		학습 안내
진로 선택	세포와 물질대사	세포 소기관의 역할 및 핵산에 대해 보다 깊이 있게 학습한다. 현미경을 통해 세포를 관찰하며 이론으로 배운 세포의 기능과 구조를 비교해 명확하게 배울 수 있다.
관련 단원	1. 세포	

◆ 전공 가이드

생물학 및 생명공학, 의료 분야와 관련된 내용을 학습한다. 〈생물의 유전〉 과목과 비교하면 유전공학보다는 순수한 생물학이나 생명 시스템과 관련된 학과에 더 적합하다.

- ▶ **인문계열** : 역사학과, 고고학과
- ▶ **자연계열** : 응용생물학과, 축산학과, 산림자원학과, 원예학과, 바이오정보학과, 환경생명과학과, 생물환경학과, 과학학과(과학사학 전공)
- ▶ **공학계열** : 생명공학과, 미생물공학과, 의료공학과, 바이오메디컬공학과
- ▶ **의약계열** : 의예과, 간호학과, 수의예과, 약학과, 치의예과, 한의예과, 보건과학과

◆ 선택 과목 연계 학습

선택 과목		학습 안내
진로 선택	생물의 유전	〈통합과학〉에서 간단하게 배운 세포 소기관 중 유전과 관련된 소기관들의 역할에 대해 배운다. 또한 세포의 핵과 관련해 3단원인 생명공학 기술과도 연계해 학습할 수 있다.
관련 단원	1. 유전자와 유전 물질	

◆ 전공 가이드

생물학, 생명공학, 의료 분야에 진학하고자 한다면 선택할 수 있는 과목이다. 〈세포와 물질대사〉 과목과 비교하면 생명공학, 유전공학 계열과 관련이 더 깊은 과목이다.

- ▶ **사회계열 :** 보건행정학과, 의료경영학과, 바이오산업정책학과, 지식재산학과, 과학기술정책학과
- ▶ **자연계열 :** 응용생물학과, 산림자원학과, 원예학과, 농생명과학과, 바이오정보학과, 환경생명과학과
- ▶ **공학계열 :** 생명공학과, 미생물공학과, 유전공학과, 바이오메디컬공학과
- ▶ **의약계열 :** 의예과, 간호학과, 수의예과, 약학과, 치의예과, 한의예과
- ▶ **교육계열 :** 생물교육과, 체육교육과

학생부 교과세특 예시

동물 세포와 식물 세포를 비교하는 내용을 학습한 후, 급식에서 접할 수 있었던 콩고기에 대해 조사 및 탐구하여 결과를 학생들에게 발표하였음. 콩고기를 먹었을 때 콩고기도 단백질로 이루어졌음에도 불구하고 고기와 다른 맛을 내는 이유를 과학적으로 분석하였음. 단백질끼리도 아미노산의 구성과 단백질의 형태에 따라 서로 다른 단백질로 나타나 콩과 고기의 단백질은 서로 다를 수 있으며, 콩의 세포는 식물 세포라 세포벽이 있어 식감이 달라짐을 설명하였음. 또한 대체육이 아닌 배양육을 소개하고, 대체육의 등장 배경에는 축산에 의한 환경 파괴가 있다는 내용까지 다룬 점이 매우 인상적임.

교과서 찾아보기

📖 지학사 142~151쪽
- 막을 통해 이동하는 물질 확인하고 세포막의 역할 탐구하기
- 과산화수소의 분해를 돕는 식물 내 효소 확인하기
- 일상생활에서 활용되는 화학 반응 사례 조사하기

📖 천재 140~151쪽
- 세포막을 통한 물질의 이동과 세포막의 역할 탐구하기
- 물질대사와 생명체 밖의 화학 반응 비교하기
- 효소의 작용 확인하기

📖 비상 128~135쪽
- 막을 통한 물질의 이동과 세포막의 역할 탐구
- 효소의 작용 원리에 관한 실험
- 일상생활에서 효소가 활용되는 사례 탐색

6. 생명 시스템에서 정보의 흐름

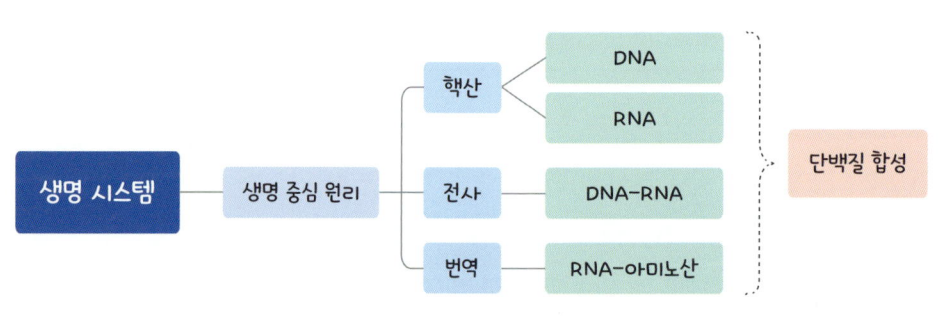

성취 기준 【10통과1-03-06】 생명 시스템의 유지에 필요한 세포 내 정보의 흐름을 유전자로부터 단백질이 만들어지는 과정을 중심으로 설명할 수 있다.

학습 개요 인류는 '호모 사피엔스'라는 하나의 종이지만 키, 머리카락 색, 피부색 등은 다양하게 나타난다. 이와 같은 생물의 특성을 '형질'이라고 하는데, 형질을 나타내는 정보는 유전 정보로서 부모에게 물려받는다. 유전 정보는 DNA에 저장되어 있는데, DNA에 저장된 정보에 따라 단백질을 합성하고 이 단백질의 작용으로 서로 다른 형질을 나타내게 된다. 이 단원에서는 생명 시스템의 정보에 대해 학습한다.

개념 제시 유전 정보, DNA, RNA, 생명 중심 원리, 전사, 번역, 3염기 조합, 코돈, 낫 모양 적혈구

생각 열기 커털린 커리코(1955~)와 드루 와이스먼(1959~)은 COVID-19 치료에 효과적이었던 mRNA 백신 개발의 공로를 인정받아 2023년 노벨 생리·의학상을 수상했다. 많은 어려움과 우여곡절이 있었지만 유전 정보를 담은 RNA에 대한 연구에 매진한 끝에 노벨상을 거머쥐었다. mRNA를 번역해 단백질이 합성되는 원리를 활용하면 기존의 방식보다 훨씬 빠르게 백신을 개발할 수 있다. 이 원리는 COVID-19 확산 방지에 크게 기여했으며 HIV(인간 면역 결핍 바이러스), 암의 치료 연구에도 활용되고 있다.

관련 이슈 (**4중 나선 구조**) 제임스 왓슨(1928~)과 프랜시스 크릭(1916~2004)은 DNA의 이중 나선 구조를 발견한 공로로 노벨 생리·의학상을 수상했다. 최근에는 왓슨과 크릭이 발견한 반시계 방향의 이중 나선 구조인 B-DNA 구조와 반대로, 시계 방향으로 꼬인 이중 나선 구조는 물론 염기가 상보적으로 결합하지 않는 4중 나선 구조도 발견하게 되었다. 세포가 분열할 때 유전 정보의 손상을 막는 염색체 말단 부위를 '텔로미어'라고 하는데, 이 텔로미어에서 4중 나선 구조가 나타난다. 4중 나선 구조와 텔로미어는 노화 연구에서 중요한 열쇠가 될 것이다.

개념 이해

(3염기 조합) DNA에서 전사되어 만들어진 RNA는 3개의 염기를 통해 하나의 아미노산을 지정하는 유전 부호가 되는데, 이를 '코돈'이라고 한다. 4종의 염기는 3개씩 조합되어 아미노산을 지정한다. 아미노산은 약 20여 종류로, 2개가 조합되어 아미노산을 지정할 경우 4×4로 총 16개의 아미노산을 지정할 수 있다. 3개의 염기로 조합될 경우 4×4×4로 총 64종의 아미노산을 지정할 수 있어, 3염기 조합으로 이루어져야 20여 종의 모든 아미노산을 지정할 수 있다.

(생명 중심 원리) DNA에 저장된 유전 정보는 RNA에 의해 전달되어 단백질 합성에 관여한다. DNA의 유전 정보는 RNA로 전사되고, 전사된 RNA는 핵에서 빠져나와 라이보솜에서 번역되어 아미노산을 지정한다. 이렇게 만들어진 아미노산은 단백질로 합성되어 생명 활동에 쓰인다.

(단백질) DNA에서 전사된 RNA는 라이보솜에서 번역의 과정을 거쳐 아미노산을 지정한다. 지정되어 만들어진 다양한 아미노산들은 펩타이드 결합을 통해 폴리펩타이드가 되고, 이렇게 만들어진 폴리펩타이드는 아미노산의 서열에 따라 구부러져 입체 구조를 갖고 단백질이 된다. 단백질은 신체를 구성하거나 생명 활동에서 다양하게 활용된다.

탐구 주제 1 낫 모양 적혈구는 헤모글로빈 단백질에 이상이 생겨 적혈구의 형태가 변형된 것이다. 낫 모양 적혈구는 산소의 운반 능력이 정상 적혈구에 비해 부족해서 빈혈을 발생시킨다. 하지만 낫 모양 적혈구를 가진 사람은 말라리아에 걸리지 않는데, 그 원리를 탐구해 보자.

탐구 주제 2 어느 노래 가사에는 "혈관 속 DNA"라는 구절이 나온다. 이를 두고 사람들은 "DNA는 세포 속에 있으니 틀린 내용이다." 혹은 "혈관 속 세포 중 백혈구에 DNA가 있으니 맞다."라며 갑론을박하기도 했다. 과학적 사실과 다르지만 시적 허용과 같이 쓰이는 사례를 찾아 탐구해 보자.

개념 응용

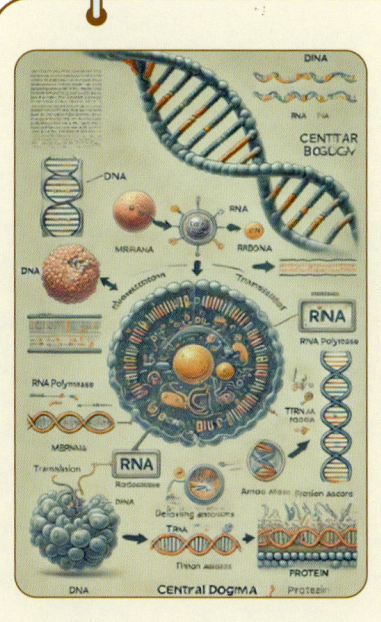

자료 설명

DNA가 RNA로 전사되고 번역되어 단백질이 형성되는 생명 중심 원리를 나타낸 그림이다.

탐구 주제

생명체의 세포에 있는 핵에서는 DNA가 RNA로 전사되고, RNA는 핵 밖에서 단백질을 합성한다. DNA와 RNA가 모두 유전 정보를 담고 있다면 DNA를 직접 번역하는 방법도 있을 텐데, 이렇게 복잡한 생명 중심 원리를 거치는 이유를 탐구해 보자.

추천 도서

이기적 유전자 (리처드 도킨스, 홍영남 외 1명 역, 을유문화사, 2018)

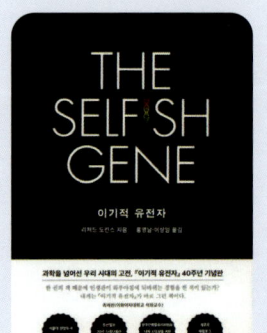

유전자 중심의 진화론과 관련해 널리 알려진 책 중 하나이다. 진화 생물학과 관련된 이론을 대중이 알기 쉽게, 흥미롭게 풀어냈다. 다윈의 진화론만으로는 설명할 수 없는 부분들을 채워 넣으며, 생물 진화의 주체는 유전자라는 사실을 명확하게 전달해 준다. 유전을 통해 자연선택이 이루어지는 원리를 설명하고 있으며, 오늘날 널리 쓰이는 '밈(meme, 모방자)'이라는 용어를 처음 소개한 책이다. 유전에 관심 있는 학생에게 추천할 만하다.

탐구 주제 1 《이기적 유전자》의 저자는 생명체를 '유전자가 자가 복제하기 위한 로봇'이라고 설명한다. 여러 감정이나 이타적 행동마저도 이기적인 유전자의 토대 위에 만들어진다는 설명이다. 이기적인 유전자는 자가 복제를 위해 다양한 생명 활동을 일으킨다. 유전자에 의해 발생하는 단백질의 다양한 작용을 탐구해 보자.

탐구 주제 2 생물학자인 리처드 도킨스는 인간의 문화, 사고방식이 유전자처럼 복제되어 퍼져 나간다고 생각했고, 이를 '밈(meme)'이라고 불렀다. 오늘날의 밈은 1990년대 후반에 형성된 의미로, 복제되고 패러디되는 문화 요소들을 일컫는 말이다. 밈과 마찬가지로 일상에서 변형되어 사용되는 과학 용어들을 알아보자.

유전자 지배 사회 (최정균, 동아시아, 2024)

KAIST에서 유전체, 바이오, 뇌를 연구하는 저자는 과학을 넘어서 유전자의 관점에서 사회 전반에 대해 설명한다. 유전자와 관련한 최신 연구 자료들을 바탕으로 사회적·경제적 불평등, 능력주의 문화, 혐오, 기득권 등 사회적 부조리를 기술한다. 유전자에 의한 생존 본능, 번식 본능 등이 어떻게 왜곡되어 나타나는지를 설명하며, 이기적인 유전자에 의해 발생하는 사회 문제들을 과학적 이론들을 바탕으로 이해하기 쉽게 풀어 썼다. 사회 문제를 과학적으로 탐구하는 데 유용한 책이다.

탐구 주제 1 해파리의 한 종이나 랍스터와 같은 극소수의 예를 제외하고, 모든 생명체는 노화를 겪고 언젠가는 죽음에 이르게 된다. 《유전자 지배 사회》는 노화를 번식 및 생존 경쟁의 결과로 설명한다. 생명체의 노화가 발생하는 원인과 노화 방지에 대한 최신 연구 자료들을 탐구해 보자.

탐구 주제 2 적자생존은 환경에 적응한 생물은 살아남고 그러지 못한 생물은 도태되어 멸종하는 원리를 말한다. 적자생존은 본래 철학자 허버트 스펜서가 사회 분야에서 먼저 사용한 용어이다. 두 용어 '적자생존'과 '자연선택'의 의미를 비교해 보고, 어떤 용어가 과학 및 사회 분야에 적합한지 탐구해 보자.

추천 논문 　**차세대 염기서열 분석을 이용한 유전성 대사질환의 유전 진단**(기창석, 대한유전성대사질환학회, 2023)

대사질환은 신진대사와 관련된 질환으로 비만, 고혈압, 당뇨 등을 말하며 '대사증후군'이라고도 한다. 그중 유전성 대사질환은 유전자에 의해 발병하는 대사질환으로, 유전자 염기서열 검사를 통해 원인 유전자를 찾고 진단할 수 있다. 이 논문에서는 유전 정보를 해석해 질병을 찾는 방법을 탐구한다.

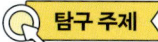 **탐구 주제** 　인간 세포의 핵 속에는 DNA라는 유전 물질이 있으며, 이 DNA에 저장된 정보를 해석해 유전자의 변이에서 비롯되는 다양한 질병의 발병 원인을 분석하고 발병 여부를 판단할 수 있다. 유전자 검사 방법과 유전자 변이에 의해 발생하는 질병들을 탐구해 보자.

선택 과목 연계 학습 및 전공 가이드

◆ **선택 과목 연계 학습**

선택 과목		학습 안내
일반 선택	생명과학	〈통합과학〉에서 배운 내용의 심화 학습으로 염색체, DNA, 유전자의 관계를 배운다. 세포 분열의 원리, 진화의 원리 등을 배우고 이와 관련된 다양한 연구 사례를 확인할 수 있다.
관련 단원	3. 생명의 연속성과 다양성	

◆ **전공 가이드**

유전자는 유전자 가위, mRNA 백신 등 최신 생명과학과 관련이 깊은 내용이다. 의료계 및 생명과학 관련 학과에 진학하고자 한다면 필수적으로 학습해야 한다.

▶ **자연계열** : 생물학과, 생화학과, 응용생물학과, 축산학과, 산림자원학과, 바이오정보학과
▶ **공학계열** : 생명공학과, 미생물공학과, 유전공학과, 바이오융합공학과, 바이오메디컬공학과
▶ **의약계열** : 의예과, 간호학과, 약학과
▶ **교육계열** : 생물교육과

◆ **선택 과목 연계 학습**

선택 과목		학습 안내
일반 선택	생물의 유전	전사, 번역 등 생명 중심 원리를 심화 학습한다. 유전 부호를 이해하고 유전 정보를 해석하는 방법을 배우며, 유전자 발현과 관련된 과학적 사례나 연구 자료를 학습한다.
관련 단원	2. 유전자의 발현	

◆ **전공 가이드**

유전자와 관련해 고등학생으로서 배울 수 있는 가장 높은 수준의 선택 과목이다. 생명 관련 학과나 연구소, 의료계에 진학하고자 한다면 추천하는 과목이다.

▶ **자연계열** : 생물학과, 동물자원학과, 식물자원학과, 원예학과, 생화학과, 바이오정보학과, 농생명과학과
▶ **공학계열** : 유전공학과, 의료공학과, 바이오메디컬공학과
▶ **의약계열** : 의예과, 수의예과
▶ **교육계열** : 생물교육과

◆ 선택 과목 연계 학습

선택 과목		학습 안내
진로 선택	세포와 물질대사	세포의 핵에 존재하는 핵산인 DNA, RNA 등의 기본 구조와 주요 기능을 학습한다. 핵산의 모형을 제작하는 활동을 통해 핵산의 기능을 보다 쉽게 이해할 수 있다.
관련 단원	1. 세포	

◆ 전공 가이드

〈세포와 물질대사〉 과목은 핵산에 대한 내용을 일부 담고 있지만 〈생물의 유전〉 과목에 비해 관련성은 낮다. 하지만 생명 및 의료계열로 진학하고자 한다면 선택할 수 있다.

- ▶ **사회계열** : 생물통계학과, 바이오통계학과
- ▶ **자연계열** : 생물학과, 생명과학과, 생화학과, 바이오정보학과, 분자생물학과
- ▶ **공학계열** : 생명공학과, 의료공학과, 바이오메디컬공학과, 바이오에너지공학과
- ▶ **의약계열** : 의예과, 간호학과, 치의예과, 의생명과학과

학생부 교과세특 예시

생명 중심 원리에 대해 학습한 후, DNA에 변이가 발생했을 때 생기는 현상들에 대해 조사하여 발표하였음. 낫 모양 적혈구는 헤모글로빈의 단백질에 이상이 생겼을 때 발생하는데, 변이에 의해 잘못된 아미노산이 지정되어 발생하는 원리를 교과서에 소개된 원리를 통해 알기 쉽게 설명하였음. 이 변이로 인해 산소 운반 능력이 떨어져 적혈구가 정상적인 기능을 하지 못해 빈혈 증상이 나타남을 논리적으로 설명함. 하지만 이러한 변이는 오히려 말라리아에 저항성을 갖게 되는 장점을 가지기도 하여 특정 지역에서 낫 모양 적혈구를 가진 사람의 비율이 높게 나타나는 원리를 자연선택으로 설명함.

교과서 찾아보기

📖 **지학사 152~155쪽**
- 유전자와 설계도
- 유전 정보 물질의 구조
- 세포 내 정보의 흐름

📖 **미래엔 154~158쪽**
- 유전자, 단백질, 형질 사이의 관계 알아보기
- 유전 부호의 특징 추론하기
- 세포 내 유전 정보의 흐름 확인하기

📖 **비상 136~141쪽**
- 유전자에 저장된 정보 추론하기
- 유전 부호를 이루는 염기의 수 추론하기
- 유전 정보가 전달되어 단백질이 합성되는 과정 알아보기

MEMO

통합과학 2

I

변화와 다양성

1. 지구 환경 변화

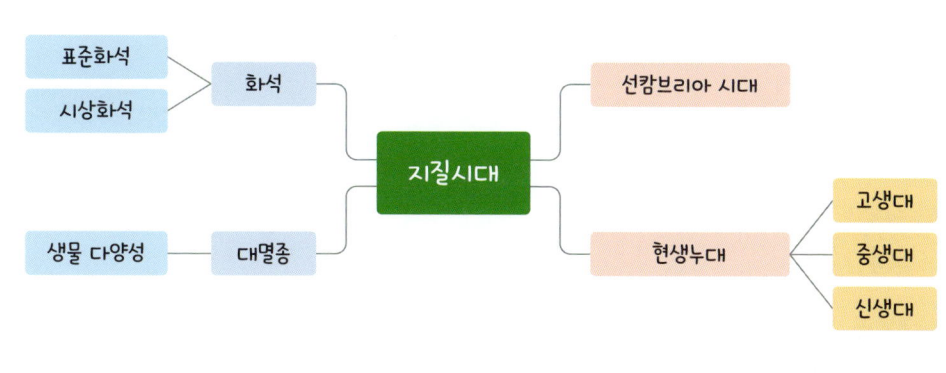

성취 기준 【10통과2-01-01】 지질시대를 통해 지구 환경이 끊임없이 변화해 왔으며, 이러한 환경 변화가 생물 다양성에 미치는 영향을 추론할 수 있다.

학습 개요 지구가 탄생한 46억 년 전부터 현재까지 지구가 존재해 온 지질학적 시간을 지질시대라고 한다. 과거 지구의 모습을 재현한 컴퓨터 그래픽이나 영화 등의 미디어에서 공룡이 살던 시대나 빙하기의 모습이 그려지곤 한다. 우리가 본격적으로 기후를 과학적으로 기록한 것은 이제 갓 100년이 지났다. 그렇다면 아주 오래된 지질시대의 기후들은 어떠한 방법을 통해 알아냈을지 살펴본다.

개념 제시 표준화석, 시상화석, 지질시대, 고기후, 선캄브리아 시대, 현생누대, 대멸종, 생물 다양성

생각 열기 리처드 오언(1804~1892)은 화석 연구에서 빼놓을 수 없는 영국의 생물학자이자 고생물학자로, '공룡(Dinosaur)'이라는 용어를 처음 창안한 인물이기도 하다. 다양한 생물 및 고생물 연구로 많은 훈장과 명성을 얻은 저명한 학자로서, 젊은 나이에 교수직에 오를 정도로 뛰어난 성과를 거두었다. 최초로 시조새를 연구해 최초의 조류에 대한 기록을 남겼지만, 진화론을 부정하는 입장이었기 때문에 공룡과 조류의 관계를 부정했다. 고생물에 대한 수많은 업적을 남겼지만 많은 비판을 받은 학자이기도 하다.

관련 이슈 (인류의 이동) 유전자 분석을 통해 알아낸 인류의 기원지는 남아프리카 칼라하리 사막이다. 호모 사피엔스는 약 20만 년 전 남아프리카에서 처음 기원했고, 기후 변화로 인해 유럽과 아시아 등 세계 각지로 흩어졌다. 본래 습지였던 칼라하리 사막이 약 7만 년 후 자전축 기울기의 변화로 기후가 변하면서 인류가 살기 적합한 기후를 찾아 이동했다는 것이다. 이러한 연구 결과는 퇴적물 시료와 컴퓨터 시뮬레이션을 통해 알아낸 것이며, 인류의 DNA를 통해 추정한 인류의 이동과 일치한다.

개념 이해

(화석) 화석은 분류 방법에 따라 표준화석과 시상화석, 또는 체화석과 생흔화석으로 분류할 수 있다. 고생물의 일부가 남은 것은 체화석, 살았던 흔적이 남아 있는 것은 생흔화석으로 분류한다. 예를 들어 공룡 뼈는 체화석, 공룡 발자국 등은 생흔화석으로 분류된다. 또 다른 분류 방법으로는 시대를 대표할 수 있도록 고생물이 짧게 생존하고 넓게 분포했던 화석은 표준화석, 생존 기간이 길고 특정 환경에서 살았던 화석은 시상화석으로 나누는 것으로, 이는 고기후 연구에 이용된다.

(지질시대) 지구가 탄생한 46억 년 전부터 현재까지를 지질시대라고 부른다. 고생대의 첫 시기가 캄브리아기인데, 이전의 약 40억 년에 달하는 기간을 한데 묶어 '선캄브리아 시대'라고 부른다. 이때는 화석이 거의 나타나지 않는다. 그 이후 화석이 많이 나타나기 시작한 시대를 한데 묶어 '현생누대'라고 부르며, 생물계에서 나타난 큰 변화를 기준으로 고생대, 중생대, 신생대로 상세하게 나눈다.

(대멸종) 지질시대 동안 총 5회의 생물 대멸종이 있었다. 생물은 환경에 적응하며 진화하는데, 진화의 속도가 따라가지 못하는 급격한 환경 변화 등은 생물의 대멸종을 초래한다. 해양 산성화, 운석 충돌, 거대한 화산 폭발, 초대륙의 형성 등 굵직한 환경 변화는 생물의 대멸종을 일으켰다. 하지만 이러한 대멸종은 새로운 생물들이 나타나 번성할 수 있는 기회가 되곤 한다. 예를 들어 운석 충돌에 의한 공룡의 대멸종은 포유류가 번성하고 인류가 탄생할 수 있는 기회를 제공하기도 했다.

탐구 주제 1 멕시코의 지하 깊은 곳에서 발견된 180킬로미터에 달하는 거대한 분화구의 흔적은 공룡을 멸종시켰던 운석의 충돌로 만들어진 것으로 추정된다. 공룡의 멸종 가설에는 운석 충돌 외에도 속씨식물의 등장 등이 있는데, 이 중 운석 충돌을 가장 유력한 가설로 지지하게 된 결정적인 증거를 탐구해 보자.

탐구 주제 2 생물의 대멸종과 이어지는 새로운 생물들의 등장은 지질시대를 구분 짓는 기준이 된다. 지구 환경이 인류의 영향을 크게 받는 현시대에 최근에는 '인류세'라고 이름을 붙이기 시작했다. 과학적 분류나 명명 등에는 사회적 합의가 필요한데, 과학 탐구 활동에 필요한 사회적 기능을 탐구해 보자.

개념 응용

자료 설명

선캄브리아 시대, 고생대, 중생대, 신생대의 기간을 비교한 그림이다.

탐구 주제

지질시대 각각의 길이를 살펴보면 선캄브리아 시대가 가장 길고, 다음으로 고생대, 중생대, 신생대 순이다. 지질시대의 길이를 나타내는 그래프를 보면 그 비율만으로도 시대를 구분할 수 있다. 지금으로부터 먼 시대일수록 그래프상의 비율이 크게 나타나는 이유를 탐구해 보자.

추천 도서

진화의 산증인, 화석 25 (도널드 R. 프로세로, 김정은 역, 뿌리와이파리, 2018)

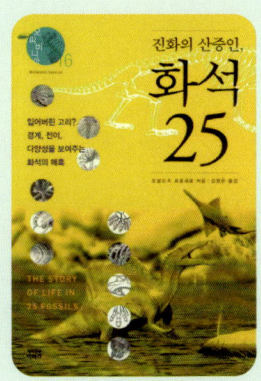

'미싱 링크'라는 말이 있다. 진화론에 따르면 서서히 변화하는 생물의 모습에 따라 생물의 진화 과정을 확인할 수 있어야 하는데, 변화해 나타나는 새로운 생물종 사이에 중간 단계가 없을 경우 이를 '미싱 링크'라고 부른다. 이 책은 화석에 대한 최신 이론을 통해 생물들 사이의 연결고리를 흥미로운 주제로 풀어낸다. 아직 다리가 있을 때의 고래 화석을 통해 고래의 기원을 알아내는 과정, '거북이의 등딱지는 배와 등 중 무엇이 먼저 형성되었을까?' 등 고생물과 관련한 다양한 이론을 살펴볼 수 있다.

탐구 주제 1 최초의 육상 식물로 추정되는 '쿡소니아', 최초의 육상 동물로 추정되는 절지동물, 최초의 육상 척추동물로 추정되는 '틱타알릭' 등 생물은 바다에서 기원해 육상으로 진출했다. 수십억 년간 육상에 진출하지 못했던 생물이 고생대에 이르러서야 육상에 진출할 수 있었던 이유를 탐구해 보자.

탐구 주제 2 계통분류학에서는 생물을 종속과목강문계에 따라 나눈다. 오랜 기간에 걸친 변이의 누적으로 생물이 분화하면 다른 종이 탄생하는 계기가 되기도 한다. 종이란 무엇인지 과학적 기준을 찾아보고, 개와 늑대에 대해 탐구해 종과 품종의 차이에 대해 알아보자.

화석이 말하는 것들 (이수빈, 에이도스, 2024)

지구 환경의 변화는 생물에 영향을 미치고 압력으로 작용해 진화를 촉진하곤 한다. 이 책에는 화석에 남은 흔적들을 통해 고생물이 살던 고대의 생태를 추적하는 이야기가 담겨 있다. 수밀리미터의 작은 화석부터 거대한 공룡, 등에와 꽃가루, 배설물, 치석 등의 화석 연구를 통해 과거 생물들의 생태는 물론 살아왔던 환경까지 추적해 고생물의 삶과 생태를 재구성한다. 지질시대를 거쳐온 생물들의 생태와 화석에 대한 궁금증을 해결하고 지질시대의 환경을 탐구하기에 적절한 책이다.

탐구 주제 1 산소 농도의 변화는 생물의 진화에 많은 영향을 준다. 공룡은 저산소 환경에 적응해 '기낭'이라는 독특한 신체 기관을 갖고 있어 몸집이 거대해질 수 있었다. 곤충은 반대로 산소 농도가 높을수록 몸집이 작아진다. 이는 곤충의 호흡과 관련이 있는데, 두 가지 사례를 탐구해 보자.

탐구 주제 2 공룡 복원도를 보면 때론 멋지기도 하고 때론 무섭기도 한 다양한 모습으로 나타난다. 과거에는 파충류와 비슷한 모습으로 표현되곤 했는데, 현대에는 깃털이 달리고 줄무늬가 보이기도 한다. 과학의 발달과 함께 바뀌어가는 공룡 복원도를 과학기술의 변화와 연관 지어 탐구해 보자.

추천 논문

청송 세계지질공원 내 백악기 일직층, 점곡층, 사곡층의 쇄설성 저어콘 U-Pb 연령: 퇴적 시기와 기원지(채용운 외 6명, 한국지구과학회, 2021)

이 논문은 경상 분지 내 청송 세계지질공원의 백악기 일직층, 점곡층, 사곡층의 쇄설성 저어콘에 대한 U-Pb 연령 측정을 통해 퇴적 시기와 기원지를 분석한다. 경상 분지의 지질사 및 퇴적 환경 변화, 분지의 진화를 이해하는 데 중요한 정보를 제공하는 이 연구는 청송 공원의 학술적 가치를 높이고 지역의 지질학적 특성을 규명하는 데 기여한다.

탐구 주제: 유네스코 세계지질공원으로 인증받은 청송 세계지질공원에는 백악기에 형성된 다양한 지질학적 구조와 퇴적암층이 포함되어 있다. 해당 시기에 출현한 지질시대 생물에 대해 조사하고, 청송 공원의 관련 유적과 학술적 가치에 대해 알아보자.

선택 과목 연계 학습 및 전공 가이드

◆ 선택 과목 연계 학습

선택 과목		학습 안내
일반 선택	지구과학	지질시대에 대해 더욱 상세하게 탐구한다. 지질시대를 쥐라기, 백악기 등 기 수준에서 구분하고, 지층 대비와 화석을 통해 지질시대의 환경을 탐구하는 방법을 학습한다.
관련 단원	2. 지구의 역사와 한반도의 암석	

◆ 전공 가이드

지질시대의 환경 변화는 환경 연구, 생물의 진화 연구, 지질학 연구 등 다양한 분야와 관련이 있다. 지구 환경, 생물학, 지질학 관련 학과에 진학하는 데 도움이 된다.

- ▶ **인문계열**: 고고학과, 인류학과(문화인류학과), 과학사학과, 환경인문학과
- ▶ **사회계열**: 지리학과, 환경정책학과, 도시계획학과, 관광학과
- ▶ **자연계열**: 지구환경과학과, 생물학과, 지질학과, 기후환경학과, 고생물학과(지질생물학과), 환경과학과, 해양과학과
- ▶ **공학계열**: 지구시스템공학과
- ▶ **교육계열**: 지구과학교육과, 지리교육과, 생물교육과

◆ 선택 과목 연계 학습

선택 과목		학습 안내
일반 선택	생명과학	이 단원에서는 유전, 진화, 계통분류학 등을 배운다. 〈통합과학〉에서 배운 진화의 원리와 더불어, 환경 변화와 진화의 관련성을 학습할 수 있다.
관련 단원	3. 생명의 연속성과 다양성	

◆ 전공 가이드

생물의 진화에 대한 지식을 바탕으로 생물학, 고생물학, 계통분류학 등과 관련된 학과에 진학할 수 있다. 생물학에 관심 있는 학생이라면 필수로 선택해야 한다.

- ▶ **자연계열**: 생물학과, 응용생물학과, 고생물학과, 해양생명과학과, 생명정보학과, 생물다양성학과

▶ **공학계열** : 생명공학과, 유전공학과
▶ **교육계열** : 생물교육과, 지구과학교육과

◆ 선택 과목 연계 학습

선택 과목	학습 안내	
융합 선택	기후 변화와 환경 생태	기후 변화에 따라 지구 시스템에서 발생하는 현상들을 탐구한다. 환경의 변화, 생물의 변화 등 기후 변화가 생물 다양성 및 우리 생활에 끼치는 영향을 학습할 수 있다.
관련 단원	2. 기후 위기와 환경 생태 변화	

◆ 전공 가이드

환경, 생물학, 지구 시스템 등 환경 변화와 관련된 학과에 대한 지식을 학습할 수 있다. 환경 분야는 물리, 화학, 생물학, 지구과학 전반의 지식을 필요로 한다.

▶ **인문계열** : 글로벌기후환경융합전공
▶ **자연계열** : 생물학과, 지구환경과학과, 환경과학과, 기후학과, 해양과학과
▶ **공학계열** : 환경공학과, 생명공학과, 화학공학과, 에너지공학과

[학생부 교과세특 예시]

'진화의 키, 산소 농도(피터 워드)'를 읽고 환경 변화가 생물에 끼친 영향에 대한 탐구 활동을 진행함. 고생대는 현재보다 산소 농도가 높고, 중생대는 산소 농도가 낮았는데 각각의 환경에 적응한 생물들의 변화를 정리하여 발표하였음. 곤충의 경우 폐호흡이 아닌 확산의 원리를 통해 호흡하므로 산소 농도가 높을수록 크기가 커질 수 있다는 것과, 공룡은 폐호흡을 위해 발달한 기낭 덕에 낮은 산소 농도에도 덩치가 커졌다는 사실을 알 수 있었다고 설명함. 이 과정에서 산소 농도의 차이가 서로 다른 과학적 원리로 생물 크기와 관련하여 같은 결과를 초래할 수 있는 사실을 깨달았다고 설명하였음.

[교과서 찾아보기]

📖 **지학사 16~23쪽**
- 지질시대의 상대적인 길이 표현하기
- 지질시대의 산소 농도, 기온 변화
- 지질시대 대멸종 원인의 가설 타당성 평가하기

📖 **미래엔 14~19쪽**
- 지질시대의 환경 추론하기
- 지질시대의 환경과 생물
- 생물 대멸종의 원인과 그 이후의 변화를 설명하는 여러 가설의 타당성 평가하기

📖 **동아출판 14~19쪽**
- 화석을 이용하여 지질시대의 환경 알아보기
- 지질시대의 환경과 생물
- 생물 대멸종의 원인과 그 이후의 변화에 대한 가설의 타당성 평가하기

2. 진화와 생물 다양성

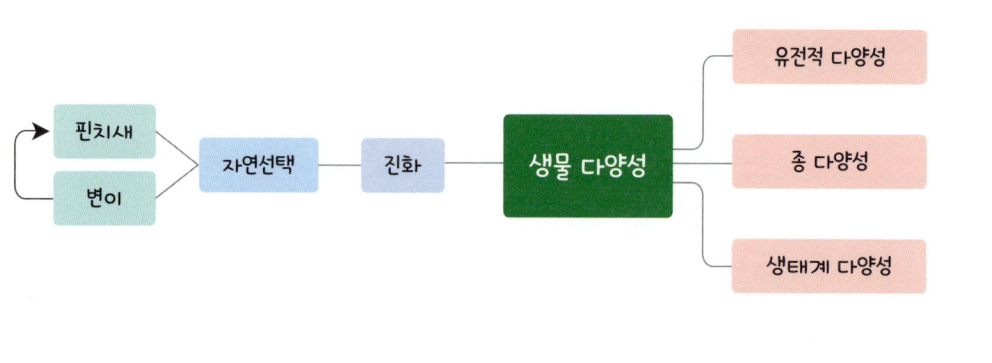

성취 기준 【10통과2-01-02】 변이의 발생과 자연선택 과정을 통해 생물의 진화가 일어나고, 진화의 과정을 통해 생물 다양성이 형성되었음을 추론할 수 있다.

학습 개요 46억 년에 이르는 지질시대 동안 지구의 환경은 끊임없이 변화해 왔다. 생물은 이러한 변화에 적응해 오랜 시간 여러 세대를 거쳐 진화를 거듭해 왔다. 유전자의 차이에 의해 변이가 발생하고, 환경 변화와 관련해 변이가 누적되면 자연선택에 의해 진화가 발생할 수 있다. 환경의 영향으로 종이 분화되고 생물 다양성이 증가하는 과정을 진화론, 자연선택설을 바탕으로 학습한다.

개념 제시 종, 변이, 자연선택, 진화, 생물 다양성, 유전적 다양성, 종 다양성, 생태계 다양성

생각 열기 장바티스트 라마르크(1744~1829)는 유럽 최초로 과학적 체계 아래 진화론을 주장한 프랑스 생물학자이다. 라마르크는 알자히즈(776~868)가 최초로 진화의 개념을 제시한 이후, 단순한 추론이 아닌 체계적인 학설로 진화론을 제시했다. 그는 '용불용설'을 기초로 진화론을 주장했는데, 이는 살아남기 위해 특정 행동을 반복하다 획득한 특성이 후대에 이어져 진화한다는 것이다. 생전에는 진화론을 인정받지 못했고 다윈의 자연선택설에 의해 그의 용불용설은 부정되었지만, 진화론을 학설로 제창한 데 의의가 있다.

관련 이슈 (루시) 최초의 인류는 누구이며 어디에서 기원했을까? 이는 과학적인 동시에 철학적인 질문이다. 찰스 다윈은 인류의 특징으로 직립 보행, 도구 제작, 큰 뇌 등을 꼽았다. 이 중 어떤 특징이 먼저 진화했는지에 관해서는 논란이 있었는데, 가장 오래된 고인류 화석인 '루시'의 발견으로 비밀이 조금씩 풀리고 있다. 현대인보다 훨씬 작은 뇌를 가졌음에도 직립 보행을 했다는 사실이 발견된 것이다. 루시보다 오래된 것으로 추정되는 인류의 화석들은 얼마든지 있지만, 루시의 발견은 인류의 진화 연구에 매우 큰 공헌을 했다.

개념 이해

(변이) 생물의 크기, 색, 모양 등을 '형질'이라고 한다. 그리고 같은 종 내에서 유전자에 의해 개체마다 다르게 나타나는 다양한 형질을 '변이'라고 한다. 같은 인류라 하더라도 피부색, 눈동자 색, 키, 얼굴형 등이 다르게 나타나는 것도 변이라고 할 수 있다. 이러한 변이는 다양한 환경 변화 속에서 생물이 살아남는 원동력이 될 수 있다.

(자연선택) 찰스 다윈은 자연선택을 통해 진화를 설명했다. 다양한 변이를 가진 생물 집단 속에서 환경에 적응하기에 유리한 형질을 가진 개체는 다른 개체에 비해 생존율이 높고, 이로 인해 자손을 남길 확률이 높아진다. 따라서 집단 속에서 특정 형질을 가진 개체의 비율이 증가해 이 과정이 누적되면 생물이 진화하게 된다는 원리이다.

(생물 다양성) 생물 다양성에는 3가지 요소가 있다. '유전적 다양성'은 같은 종 내에서 유전자에 의해 다양한 형질이 나타나는 것을 말한다. '종 다양성'은 어떤 지역에 사는 생물종이 다양한 정도를 말한다. '생태계 다양성'은 생물이 살아가는 환경으로 사막, 바다, 강, 초원 등을 말한다.

탐구 주제 1 생물 다양성은 유전적 다양성, 종 다양성, 생태계 다양성으로 구성된다. 그중 종 다양성은 어떤 지역 내에 사는 생물종이 다양한 정도를 말한다. 종 다양성은 지역 내의 총 개체수가 같더라도 지역에 따라 다르게 나타날 수 있는데, 종 다양성을 높일 수 있는 조건을 탐구해 보자.

탐구 주제 2 자연선택은 생물의 진화를 설명할 때 빼놓을 수 없는 요소이다. 이는 환경 적응에 유리한 형질을 가진 개체가 자손을 남길 확률이 높다는 원리인데, 사회에서도 비슷한 현상을 관찰할 수 있다. 문화 선택에 따른 '밈(meme)'도 한 예인데, 진화론이 사회에 끼친 영향을 탐구해 보자.

개념 응용

자료 설명

무당벌레에서 관찰할 수 있는 유전적 차이인 색 변이 형질을 나타낸 그림이다.

탐구 주제

생물 다양성은 유전적 다양성, 종 다양성, 생태계 다양성의 3가지 요소로 구성되어 있다. 그중 유전적 다양성은 같은 종 내에서 나타나는 유전적 형질이 서로 다른 것을 말하는데, 무당벌레의 색 차이와 같이 관찰할 수 있는 형질의 차이를 탐구해 보자.

추천 도서

종의 기원 (찰스 로버트 다윈, 장대익 역, 사이언스북스, 2019)

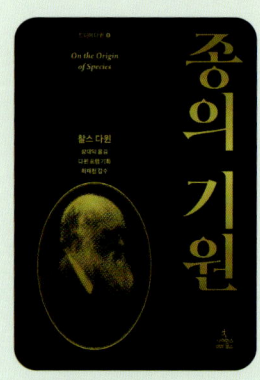

생물학과 관련해 가장 유명한 찰스 다윈의 저서이다. 갈라파고스의 생물 연구를 통해 알아낸 사실들을 집대성한 책으로, 생물의 진화와 관련한 필독서라고 할 수 있다. 지질시대와 고생물 연구에서 가장 중요한 개념인 변이와 자연선택에 따른 진화를 제시했다. 이 책을 통해 환경 변화에 의한 생물의 진화를 통해 지질시대 동안 변화하는 생물상을 추정할 수 있음을 배울 수 있다. 고생물 혹은 생물학에 관심이 있는 학생들에게 추천하는 책이다.

탐구 주제 1 고립된 환경은 생물상의 변화에 영향을 미치곤 하는데, 핀치새의 부리 모양이 그 예라고 할 수 있다. 작은 섬에 사는 생물들은 세대를 거듭할수록 섬에서의 생존을 위해 덩치가 커지거나 작아진다. 난쟁이 코끼리, 호모 플로렌시스 등의 예를 탐구해 '섬 거대화'와 '섬 왜소화'에 대해 알아보자.

탐구 주제 2 '용불용설'은 자주 사용하는 기관이 더 발달하게 되어 진화한다는 이론이었다. 이는 다윈의 진화론의 등장으로 반박되었는데, 최근에는 후성유전학이라는 학문이 등장하며 재조명받고 있다. 후성유전학은 용불용설보다 진화론에 가까운 것으로 여겨지는데, 이에 대해 탐구해 보자.

과학이슈 하이라이트 Vol.7: 생명의 진화 (과학동아 편집부, 동아엠앤비, 2024)

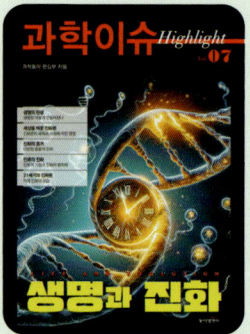

생명의 탄생 및 진화와 관련해 자연선택설부터 외계 기원까지 생명과 관련된 이슈를 집대성한 책이다. DNA 등과 관련된 기초 이론부터 시작해 생명의 탄생, 진화론, 진화의 증거 등을 체계적으로 설명하고 있다. 또한 '인류의 진화'를 한 단원으로 묶고 원시인의 생활사 등 흥미로운 주제들로 구성해 상세히 설명하고 있다. 과학기술의 발달과 유전자 연구가 진화론에 미치는 영향, 진화론이 과학사 및 사회에 끼친 영향을 탐구하기에 적절한 책이다.

탐구 주제 1 인류는 직립 보행을 하고, 털이 적고, 눈의 흰자가 보이고, 엄지를 다른 손가락과 마주칠 수 있으며, 귀가 둥글다는 등의 특징을 갖고 있다. 이러한 특징들은 해당 형질이 생존에 유리했기 때문에 발달한 것이다. 이러한 특성들이 생존에서 어떻게 작용해 생존율을 높이고 자손을 남기게 되었는지 탐구해 보자.

탐구 주제 2 분자시계는 DNA의 더미 데이터 속에 누적된 변이의 정도를 파악해 종 분화의 기점 등을 파악하는 기술이다. 인류의 직립 보행 시기를 계통분류학으로 예측한 시점과 분자시계로 예측한 시점이 일치해 분자시계의 가치가 입증되었다. 분자시계를 활용한 연구들을 탐구해 보자.

추천 논문

진화론의 대칭성에 대한 과학사적 해석 및 생명과학 교육에의 함의
(배경석 외 2명, 한국생물교육학회, 2023)

이 논문은 물리학의 대칭성의 개념을 생명과학 교육과 진화론으로 확장해, 본질주의적 관점에서 가정되었던 생물종 간의 차이성을 동등성의 관점에서 해석한다. 해당 연구에서는 진화론의 자연선택 개념이 생명과학적 동등성을 매개하는 역할을 한다고 주장하며, 과학사 및 생명과학 교육에서 통합적인 주제로 활용될 수 있음을 강조한다.

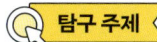 **탐구 주제** 대칭성은 물리학에서 중요한 개념으로, 다양한 상황이나 객체들이 수학적 변환을 통해 물리적으로 동등성을 가진다는 의미를 내포한다. 이러한 관점에서 생물종 간의 동등성의 관점이 무엇인지 생각해 보고, 이를 기반으로 자연선택론을 해석해 보자.

선택 과목 연계 학습 및 전공 가이드

◆ 선택 과목 연계 학습

선택 과목		학습 안내
일반 선택	생명과학	'생명의 연속성과 다양성' 단원에서는 유전, 진화, 계통분류학 등을 배운다. 진화의 원리와 생물 다양성이 나타나는 원리, 생물 다양성의 중요성을 심화 학습할 수 있다.
관련 단원	3. 생명의 연속성과 다양성	

◆ 전공 가이드

생물의 진화에 대한 지식을 바탕으로 생물학, 고생물학, 계통분류학 등의 학문과 관련된 학과에 진학할 수 있다. 또한 분자시계 등 생물학 및 화학과 관련된 진로로도 이어질 수 있다.

▶ **자연계열** : 생물학과, 화학과, 생화학과, 고생물학과, 생물정보학과, 분자생명과학과
▶ **공학계열** : 생명공학과, 유전공학과, 바이오메디컬공학과
▶ **교육계열** : 생물교육과

◆ 선택 과목 연계 학습

선택 과목		학습 안내
진로 선택	생물의 유전	'유전자와 유전 물질' 단원에서는 유전 형질이 유전자를 통해 자손에게 전달되는 원리를 배운다. 유전에 대해 심화 학습해 상염색체 유전과 성염색체 유전의 차이를 학습한다.
관련 단원	1. 유전자와 유전 물질	

◆ 전공 가이드

유전과 관련된 핵심 개념들을 학습하는 교과이다. 생물학, 유전공학, 생명공학 등의 진로와 관련이 있으며, 종자 등 농업과 관련된 학과도 선택할 수 있다.

▶ **자연계열** : 생물학과, 응용생물학과, 농생명과학과, 바이오정보학과, 식물자원학과, 축산학과
▶ **공학계열** : 생명공학과, 유전공학과, 생명시스템공학과, 농생명공학과, 식품공학과, 환경생명공학과, 바이오메디컬공학과
▶ **교육계열** : 생물교육과

◆ 선택 과목 연계 학습

선택 과목	학습 안내	
융합 선택	융합과학 탐구	과학기술의 발달에 따라 미래에 등장하게 될 새로운 융합과학 기술을 예측해 보고, 탐구 과정에서 발생할 수 있는 생명 윤리 등 윤리적 쟁점에 대해 배울 수 있다.
관련 단원	3. 융합과학 탐구의 전망	

◆ 전공 가이드

과학기술의 미래와 과학 실험을 하는 데 필요한 실험 윤리, 생명 윤리에 대해 배운다. 앞으로 과학 관련 진로로 가고자 할 때 두루 배울 수 있는 과목이다.

- ▶ **인문계열** : 과학기술정책학과, 생명윤리학과, 기술윤리학과, 과학철학과, 과학사학과, 미래학과
- ▶ **자연계열** : 생물학과, 물리학과, 화학과, 지구환경과학과
- ▶ **공학계열** : 생명공학과, 유전공학과, 화학공학과, 환경공학과
- ▶ **교육계열** : 생물교육과, 화학교육과, 지구과학교육과, 물리교육과

학생부 교과세특 예시

변이와 진화에 대해 학습한 후 생물의 진화에 대해 추가로 탐구하고자 함. 이를 위해 '종의 기원(찰스 로버트 다윈)'을 읽고 보고서를 작성하여 학우들에게 발표하였음. 생물의 진화 중 인류의 진화에 관심을 갖고 이에 대해 집중적으로 탐구하였음. 대부분의 생물은 눈의 흰자가 없지만 인류에게만 흰자가 나타나는 이유를 사냥 등의 활동에서 눈을 통한 의사소통이 필요했기 때문이며, 직립 보행으로 인해 두 손이 자유로워져 도구를 활용하기 좋았으며 시야가 높아지면서 귀보다는 눈이 발달하게 되었음을 설명함. 이 과정에서 귀가 퇴화되는 과정도 진화의 일종임을 알게 되었다고 밝힘.

교과서 찾아보기

📖 **지학사 24~31쪽**
- 갈라파고스 핀치의 자연선택 추론하기
- 자연선택 과정에 대한 모의실험 하기
- 생물 복원 스토리북 만들기

📖 **천재 22~37쪽**
- 자연선택 모의실험 하기
- 갈라파고스 제도의 핀치 관찰하기
- 생물 다양성 보전 실천 방안 알아보기

📖 **비상 22~27쪽**
- 허리케인이 도마뱀의 생존에 미친 영향
- 자연선택 과정에 대한 모의실험
- 생물종이 다양해지는 과정 추론하기

3. 산화와 환원

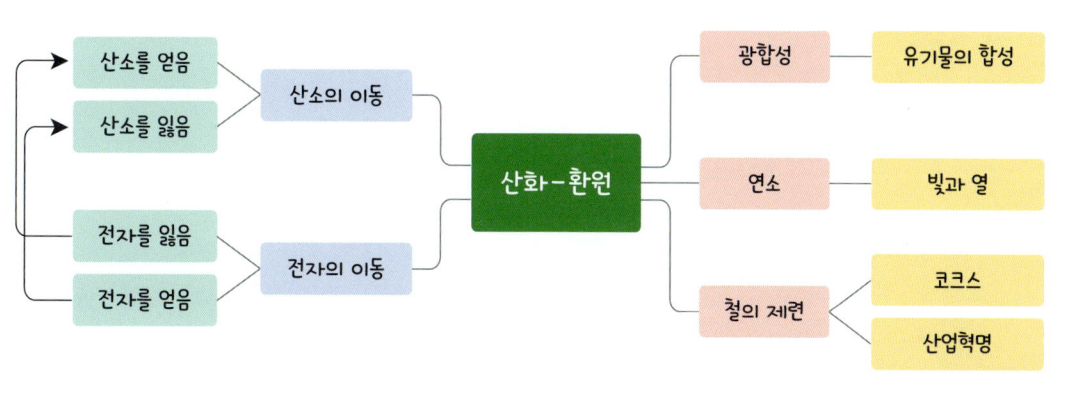

성취 기준 　【10통과2-01-03】자연과 인류의 역사에 큰 변화를 가져온 광합성, 화석 연료 사용, 철의 제련 등에서 공통점을 찾아 산화와 환원을 이해하고, 생활 주변의 다양한 변화를 산화와 환원의 특징과 규칙성으로 분석할 수 있다.

학습 개요 　지구 환경의 변화, 인류의 역사에서는 화학 변화가 매우 중요하게 작용했다. 원시 지구에서는 남세균이 광합성으로 산소를 생성해 산소로 호흡하는 생물들이 급속도로 증가했다. 산소와 결합한 금속에서 산소를 떼어내어 얻은 순수한 금속으로 제작한 도구는 인류 문화에 많은 영향을 끼쳤다. 또한 연료에서 에너지를 얻는 과정은 풍요로운 생활을 가져다주었다. 이처럼 인류의 역사는 화학 변화와 깊은 관련이 있다.

개념 제시 　광합성, 산화 반응, 환원 반응, 연소, 철의 제련, 음이온, 양이온, 석출, 산업혁명

생각 열기 　앙리 무아상(1852~1907)은 플루오린화수소산에서 플루오린을 분리해 내는 데 성공한 업적으로 1906년 노벨 화학상을 수상했다. 이 실험 과정에서 일부가 눈에 들어가 실명했다고 한다. 이외에도 광합성에서의 산소와 이산화탄소의 교환에 관한 연구, 인조 다이아몬드 제조 연구를 비롯해 다양한 업적과 결과물을 남겼다. 노벨 화학상 후보에 주기율표를 만든 드미트리 멘델레예프(1834~1907)와 함께 올랐는데, 한 표 차이로 무아상이 수상했다. 이듬해 멘델레예프는 사망해 노벨상을 수상하지 못했다.

관련 이슈 　(**'구경꾼 이온'의 촉매 역할**) '구경꾼 이온'은 반응계에 들어 있지만 실제 화학 반응에는 참여하지 않는 이온을 말한다. 알칼리 금속은 물속에서 녹으면 안정적으로 존재해 반응에 쉽게 참여하지 않는다. 이러한 구경꾼 이온은 물속에서 전자의 이동을 돕고 전류를 흐르게 하는 정도의 역할만 하는 것으로 알려져 있었는데, 최근 발견된 사실에 따르면 산소를 환원할 때 촉매와 같은 역할을 해 반응에 참여하는 핵심 요소임이 밝혀졌다. KAIST 연구진은 2024년 12월 20일 자 〈네이처 카탈리시스〉에 이를 게재했다.

개념 이해

(산화·환원) 발견 초기에는 산소와 결합하는 반응만을 산화 반응, 산소가 떨어져 나가는 반응만을 환원 반응이라고 불렀다. 하지만 과학이 발달함에 따라 산소와의 반응 없이도 산화 및 환원 반응이 나타날 수 있음을 알게 되었고, 전자를 잃거나 얻는 반응도 산화·환원 반응이라고 부르게 되었다.

(광합성) 광합성은 식물이 빛 에너지를 이용해 물과 이산화탄소로 포도당과 산소를 생성해 양분을 합성하는 과정을 말한다. 식물의 광합성은 식물이 생산자로서 생태계의 소비자들에게 양분을 공급해 생태계를 유지하는 데 중요한 역할을 한다. 이 광합성 과정에서 이산화탄소는 환원되고, 물은 산화된다. 즉 산화·환원 반응은 태양 에너지를 저장해 생태계에 영양분을 공급한다.

(철의 제련) 자연 상태의 철은 철광석의 형태로 채굴되며, 철광석은 주로 산화철(Ⅲ)의 형태로 존재한다. 석탄을 원료로 해서 만드는 코크스는 탄소 함량이 높은데, 코크스를 용광로에 철광석과 함께 넣어 가열하면 코크스가 산화되어 일산화탄소가 발생한다. 이 일산화탄소는 산화되어 이산화탄소가 되고, 철광석은 환원되어 순수한 철을 얻을 수 있다. 이러한 철의 제련법은 인류 문명의 발달에 매우 큰 영향을 주었다.

탐구 주제 1 산화 반응과 환원 반응은 일상생활 속에서도 다양하게 관찰할 수 있다. 식물의 광합성 반응, 화석 연료의 연소 반응이 그 예이다. 이 과정에서 산소와의 결합이나 전자의 이동이 발생한다. 일상생활 속에서 관찰할 수 있는 또 다른 예를 찾아 그 원리를 탐구해 보자.

탐구 주제 2 인류 문명은 석기 시대, 청동기 시대, 철기 시대를 거쳐왔다. 이 과정에서 남겨진 유물들은 오랜 세월이 지나 산화되어 본래의 모습을 잃어버린 채 발굴되곤 한다. 오래되고 녹슨 유물을 산화·환원 반응 등 과학 원리를 이용해 복원하는 방법에 대해 탐구해 보자.

개념 응용

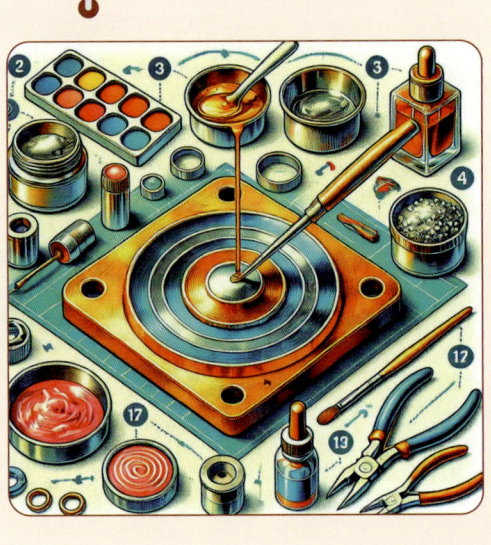

자료 설명

구리가 질산은 수용액과 반응해 은이 석출되는 과정을 나타낸 그림이다.

탐구 주제

산화 반응 및 환원 반응은 도금에도 이용된다. 수도꼭지 등에 이용되는 크롬 도금, 동전에 이용되는 도금, 반도체 회로의 도금 등 산화·환원 반응을 통해 도금이 다양하게 활용되고 있다. 도금의 원리와 도금이 활용되는 또 다른 예를 찾아 탐구해 보자.

추천 도서

세계사를 바꾼 12가지 신소재 (사토 겐타로, 송은애 역, 북라이프, 2019)

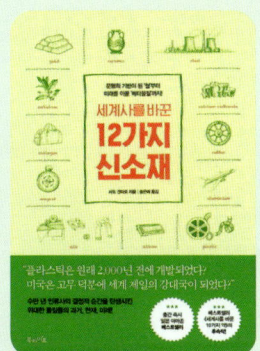

철부터 메타 물질까지 신소재가 인류 역사에 끼친 영향들을 정리한 책이다. 금, 철, 도자기, 콜라겐, 메타 물질 등 다양한 신소재의 특성과 역사를 상세히 전달하는 만큼, 인류 문명의 역사와 화학 및 신소재 분야에 관심 있는 학생에게 추천할 만한 책이다. 철의 제련 방법, 철에 의한 문명의 발달, 녹슬지 않는 철인 스테인리스 금속까지 〈통합과학〉의 '화학 변화' 단원에 대한 이해를 높여줄 수 있는 책이다. 또한 투명 망토 등 미디어에 등장하는 자연에서 찾을 수 없는 소재의 발견 가능성도 흥미롭게 전한다.

탐구 주제 1 금은 연금술의 목표로서 인류 역사에서 매우 귀중한 금속으로 여겨져 왔다. 반응성이 작은 금은 태양, 영원불멸의 상징으로 여겨진다. 반면에 철은 산소 등과 쉽게 반응해 순수한 철을 얻기가 쉽지 않다. 금과 철이 화학적으로 어떠한 차이가 있어 이러한 현상이 나타나는지 탐구해 보자.

탐구 주제 2 《세계사를 바꾼 12가지 신소재》(사토 겐타로)에서는 12가지 신소재를 소개하고 있다. 지금 이 순간에도 인류의 역사를 바꿀 만한 새로운 소재들이 연구 및 개발되고 있다. 이미 개발되었는데 책에서 소개되지 않았거나, 상온 초전도체와 같이 앞으로 개발될 것으로 보이는 신소재의 특성과 전망에 대해 탐구해 보자.

미래 에너지 좀 아는 10대 (이필렬, 풀빛, 2022)

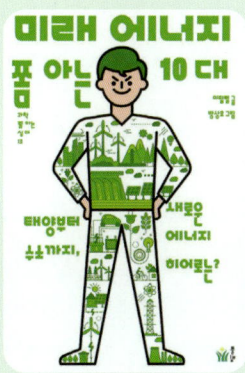

화석 연료의 양은 한정되어 있고, 화석 연료에서 에너지를 얻는 과정에서는 많은 양의 탄소가 배출되어 지구온난화를 일으킨다. 이 책에서는 기후 위기를 막고 기존 에너지를 대체하기 위한 다양한 미래 에너지들을 그 원리와 함께 소개한다. 태양열, 태양광, 수소, 풍력 등 신재생 에너지의 중요성을 탄소 중립과 함께 엮어 설명한다. 또한 에너지의 낭비를 막고 효율적으로 관리하기 위해 AI 및 빅데이터를 활용하는 스마트 그리드를 소개해 〈통합과학〉과 관련지어 탐구하기에 적절한 책이다.

탐구 주제 1 태양 에너지를 통해 이산화탄소로 탄화수소를 만드는 인공 광합성, 수소 에너지의 저장 등 신재생 에너지의 저장 및 활용에도 산화·환원 반응이 활용된다. 다양한 신재생 에너지의 종류를 조사하고, 신재생 에너지 및 연료 전지 등에 활용되는 산화·환원 반응의 원리를 탐구해 보자.

탐구 주제 2 연료 전지는 화학 반응으로 전기를 생산하는 전지이다. 가장 대표적인 연료 전지는 수소와 물을 반응시켜 발생하는 에너지를 활용한다. 이러한 연료 전지에 쓰이는 수소는 수소를 얻는 과정에서 발생하는 이산화탄소의 양에 따라 명명해 분류한다. 그린 수소, 블루 수소, 그레이 수소 등에 대해 탐구해 보자.

추천 논문

리튬 전고체 전지 재활용: 문제 해결을 위한 최신 기술(봉성율, 한국전기화학회, 2024)

리튬 이온 전지(LIB)는 높은 에너지 밀도와 충전 효율에도 불구하고 화재와 폭발 위험이 존재하기 때문에, 이를 극복하기 위한 차세대 배터리로 전고체 전지가 주목받고 있다. 이 논문은 이러한 문제를 해결하기 위해 재활용, 열처리(pyrometallurgy), 습식 제련(hydrometallurgy) 등 다양한 재활용 기술을 검토하고, 경제적으로 효율적인 재활용 접근법을 제시한다.

Q 탐구 주제 전고체 전지는 불연성 고체 전해질을 사용해 안전성을 크게 향상시켰지만, 고체 전해질과 전극 간의 강한 결합으로 인해 재활용이 어렵다는 문제가 있다. 산화-환원의 원리를 바탕으로 전해질과 전극 간에 강한 결합이 일어나는 이유에 대해 탐구해 보자.

선택 과목 연계 학습 및 전공 가이드

◆ 선택 과목 연계 학습

선택 과목		학습 안내
진로 선택	화학 반응의 세계	산화·환원 반응은 〈화학〉 교과에서는 다루지 않고 〈통합과학2〉와 〈화학 반응의 세계〉에서 다루고 있다. 산화·환원 반응의 심화 학습을 위해선 반드시 〈화학 반응의 세계〉를 배워야 한다.
관련 단원	2. 산화·환원 반응	

◆ 전공 가이드

산화 반응 및 환원 반응이 활용되는 화학, 생물학 등의 기초 지식을 쌓을 수 있다. 〈화학〉 교과에서는 다루지 않기 때문에 관련 분야에 진출하고자 한다면 선택해야 하는 과목이다.

- ▶ **자연계열** : 화학과, 생물학과, 생화학과, 재료화학과, 환경화학과
- ▶ **공학계열** : 화학공학과, 신소재공학과, 화장품공학과, 에너지화학공학과, 에너지소재공학과
- ▶ **의약계열** : 약학과, 한방피부미용학과
- ▶ **교육계열** : 화학교육과

◆ 선택 과목 연계 학습

선택 과목		학습 안내
융합 선택	과학의 역사와 문화	과학의 발달이 인류사에 미친 영향에 대해 탐구한다. 인류 문명이 탄생하는 과정에서 과학이 활용된 다양한 사례를 발견하고, 과학과 문명의 관계를 학습할 수 있다.
관련 단원	1. 과학과 문명의 탄생과 통합	

◆ 전공 가이드

인류사와 과학의 관계를 배울 수 있으며, 인류사 및 문명에 관심이 있는 학생이 선택하기에 적절한 교과이다. 예술 분야도 다루고 있다.

- ▶ **인문계열** : 고고학과, 역사학과, 인류학과, 문화유산학과, 과학사학과
- ▶ **교육계열** : 역사교육과, 음악교육과, 미술교육과
- ▶ **예체능계열** : 음악 및 디자인 관련 모든 학과

◆ 선택 과목 연계 학습

선택 과목	학습 안내	
진로 선택	고급 화학	〈통합과학2〉에서 배운 산화·환원 반응을 더욱 심화해 학습한다. 산화·환원 반응에서의 산화수의 정의를 배우고, 이를 통해 산화·환원 반응식을 작성하는 법을 학습한다.
관련 단원	3. 물질의 변화와 에너지	

◆ 전공 가이드

산화 반응 및 환원 반응이 활용되는 화학공학, 전자공학 등의 계열로 진출하는 데 필요한 교과이다. 선수 과목은 〈화학〉이며, 산화·환원 반응은 〈화학〉이 아닌 〈화학 반응의 세계〉에서 배운다.

- ▶ **자연계열**: 화학과, 나노화학과, 생물환경화학과, 재료화학과
- ▶ **공학계열**: 화학공학과, 전자공학과, 환경공학과, 응용화학공학과, 에너지소재공학과, 바이오화학공학과, 환경에너지공학과
- ▶ **의약계열**: 의생명화학과, 약리학과, 생명약학과, 임상약학과, 재생의학과
- ▶ **교육계열**: 화학교육과

학생부 교과세특 예시

평소 환경 문제에 관심을 갖고 있는 학생으로, 환경 문제의 과학적 해결에 대해 탐구하고자 함. '미래 에너지 좀 아는 10대(이필렬)'를 읽고 책에서 소개된 미래 에너지 중 연료 전지에 대한 탐구 활동을 진행하고 친구들에게 발표하였음. 연료 전지의 정의와 그중 수소를 활용해 에너지를 얻는 과정을 시각 자료를 활용하여 흥미롭게 전달하였음. 탐구 활동 중 새롭게 알게 된 사실이 눈길을 끌었음. 수소를 생산하는 과정에서 발생하는 이산화탄소의 양으로 수소의 색을 구분한다는 사실이 흥미로웠다고 설명함. 현재는 대부분 그레이 수소지만 더욱더 친환경적인 그린 수소의 필요성을 역설하였음.

교과서 찾아보기

📖 지학사 38~45쪽
- 에칭 판화 원리 탐구하기
- 광합성과 세포 호흡
- 우리 주변에서 일어나는 산화·환원 반응 분석하기

📖 미래엔 38~45쪽
- 구리판의 변화 해석하기
- 구리와 질산은 수용액의 반응을 전자의 이동으로 설명하기
- 다양한 변화를 산화·환원 반응의 규칙성으로 분석하기

📖 비상 32~37쪽
- 산소 이야기 만들기
- 산화구리(Ⅱ)와 탄소의 반응 알아보기
- 생활 주변의 반응을 특징과 규칙성에 따라 분석하기

4. 산과 염기

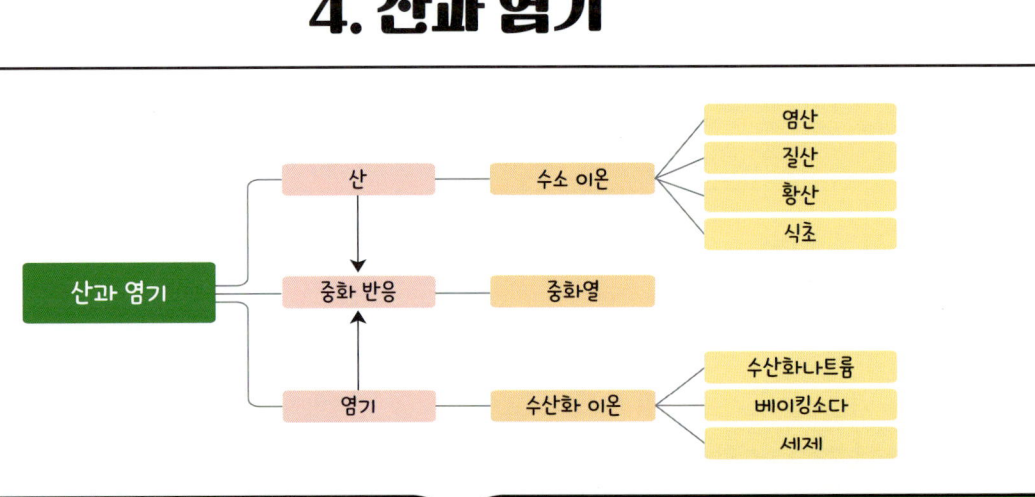

성취 기준 【10통과2-01-04】 대표적인 산·염기 물질의 특징을 알고, 산과 염기를 혼합할 때 나타나는 중화 반응을 생활 속에서 이용할 수 있다.

학습 개요 산성비, 알칼리수 등의 용어를 들으면 생각나는 이미지들이 있다. '산성'이 들어간 용어는 대체로 부정적이고, '알칼리'는 긍정적으로 쓰이는 경우가 많다. 하지만 산과 알칼리(염기)는 수용액 속에서 내놓는 이온에 따라 붙이는 이름일 뿐이다. 일상생활 속에서 우리는 산과 염기를 다양하게 이용하고 있다. '산과 염기' 단원에서는 산과 염기에서 나타나는 특징, 중화 반응의 특징과 이용에 대해 학습한다.

개념 제시 산성, 염기성, 지시약, 리트머스 종이, 수소 이온, 수산화 이온, 중화 반응, 중화열

생각 열기 배리 마셜(1951~)은 '위나선균'으로 불리는 '헬리코박터 파일로리균'을 연구해 2005년 노벨 생리·의학상을 수상했다. 그는 위나선균이 위염 및 위궤양을 발생시키는 주원인임을 밝혀내기 위해 스스로 배양액을 마시고 위궤양에 걸림으로써 자신의 이론을 증명했다. 이전까지는 강산인 위액 때문에 위에서는 생물이 살 수 없을 거라고 생각되었지만, 마셜은 위나선균 스스로 염기성 물질을 생성해 보호하는 기작을 밝혀 노벨상을 수상하게 되었다. 우리나라에서는 유산균 음료 광고를 통해 널리 알려진 인물이기도 하다.

관련 이슈 (왕수) 강산에는 염산, 질산, 황산 등이 있는데, 진한 염산과 진한 질산을 3:1의 비율로 섞은 것을 '왕수'라고 한다. 본래 금은 반응성이 매우 작아 강한 산에도 잘 반응하지 않는다. 하지만 왕수는 금도 녹일 수 있는 특성이 있다. 이와 관련된 일화로, 덴마크의 닐스 보어 연구소에는 두 개의 노벨상 메달을 보관하고 있었는데, 나치의 감시를 피해 이 노벨상 메달들을 왕수에 녹여놓고 탈출했다고 한다. 이후 돌아와 금을 다시 석출해 노벨 재단에 보냈고, 노벨 재단은 다시 메달을 제작해 돌려주었다.

개념 이해

(산과 염기) 물에 용해될 때 수소 이온을 형성하면 산, 수산화 이온을 형성하면 염기라고 한다. 수소 이온 농도로 pH가 정의되는데, pH가 7보다 작으면 산성이며 금속과 반응해 수소 기체를 내놓는다. pH가 7보다 큰 물질은 염기성을 띠며 단백질을 녹이는 성질을 가지고 있다.

(지시약) 지시약은 용액의 액성에 따라 색이 변하는 물질이다. 페놀프탈레인 용액, 메틸오렌지 용액, BTB(브로모티몰블루) 용액 등이 이에 속한다. 지시약은 산과 염기를 정밀하게 구분하지는 못하지만, 비교적 손쉽게 산과 염기를 대략적으로 알아낼 수 있도록 돕는 물질이다.

(중화 반응) 산은 수소 이온을, 염기는 수산화 이온을 발생시킨다. 산과 염기를 섞으면 수소 이온과 수산화 이온이 서로 반응해 물이 생성되는데, 이를 중화 반응이라 하고 이때 발생한 열을 중화열이라고 한다. 이러한 중화 반응은 생선 비린내를 잡는 레몬즙, 위산을 중화하는 제산제 등 일상생활에서도 다양하게 활용되고 있다.

탐구 주제 1 수국은 pH에 따라 꽃의 색이 변화하는 대표적인 식물이다. pH가 낮을 땐 꽃잎이 파란색으로 변하고, pH가 상승하면 점차 분홍색이 된다. 수국과 양배추에서 공통적으로 나타나는 특징을 조사하고, 이러한 식물들을 pH 지시약으로 활용하는 방법을 탐구해 보자.

탐구 주제 2 가장 오래된 금속 활자본은 〈직지심체요절〉로 알려져 있으나, 최근 〈남명증도가〉 공인본이 〈직지심체요절〉보다 138년 앞선 금속 활자본으로 알려지게 되었다. 근대의 책은 금세 바스러지는 데 비해 오래된 한지로 만들어진 책은 고스란히 남아 있는 이유를 산과 염기와 관련지어 탐구해 보자.

개념 응용

자료 설명

산과 염기를 혼합해 중화 반응이 일어날 때 온도 변화를 나타낸 그림이다.

탐구 주제

묽은 염산과 수산화나트륨 수용액을 섞으면, 수소 이온과 수산화 이온이 1:1의 개수 비로 반응해 물을 형성하게 된다. 이때 중화열이 발생하는데, 용액의 첨가에 따른 온도 변화를 통해 용액 속 이온의 종류를 알아내는 방법을 탐구해 보자.

추천 도서

산성비의 활용과 지역개발(김준모, 지식나무, 2024)

산성비에 대해 쉽게 풀어 쓴 책으로, 산성비가 토양 및 산림을 훼손하는 원리를 과학적으로 설명한다. 비의 강수 원리부터 시작해 산성을 띠는 이유, 대기오염물질과 반응해 산성이 강화되어 내리는 원리 등을 체계적으로 정리했다. 기후 변화에 대한 전반적 지식은 물론 산성비를 이용해 전기를 생산하는 방법, 산성비를 비롯한 기후 변화 문제에 대한 국가별 대책과 적응 등을 폭넓게 다루고 있다. 기후 변화를 활용해 전기를 생산하는 등 새로운 시도를 제시하는 책이다.

탐구 주제 1 비는 내리는 과정에서 이산화탄소가 녹아 탄산 이온이 되므로 깨끗한 대기에서도 산성을 띤다. 여기에 대기오염물질이 결합하면 더욱 강한 산성을 띠는데 이를 '산성비'라 한다. 산성비의 성분을 조사해 산성비 속의 다양한 이온들로 인해 나타나는 산성비의 화학적 특성을 탐구해 보자.

탐구 주제 2 산성화된 토양이나 물을 복원할 땐 주로 석회를 이용한다. 석회가 산성화된 토양이나 물을 복원하는 과정을 산과 염기의 중화 반응과 관련해 탐구해 보자. 또한 이렇게 복원된 토양이나 물에 문제점은 없는지, 재산성화되는 경우는 없는지, 《산성비의 활용과 지역개발》(김준모)을 비롯한 다른 관련 문헌을 조사해 탐구해 보자.

하루 한 권, 일상 속 화학 반응(사이토 가쓰히로, 이은혜 역, 드루, 2023)

우리는 자신도 모르게 과학 속에서 살아가고 있다. 이 책은 화학의 원리를 쉽게 풀어 쓰며, 뉴스나 일상생활 속에서 발견할 수 있는 화학 반응들, 환경 및 인류와 관련된 화학 반응들에 대한 궁금증을 풀어주고 있다. 책 말미에 실린 위험한 산성 물질이나 염기성 물질에 대한 설명은 책을 덮을 때까지 독자들의 호기심을 끈다. 산과 염기를 비롯한 다양한 화학 탐구 활동을 할 때 참고하기에 적절한 책이다.

탐구 주제 1 강산에는 염산, 질산, 황산 등이 있고 강염기에는 수산화나트륨 수용액 등이 있다. 하지만 이러한 강산보다 더 강한 초강산이 있는데, 그 예가 바로 왕수와 요술산이다. 요술산은 플루오린을 주재료로 한 매우 위험한 물질이다. 이외의 다양한 초강산을 찾아 탐구해 보자.

탐구 주제 2 《하루 한 권, 일상 속 화학 반응》(사이토 가쓰히로)은 일상생활과 관련된 다양하면서도 중요한 화학 반응들을 설명하고 있다. 연소, 전지, 접착제, 산성비, 암모니아 합성, 고분자 합성 등 다양한 화학 주제 중에서 산과 염기와 관련된 화학 반응을 골라 정리하고, 산과 염기의 반응이 어떻게 활용되는지 탐구해 보자.

| 추천 논문 | **우리나라 주변 바다의 산성화 현황과 영향 요인 분석**(김태웅 외 4명, 한국지구과학회, 2022) |

대기 중에 배출되는 이산화탄소의 30%는 해양이 다시 흡수한다. 이렇게 흡수된 이산화탄소는 해수 속에서 탄산 이온이 되어 해수를 산성화시키는 요인이 된다. 지구온난화로 인해 이산화탄소는 점차 증가하고 바다는 더욱 산성화되어 간다. 우리나라 주변의 해양 산성화 정도를 파악하는 방법과 산성화의 영향을 탐구하기에 적절한 논문이다.

> **탐구 주제** 해양이 산성화되면 해수 자체가 산성을 띠고 칼슘과 반응하게 된다. 껍데기가 있는 생물은 대부분 규산염과 탄산염으로 되어 있다. 해양 산성화가 유공충, 조개류 등 탄산칼슘으로 이루어진 껍데기를 가진 생물에게 끼치는 영향을 탐구해 보자.

◆ 선택 과목 연계 학습

선택 과목		학습 안내
일반 선택	화학	물의 자동 이온화, 중화 반응 등 산과 염기에 관해 〈통합과학2〉와 연계해 학습한다. 이와 함께 중화 적정 반응 실험을 통해 미지 시료의 농도를 결정하는 방법을 학습한다.
관련 단원	4. 역동적인 화학 반응	

◆ 전공 가이드

산과 염기와 관련된 지식은 화학, 화학공학 및 신소재 분야에서 필요한 기초 지식이다. 화학과, 화학공학과, 신소재공학과, 재료공학과 등의 진학을 목표로 한다면 반드시 선택해야 하는 교과이다.

- ▶ **자연계열** : 화학과, 나노화학과, 응용화학과, 환경생명화학과, 환경화학과, 재료화학과
- ▶ **공학계열** : 화학공학과, 신소재공학과, 화학나노공학과, 에너지화학공학과, 바이오화학공학과
- ▶ **교육계열** : 화학교육과
- ▶ **의약계열** : 화장품약리학과, 한방제약개발학과, 약학과

◆ 선택 과목 연계 학습

선택 과목		학습 안내
진로 선택	화학 반응의 세계	〈통합과학〉에서 설명하는 산과 염기의 정의로는 모든 산과 염기를 설명하지는 못한다. 이와 연계해 새로운 산과 염기의 정의를 학습하고, 이에 따라 산과 염기를 분류하는 방법을 학습한다.
관련 단원	1. 산 염기 평형	

◆ 전공 가이드

산과 염기의 정의에 대한 지식은 화학 관련 학과로 진학하는 데 필요하다. 다양한 화학 분야나 화학 관련 공학과에 진학하고자 한다면 선택하기 좋은 과목이다.

- ▶ **사회계열** : 과학기술정책학과, 환경정책학과, 산업경영학과
- ▶ **자연계열** : 화학과, 생화학과, 재료화학과, 생명과학과, 지구환경과학과
- ▶ **공학계열** : 화학공학과, 전자공학과, 환경공학과, 응용화공학과, 화장품공학과
- ▶ **의약계열** : 약학과, 한방생약자원학과

◆ 선택 과목 연계 학습

선택 과목	학습 안내
진로 선택	고급 화학	〈통합과학〉과 〈화학 반응의 세계〉에서 배웠던 산과 염기의 정의를 루이스 산 염기 정의로 다시 학습한다. 강산이 아닌 약산과 약염기의 반응, pKa로부터 pH를 구하는 방법을 학습한다.
관련 단원	3. 물질의 변화와 화학 평형	

◆ 전공 가이드

〈통합과학2〉, 〈화학 반응의 세계〉, 〈고급 화학〉은 산과 염기의 정의와 연계해 다루고 있다. 〈고급 화학〉을 듣기 전에 〈화학 반응의 세계〉를 선수 과목으로 듣는 것을 추천한다.

- ▶ **자연계열** : 화학과, 생화학과, 응용생화학과, 재료화학과, 환경화학과
- ▶ **공학계열** : 화학공학과, 에너지화학공학과, 신소재공학과, 환경공학과, 바이오화학공학과
- ▶ **의약계열** : 약학과, 의생명화학전공

학생부 교과세특 예시

산과 염기에 대해 학습한 후 산성비에 대해 관심을 갖고 조사하여 탐구 보고서를 제출하였음. 대기 중 이산화탄소 농도에 의해 비는 기본적으로 산성을 띤다는 것을 새로이 알게 되었으며, 대기오염물질이 공기 중에 많이 존재할 경우 자연적인 비보다 더욱 낮은 pH를 가지고 내릴 수 있다는 사실을 설명하였음. 이렇게 형성된 산성비는 땅에 내리면 토양 산성화, 하천에 내리면 물의 산성화를 발생시키고 건물이나 조각을 부식시킬 수 있음을 산성 물질의 반응성을 통해 설명하였음. 더 나아가 대리석은 예쁘지만 산성비와 잘 반응하니 손상의 위험이 있음을 과학적 원리를 통해 설명함.

교과서 찾아보기

📖 **지학사 46~53쪽**
- 우리 주변에서 이용하는 산과 염기의 특징 조사하기
- 산과 염기를 혼합할 때 용액의 온도를 측정하여 그래프로 나타내기
- 생활 속에서 중화 반응을 이용하는 사례 조사하기

📖 **천재 48~59쪽**
- 산과 염기의 성질
- 산과 염기를 혼합했을 때의 변화 관찰하기
- 이산화탄소를 저장하는 중화 반응

📖 **비상 38~45쪽**
- 산과 염기의 성질 관찰
- 산과 염기를 혼합할 때 나타나는 온도와 액성 변화 관찰
- 근대에 만들어진 종이 보존하기

5. 물질 변화에서 에너지의 출입

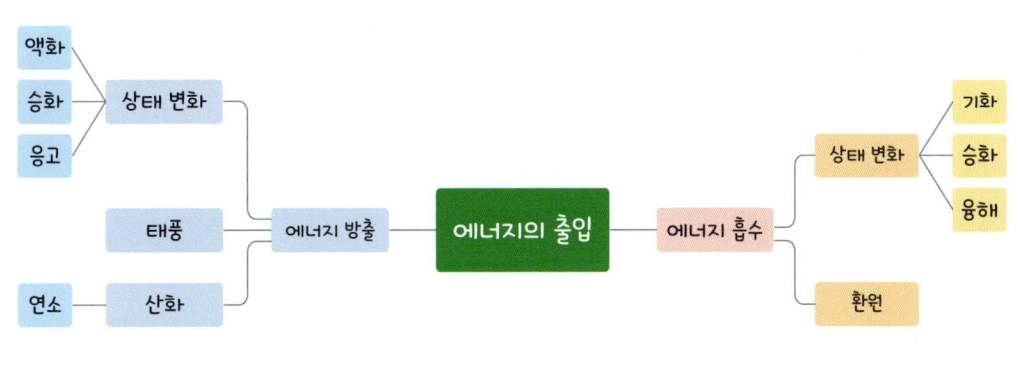

성취 기준 【10통과2-01-05】생활 주변에서 에너지를 흡수하거나 방출하는 현상을 찾아 에너지의 흡수 방출이 우리 생활에 어떻게 이용되는지 토의할 수 있다.

학습 개요 지구 시스템에서 전 지구적 에너지 순환과 물질 순환이 발생할 때, 물질의 상태 변화나 화학 반응에 의한 에너지의 출입이 일어난다. 이 과정에서 에너지가 흐르면서 지구의 에너지 불균형을 해소하게 된다. 작게는 일회용 손난로나 빵에서부터 크게는 대기 대순환과 태풍까지, 에너지의 출입은 우리의 일상생활, 날씨 등과 밀접한 관계가 있다. 이 단원에서는 물리 및 화학 변화가 발생할 때의 에너지의 이동과 활용에 대해 학습한다.

개념 제시 물질 변화, 물리 변화, 상태 변화, 화학 변화, 기화, 액화, 응고, 융해, 승화

생각 열기 어빙 랭뮤어(1881~1957)는 1932년 서로 다른 물질이 맞닿는 면에 관한 연구인 계면화학 분야에서의 공헌으로 노벨 화학상을 수상했다. 물질의 상태는 흔히 고체, 액체, 기체로 알려져 있었으나, 1800년대 후반 윌리엄 크룩스(1832~1919)가 처음으로 방전관에서 물질의 네 번째 상태를 발견했고, 어빙 랭뮤어가 이를 '플라스마'라고 명명했다. 플라스마는 고온으로 가열되어 핵과 전자가 분리되어 전리된 채 이온과 전하가 균형을 이루는 덩어리라고 볼 수 있다. 이 덩어리 전체는 전기적으로는 중성이다.

관련 이슈 (물질의 상태 변화 촬영) '풀러렌'은 세계에서 매우 비싼 물질 중 하나로, 실제로 거래가 일어나기 힘든 반물질을 제외하면 가장 높은 가격을 자랑한다. 풀러렌은 신소재 중 그래핀과 관련이 깊은데, 탄소 동소체 중 하나로 얇은 한 겹의 그래핀을 공 모양으로 결합한 형태이다. 기초과학연구원과 울산과학기술원은 전자 빔에서도 안정적인 풀러렌을 활용해, 물질이 고체에서 액체로 바뀌는 순간을 처음으로 촬영하는 데 성공했다. 이는 약물의 체내 흡수 등 나노 물질 융해 분야에 활용될 수 있을 것으로 보인다.

개념 이해

(물질의 상태 변화) 물질의 상태 변화는 물질 변화 중 물리 변화에 속한다. 물질의 상태에는 고체, 액체, 기체, 플라스마가 있으며 고체가 융해될 때, 액체가 기화될 때, 고체가 승화할 때, 기체가 플라스마가 될 때 에너지를 흡수한다. 반대의 경우에는 에너지를 방출해 주변에 열에너지를 공급한다.

(화학 변화) 물질 변화 중 화학 변화가 일어날 때도 에너지가 출입한다. 연소, 중화 반응이 일어나면 주변에 열을 방출하는 것이 그 예이다. 물과 이산화탄소를 활용해 포도당을 만들 때는 에너지를 흡수하고, 포도당을 분해해 물과 이산화탄소를 만들 때는 에너지를 방출한다. 일반적으로 결합할 때는 에너지를 흡수하고, 분해될 때는 에너지를 방출한다.

(에너지 수송) 온대 저기압, 태풍, 대기 대순환 등은 저위도의 에너지를 고위도로 수송하는 역할을 한다. 태풍의 경우, 바다가 태양 에너지를 흡수해 기화하며 열에너지를 흡수하고, 수증기가 물로 응결할 때 저장되었던 에너지는 주변에 방출되어 바람을 가속시킨다. 이러한 태풍은 고위도로 이동해 자신이 가진 에너지를 주변에 방출하고 소멸한다.

탐구 주제 1 더운 여름철에 도로에 물을 뿌리면 물이 기화하며 에너지를 흡수해 기온이 하강한다. 일회용 손난로 속의 철은 산화하며 열을 발생시킨다. 살수 장치를 가동하면 물이 얼 때 방출하는 에너지로 주변 온도를 상승시켜 식물이 냉해를 입지 않는다. 이글루를 비롯해 에너지 출입을 이용하는 사례를 찾아보자.

탐구 주제 2 조선시대에는 동빙고, 서빙고 등 석빙고에 겨울철에 채취한 얼음을 여름까지 보관했다. 석빙고는 환기 시스템을 통해 더운 공기를 내보내 내부 온도를 낮게 유지했으며, 녹은 물이 잘 흘러 빠져나가는 구조로 되어 있었다. 이러한 구조가 온도를 낮추는 원리를 알아보자.

개념 응용

자료 설명

물과 산화칼슘을 활용해 음식을 조리하는 과정을 나타낸 그림이다.

탐구 주제

석회라고 불리는 산화칼슘은 물과 반응하면 수산화칼슘을 형성하며 주변에 열을 방출한다. 이 열은 상당한 고온으로 음식을 조리할 수도 있다. 석회의 에너지 방출 현상을 활용하는 다른 예들을 조사해 보자.

추천 도서

기상 예측 교과서(후루카와 타케히코 외 1명, 신찬 역, 보누스, 2020)

구름, 비, 바람, 눈, 태풍, 장마 등의 기상 현상은 물의 순환, 물의 상태 변화에 따른 에너지의 출입과 깊은 관계가 있다. 태양 에너지에 가열되어 바닷물이 증발하면 수증기가 형성되고, 이 수증기가 응결하면 열대 저기압이 태풍으로 발달하게 된다. 에너지의 출입에 따른 물의 상태 변화를 우리의 일상생활과 밀접한 기상과 엮어 탐구하기에 적절한 책이다. 누구나 기상학을 이해할 수 있도록 쉽게 설명해 일기 예보 이해의 기초를 닦을 수 있다.

탐구 주제 1 봄이나 가을에는 새벽 기온이 크게 하강하며 일교차가 커진다. 특히 날씨가 맑은 날에는 일교차가 더욱 커지고, 날씨가 흐린 날에는 일교차가 비교적 작아진다. 날씨가 흐린 날 일교차가 작아지는 원리를 지구 복사 에너지의 측면과 수증기의 응결 측면으로 나누어 탐구해 보자.

탐구 주제 2 태풍은 태양 에너지를 흡수한 수증기가 응결하며 방출하는 에너지에 의해 바람이 가속되어 발생하며, 수증기가 많을수록 세력이 커진다. 이러한 태풍은 무역풍과 편서풍을 따라 북상하다가 결국 소멸하게 되는데, 태풍이 소멸하는 원리를 물질의 에너지 출입과 관련지어 탐구해 보자.

하루 한 권, 화학 열역학(사이토 가쓰히로, 정혜원 역, 드루, 2023)

과학에 갓 입문하려는 사람이 열역학이라는 말을 들으면, 과학과의 거리감이 커지고 벽에 가로막힌 느낌이 들 수 있다. 이 책은 어려운 설명은 최대한 덜어내고 교양을 쌓을 수 있는 수준의 일상 과학으로서 열역학 지식을 전달한다. 열에너지에 의해 형성된 증기가 기관차를 움직이는 원리, 분자의 결합 에너지 등 다양한 화학 반응에 대해 알기 쉽게 정리했다. 너무 어려운 부분은 빼더라도, 10장의 상태 변화와 에너지 파트는 〈통합과학2〉와의 관련 분야로 읽고 탐구할 수 있는 책이다.

탐구 주제 1 역학적 에너지에서 중력 퍼텐셜 에너지 혹은 위치 에너지는 어떤 위치의 물체가 중력에 대해 갖고 있는 에너지이다. 이러한 퍼텐셜 에너지의 개념은 중력장뿐만 아니라 전기장, 자기장 등에도 적용되며 화학에서도 사용된다. 열의 출입과 관련해 화학 퍼텐셜 에너지에 대해 탐구해 보자.

탐구 주제 2 원자는 결합해 분자를 형성할 때 에너지를 흡수한다. 이러한 결합에는 이온 결합, 공유 결합 등이 있다. 이온 결합으로 형성된 물질과 공유 결합으로 형성된 물질은 용해도, 전기 전도도, 구성 원소 등에서 차이점이 있다. 이온 결합과 공유 결합의 에너지 출입에 대해 탐구해 보자.

추천 논문

열전소자 물성에 미치는 폼팩터 효과(최민건, 국립한밭대학교 산업대학원, 2024)

열전소자란 열에너지와 전기 에너지를 변환할 수 있는 소자를 말한다. 펠티에 소자는 전류를 흘리면 한쪽은 열에너지를 흡수해 주변을 냉각시키고, 다른 한쪽은 열에너지를 방출해 주변을 가열한다. 역으로 이 소자에 열을 가하면 전류를 발생시키는 제베크 효과(Seebeck Effect)가 나타나기도 한다. 이 논문에서는 열전소자의 물성에 따른 성능을 비교해 제시한다.

 탐구 주제 — 펠티에 소자는 전류가 흐르면 한쪽은 가열되고, 한쪽은 냉각된다. 이 원리를 이용해 전자제품 등 냉각이 필요한 경우에 많이 활용되곤 했다. 과거에는 컴퓨터에도 사용되었는데, 전자제품 냉각에 펠티에 소자를 사용할 때 생기는 문제점을 수증기 냉각과 관련지어 탐구해 보자.

선택 과목 연계 학습 및 전공 가이드

◆ **선택 과목 연계 학습**

선택 과목		학습 안내
진로 선택	물질과 에너지	열의 출입보다는 물질의 세 가지 상태의 관계를 학습하는 단원이다. 분자 간 상호작용으로 물질이 고체, 액체, 기체의 서로 다른 상태로 존재할 수 있음을 학습한다.
관련 단원	1. 물질의 세 가지 상태	

◆ **전공 가이드**

화학의 기본인 물질에 대해 다루는 단원이다. 화학과 관련된 학과에 진학하고자 한다면 대학 물리학과의 연계성을 고려해 선택하는 것이 좋다.

- ▶ **자연계열** : 화학과, 물리학과, 대기학과, 화학및의화학과, 에너지화학과, 응용물리학과, 환경화학과
- ▶ **공학계열** : 화학공학과, 신소재공학과, 환경공학과, 바이오나노공학과
- ▶ **교육계열** : 화학교육과, 물리교육과, 지구과학교육과
- ▶ **예체능계열** : 화장품발명디자인전공

◆ **선택 과목 연계 학습**

선택 과목		학습 안내
진로 선택	고급 화학	에너지 보존 법칙을 통해 계 내에서 에너지의 변화를 일과 관련지어 학습하는 단원이다. 〈고급 화학〉의 3단원뿐만 아니라 4단원과도 연계해 화학에서의 에너지에 대해 학습할 수 있다.
관련 단원	3. 물질의 변화와 에너지	

◆ **전공 가이드**

〈화학〉 교과에서는 '오비탈과 에너지' 파트가 빠졌기 때문에 해당 분야에 대한 지식을 쌓기 위해서는 〈물질과 에너지〉, 〈고급 화학〉을 학습해 대학에서 활용할 기초 지식을 쌓아야 한다.

- ▶ **자연계열** : 화학과, 물리학과, 생화학과, 재료화학과, 응용물리학과, 나노과학과
- ▶ **공학계열** : 화학공학과, 환경공학과, 생명화학공학과, 재료공학과, 에너지공학과
- ▶ **의약계열** : 한의예과, 의예과, 간호학과, 수의예과, 의화학전공
- ▶ **교육계열** : 화학교육과

◆ 선택 과목 연계 학습

선택 과목	학습 안내	
진로 선택	역학과 에너지	물리학의 〈역학과 에너지〉 중 '열과 에너지' 단원은 화학과 관련이 깊다. 열역학이라는 공통 분야에 대해 학습하며, 열에 의해 물질의 상태 변화가 나타나는 사실을 학습한다.
관련 단원	2. 열과 에너지	

◆ 전공 가이드

〈역학과 에너지〉는 다양한 공학 분야에 진출하고자 한다면 선택해야 할 과목이다. 열기관의 원리, 에너지의 출입 등 열역학과 관련되어 공학 분야에 대한 기초 지식을 배울 수 있다.

- ▶ **사회계열** : 과학기술정책학과, 환경정책학과, 경제학과, 국제학부
- ▶ **자연계열** : 화학과, 물리학과, 재료과학과
- ▶ **공학계열** : 화학공학과, 신소재공학과, 전자공학과, 환경공학과, 기계공학과, 항공우주공학과, 에너지공학과
- ▶ **교육계열** : 화학교육과, 물리교육과
- ▶ **예체능계열:** 산업디자인학과, 환경디자인학과, 미디어아트학과

학생부 교과세특 예시

평소 현상을 관찰하고 파악하여 과학적으로 사고할 수 있는 능력이 뛰어난 학생임. 봄, 가을철이 되면 일교차가 커져 각종 질환에 시달리는 친구들을 관찰한 후, 같은 계절 내에서도 일교차가 크게 변화하는 원인에 대해 탐구하고 그 결과를 발표하였음. 지구 복사 에너지와 수증기의 응결을 주원인으로 꼽았음. 맑은 날에 비해 흐린 날은 수증기가 응결해 구름이 형성되기 때문에 응결열이 방출돼 비교적 따뜻하며, 구름이 지구 복사 에너지가 외권으로 빠져나가는 것을 방지하는 이불 역할을 하여 추운 밤에도 비교적 온도를 유지하여 일교차가 작아지는 원리를 설명함.

교과서 찾아보기

📖 **지학사 54~59쪽**
- 물질의 상태 변화와 주위의 온도
- 변화가 일어날 때 출입하는 에너지와 이용 원리와 사례 찾기
- 가열 장치 없이 음식을 조리하는 방법 설계하고 실험하기

📖 **동아출판 50~53쪽**
- 에너지를 방출하는 반응과 흡수하는 반응
- 생활 주변에서 에너지를 흡수하거나 방출하는 현상 찾아보기
- 가열 장치 없이 물과 산화칼슘을 이용하여 음식 조리하기

📖 **비상 46~51쪽**
- 단어 찾기 놀이하기
- 에너지가 출입하는 현상을 이용한 사례 탐색
- 물과 산화칼슘을 이용한 음식 조리 방법 설계 및 실험

II

환경과 에너지

1. 생물과 환경

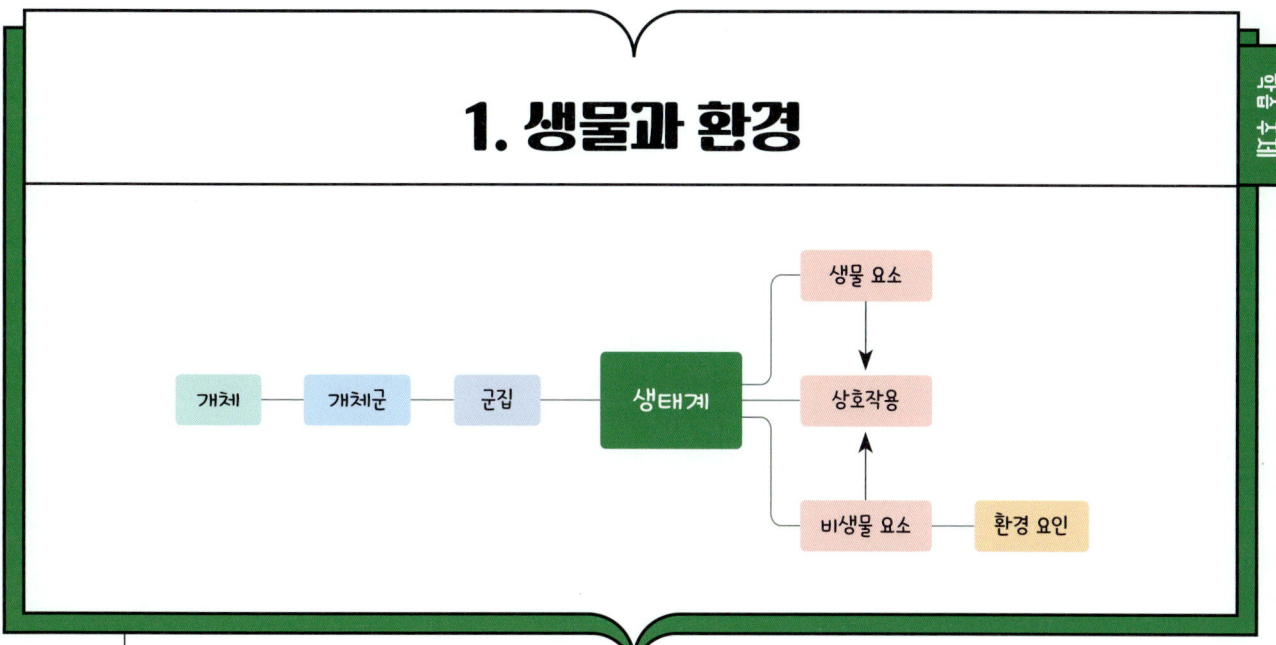

성취 기준 【10통과2-02-01】 생태계 구성 요소를 이해하고 생물과 환경 사이의 상호 관계를 설명할 수 있다.

학습 개요 같은 종의 개체가 모여 개체군이 되고, 개체군이 모여 서로 다른 종이 섞여 사는 군집이 된다. 이러한 군집의 구성원들은 환경과 상호작용하며 살아가는데, 이를 생태계라고 한다. 생태계는 생물 요소와 비생물 요소로 나눌 수 있다. 생물 요소는 생산자, 소비자, 분해자가 상호작용하며 살아가고, 비생물 요소는 환경 요인을 나타낸다. 생물 요소는 빛, 온도, 물, 토양, 공기 등 비생물 요소와 상호작용하고 이에 적응하며 살아간다.

개념 제시 개체, 개체군, 군집, 생태계, 생산자, 소비자, 분해자, 비생물 요인, 울타리 조직, 적응

생각 열기 에른스트 헤켈(1834~1919)은 '생태학(ecology)'이라는 용어를 처음 사용한 독일의 생물학자이다. 계통분류학, 생태학 등의 분야에서 많은 연구 업적을 남겼으며, 철학자, 의사 및 화가로서도 활동하며 니체와 함께 철학 저서를 남기기도 했다. 1천여 종에 달하는 종을 새로 발견해 명명하는 등 왕성하게 활동하며, 찰스 다윈의 진화론을 독일에 전파하는 데 기여했다. 반복발생설을 주장하기도 했지만, 반복발생설에 사용된 그림은 저자의 의도가 개입되어 조작으로 판명되었다.

관련 이슈 (생태계 서비스 가치) '생태계 서비스 가치'란 생태계가 인간에게 주는 모든 혜택을 가치로 추산한 것이다. 해양수산부가 발표한 우리나라 갯벌의 생태계 서비스 가치는 2020년을 기준으로 17조 8,121억 원에 달했다. 대륙붕이 넓게 발달하고 조수간만의 차이가 커서 갯벌이 잘 발달되어 있어 갯벌에서 낙지, 바지락 등 수산물을 채취할 수 있다. 또한 해양의 오염물질을 정화하고 자연재해의 피해를 줄여주기도 하며, 탄소를 저장하기도 한다. 이 조사를 통해 우리나라 갯벌의 중요성이 더욱 부각되었다.

개념 이해

(생물 요소) 생태계 구성 요소 중 생물 요소는 생산자, 소비자, 분해자로 이루어진다. 생산자는 광합성을 통해 태양 에너지를 저장하고, 소비자는 다른 생물을 먹이로 삼아 양분을 흡수한다. 분해자는 다른 생물의 유해나 배설물을 분해해 양분을 얻는다. 이들은 상호작용하며 생태계의 일부를 이루고 있음을 아는 것이 중요하다.

(비생물 요소) 비생물 요소는 빛, 온도, 토양, 물, 공기 등 환경 요인들이다. 생물들은 비생물 요소와 서로 영향을 주고받으며 생태계를 유지한다. 낙엽이 쌓이고 분해되어 토양이 비옥해지거나, 초식동물이 식물의 씨앗을 퍼뜨리는 등 비생물 요소와 생물 요소는 상호작용한다. 환경 요인의 변화는 생물에게 환경압으로 작용해 멸종이나 진화를 촉진하기도 한다.

(온도와 생물) 온도에 따라 특정 지역에 서식하는 생물의 덩치, 말단부의 크기가 달라진다. 추운 곳에 사는 생물은 덩치가 클수록 덩치에 비해 표면적이 작아져 체온 유지와 생존에 유리하다. 또한 귀 등 신체 말단부의 크기가 작아져 열 손실을 막는다. 이는 생물이 해당 지역의 기후에 적응해 진화한 결과이다.

탐구 주제 1 식물의 잎을 관찰하면 앞면과 뒷면의 색이 서로 다른 것을 볼 수 있다. 햇빛을 많이 받는 앞면에 울타리 조직이 발달해 광합성을 활발히 하기 때문이다. 반면 뒷면에만 나타나는 조직도 있는데, 현미경을 통해 식물의 잎을 관찰하고 그 차이점을 탐구해 보자.

탐구 주제 2 고산 지대에 사는 사람은 산소가 희박해 저지대에 사는 사람들보다 혈액 속 적혈구의 수가 많이 나타난다. 이 때문에 고산 지대의 사람들은 많은 산소를 필요로 하는 육상 경기에서 뛰어난 두각을 나타내기도 한다. 환경 요인이 스포츠에 영향을 미친 사례를 탐구해 보자.

개념 응용

자료 설명

물이 많은 지역과 적은 지역에 맞추어 적응한 생물의 모습을 나타낸 그림이다.

탐구 주제

사막 등 건조한 지역에 서식하는 식물은 잎이 가늘다. 이는 물의 증발을 최소화해 물을 저장하기 위해서이다. 물에서 서식하는 식물은 잎이 넓고 통기 조직이 발달하기도 한다. 이외에도 서식 환경 속 물의 유무에 따라 다르게 나타나는 생물의 특성을 탐구해 보자.

추천 도서

독도의 해양 생태계 및 국제관계(김기태, 희담, 2023)

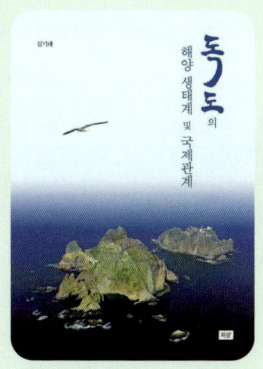

독도가 우리 땅이라는 사실 외에 독도에 대한 다양한 지식을 가진 사람들은 많지 않다. 이 책은 독도가 생태학적 측면에서 왜 중요한지 알고, 역사적 사실을 통해 독도에 대해 자세히 탐구할 수 있도록 도와준다. 기후 요인, 해류 등 독도의 비생물 요인부터 독도에 사는 다양한 생물군을 소개하며, 독도의 생태계를 이루는 다양한 요인에 대해 설명해 준다. 또한 독도가 우리 땅인 이유, 독도와 관련된 다양한 역사적 사실과 국제관계를 상세히 설명해 융합형 인재가 탐독하기에 적합한 책이다.

탐구 주제 1 과거에 독도에 살았으나 멸종한 생물들 중 대표적인 예로 강치를 꼽을 수 있다. 강치 이외에도 호랑이, 늑대, 여우 등 한국의 많은 야생 동물들이 멸종하거나 멸종 위기에 처했는데, 이는 일제강점기의 '해수구제' 사업 때문이었다. 이러한 멸종 생물들의 복원 프로젝트를 찾아 조사하고 복원의 원리를 탐구해 보자.

탐구 주제 2 독도와 울릉도 주변에는 이른바 '황금어장'으로 불리는 조경 수역이 형성된다. 이곳에서는 북한한류와 동한난류가 만나 한류성 어종과 난류성 어종이 모두 잡힌다. 이러한 경제적 이점의 이유를 포함해 일본은 독도를 자기네 영토라고 주장하고 있다. 독도가 우리 땅이라는 증거를 조사해 보자.

생태로 보는 우포늪 이야기(국립생태원, 국립생태원, 2024)

우포늪은 천연기념물이자 람사르 협약에 의해 지정된 람사르 습지이다. 대한민국 내륙의 최대 습지로, 철새를 비롯한 다양한 생물의 쉼터이자 보금자리이며, 생태계의 보고로 매우 중요한 역할을 하고 있다. 이 책은 우포늪 습지에 살고 있는 다양한 생물들을 소개하고 우포늪의 기능들을 설명한다. 탄소의 저장고, 생태계와 생물 다양성의 보전 등 습지의 보전을 위해 힘써야 하는 이유들을 조목조목 제시한다. 교과서에 등장하는 생태계 보전의 사례를 탐구하고자 할 때 유용한 책이다.

탐구 주제 1 람사르 협약은 습지의 보전과 지속 가능한 이용을 위한 국제 협약이다. 초기에는 가입국이 적었으나, 현재는 169개국이 가입해 습지 생태계 보전에 힘쓰고 있다. 우리나라는 용늪을 시작으로 우포늪 등 다양한 습지가 람사르 습지로 지정되었다. 우리나라의 람사르 습지에 대해 탐구해 보자.

탐구 주제 2 습지는 단순히 물의 저장소만이 아니라 많은 기능을 수행한다. 생태계 서식지를 제공함은 물론, 탄소 저장고의 역할도 수행한다. 《생태로 보는 우포늪 이야기》에서는 습지의 7가지 기능을 소개하고 있다. 습지가 제공하는 기능을 조사하고, 습지의 탄소 저장 능력에 대해 탐구해 보자.

추천 논문

생태계 교란 식물 마늘냉이의 확산과 분포 특성 (이연지 외 2명, 한국환경생물학회, 2024)

마늘냉이(Alliaria petiolata)의 국내 분포와 삼척 지역에서의 확산 특성을 조사한 연구를 다룬 논문이다. 해당 연구는 마늘냉이가 생태계에 부정적인 영향을 미치는 외래종으로, 적절한 제어 조치가 없을 경우 등산로를 따라 낙엽활엽수림으로 확산이 가속화될 가능성을 경고하며, 이 논문이 관리 방안을 마련하는 데 기초 자료로 활용될 수 있음을 강조한다.

탐구 주제
외래종의 확산이 위험한 이유는 생태 환경을 물리적·생태적으로 변화시켜 기존 생물들의 생존을 위협하기 때문이다. 마늘냉이의 확산을 막아야 하는 이유를 찾아보고, 외래종의 확산이 사회적·경제적으로 인간 사회에 미치는 영향을 탐구해 보자.

선택 과목 연계 학습 및 전공 가이드

◆ 선택 과목 연계 학습

선택 과목	학습 안내	
일반 선택	생명과학	〈통합과학〉에서는 생태계에 대해 간단히 배우고, 〈생명과학〉에서 생태계의 구조와 구성 요소를 상세히 학습한다. 개체군과 군집이 갖는 특성을 통해 이들의 상호작용을 이해한다.
관련 단원	1. 생명 시스템의 구성	

◆ 전공 가이드

생명과학 분야에서도 생태학과 관련된 내용이 주를 이룬다. 생물학, 생태학 등과 관련된 학과에 진학하고자 할 때 선택해야 하는 과목이다.

- ▶ **사회계열** : 환경정책학과, 지속가능발전학과
- ▶ **자연계열** : 생물학과, 생태학과, 지구시스템학과, 지구환경과학과, 응용생물학과, 환경생태학과, 산림자원학과
- ▶ **공학계열** : 생물공학과, 환경공학과, 생명환경공학과, 바이오환경공학과, 도시환경공학과, 에코에너지공학과
- ▶ **교육계열** : 생물교육과
- ▶ **예체능계열** : 환경디자인학과, 생태예술학과

◆ 선택 과목 연계 학습

선택 과목	학습 안내	
융합 선택	기후 변화와 환경 생태	꿀벌, 수생태계 등 생태계와 관련된 내용을 통해 생물 다양성의 중요성을 학습한다. 이와 함께 생태계에 영향을 주는 요인들 중에서 기후 변화를 중점적으로 학습한다.
관련 단원	2. 기후 위기와 환경 생태 변화	

◆ 전공 가이드

기후 변화를 발생시키는 요인을 학습하고 실제 사례들과 함께 다루며 생각해 볼 수 있는 내용이다. 생명, 환경, 지구 시스템 관련 학과에 진학하고자 할 때 유용하다.

- ▶ **자연계열** : 생물학과, 생태학과, 지구시스템학과, 지구환경과학과, 응용생물학과, 대기과학과, 환경과학과

▶ **공학계열** : 생물공학과, 지구시스템공학과, 에코에너지공학과
▶ **교육계열** : 생물교육과, 지구과학교육과

✦ 선택 과목 연계 학습

선택 과목		학습 안내
진로 선택	생명과학 실험	생태계와 관련해 〈통합과학〉, 〈생명과학〉에서 배운 지식을 직접 관찰하고 실험하는 내용으로 구성되어 있다. 군집의 조사 방법, 생태계 관찰 방법, 개체군의 생장 곡선 등을 학습한다.
관련 단원	4. 환경과 생태계	

✦ 전공 가이드

이론으로 배운 〈생명과학〉의 내용을 실제로 적용하고 실습할 수 있는 과목이다. 자연을 관찰하는 방법에 대한 학습은 이후 생물학 분야로 진출하는 데 밑거름이 될 수 있다.

▶ **자연계열** : 생물학과, 생태학과, 응용생물학과, 환경생명과학과, 해양생명과학과, 바이오환경학과, 산림자원학과
▶ **공학계열** : 생물공학과
▶ **교육계열** : 생물교육과

학생부 교과세특 예시

'생태계와 환경 변화' 단원을 학습한 후 환경 변화에 대처하는 방법을 탐구하여 보고서를 작성함. 에너지 낭비를 줄이는 습관 등 개인적 차원의 대처 방법으로 시작하여 국가 단위, 국가 간의 국제 협약으로 점점 큰 대체 방안들을 제시하였음. 그중 람사르 습지에 관심을 갖고 '생태로 보는 우포늪 이야기(국립생태원)'를 읽고 내용을 정리함. 람사르 협약의 내용에 대해 간결히 전달한 후 우포늪이 갖는 생태적 가치에 중점을 두고 역설한 점이 인상 깊음. 용늪, 우포늪 등의 습지는 다양한 생물의 터전일 뿐만 아니라 많은 양의 탄소를 저장하는 능력이 있음을 깨달았다고 설명하였음.

교과서 찾아보기

📖 **지학사 72~77쪽**
- 생태계의 구성 단계
- 내가 가보고 싶은 곳의 생태계 조사하기
- 생물과 환경이 주고받는 영향 찾아보기

📖 **미래엔 72~75쪽**
- 생태계 구성 요소 구분하기
- 비생물 요소가 생물 요소에 미치는 영향
- 생물과 환경의 상호 관계 알아보기

📖 **동아출판 66~69쪽**
- 생태계를 구성하는 요소 분류하기
- 생물 환경과 비생물 환경
- 생태계 구성 요소와 상호작용 구분하기

2. 생태계 평형

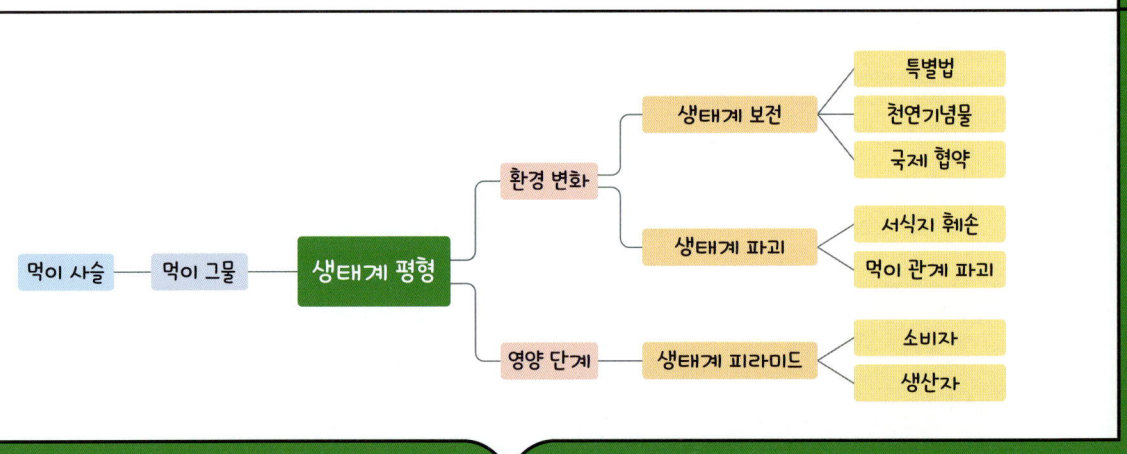

성취 기준 【10통과2-02-02】 먹이 관계와 생태 피라미드를 중심으로 생태계 평형이 유지되는 과정을 이해하고, 환경의 변화가 생태계에 미칠 수 있는 영향에 대해 협력적으로 소통할 수 있다.

학습 개요 생태계를 구성하는 생물 요인 중 생산자부터 최종 소비자까지 나타나는 먹이 관계를 사슬 모양으로 길게 나타낸 것을 '먹이 사슬'이라고 한다. 이러한 먹이 사슬이 복잡하게 얽힌 것을 '먹이 그물'이라고 하며, 영양 단계에 따라 상대적인 양을 나타낸 것을 '생태 피라미드'라고 한다. 생물 다양성이 크고 먹이 그물이 복잡할수록 안정적인 생태 피라미드를 이루는데, 환경 변화는 이런 생태계를 불안정하게 만드는 요인이 된다.

개념 제시 먹이 사슬, 먹이 그물, 생태 피라미드, 생태계 평형, 생산자, 소비자, 생태계 보전

생각 열기 알자히즈(776~868)는 현대 과학이 탄생하기 수백 년 전 중동의 과학자이자 철학자로, 현대인이 보아도 놀라울 만큼의 추론들을 많이 남겼다. 가장 대표적인 것으로, 찰스 다윈보다도 약 1000년 더 빠르게 진화론의 개념을 제시했다. 비록 현대 과학만큼 정교하지는 못했지만 환경적인 요인이 생물의 새로운 특징을 발전시킨다고 주장하는 등 진화론에 대한 발상 자체에 의의가 있다. 또한 생태계와 관련해서는 '먹이 사슬'이라는 용어를 처음 사용해 피식자와 포식자의 먹이 연쇄를 표현했다.

관련 이슈 (**생물 농축**) 먹이 사슬을 따라 생태계의 하위 생명체에서 상위 생명체로 갈수록 중금속 등 다양한 물질의 농축이 발생한다. 남세균에서부터 시작된 신경독의 생물 농축에 의해 맹금류가 떼죽음을 당한 일도 있었다. 인간은 현재 최상위 포식자로서, 이와 유사한 생물 농축의 위험에 노출되어 있다. 과거에 수은 축적으로 인한 미나마타병이나 카드뮴에 의해 발생한 이타이이타이병이 잘 알려져 있다. 이러한 병들이 공장에서 무단 방출하는 폐수의 위험성을 알리는 계기가 되어 공해병의 심각성이 널리 알려졌다.

개념 이해

(먹이 그물) 먹이 그물은 먹이 사슬이 복잡하게 얽혀 있는 형태로 나타난다. 생산자부터 최종 소비자까지 얽혀 있는 먹이 사슬이 복잡할수록 생태계는 안정적으로 유지된다. 먹이 그물이 복잡하게 얽힌 생태계의 경우, 어느 생물이 어떠한 요인으로 사라지더라도 대체할 수 있는 피식-포식 관계가 생태계를 안정적으로 유지해 주기 때문이다. 따라서 지구 환경을 지키기 위해서는 생물 다양성의 확보가 매우 중요하다고 할 수 있다.

(생태 피라미드) '생태 피라미드'란 생물량, 개체수, 에너지양 등을 활용해 생산자부터 최종 소비자까지 상대적인 값으로 피라미드 모양으로 그려내는 양식이다. 안정되고 복잡한 먹이 그물을 가진 생태계는 아랫부분이 크고 위로 갈수록 작아지는 형태를 보여준다. 안정적인 생태 피라미드를 가진 생태계는 환경 변화 등 외부 요인에 의해 생태계의 평형이 깨지더라도 금세 안정성을 찾고 회복된다. 이는 생물 다양성과 생태계가 보전되어야 하는 이유이다.

(생태계 평형) 생태계 내에서 군집의 구성, 개체수, 물질의 양, 에너지의 흐름 등이 균형을 이루는 상태를 '생태계 평형'이라고 한다. 생태계 평형은 생태계를 구성하는 생물들의 먹이 관계로 유지되는데, 먹이 그물이 복잡할수록 안정적으로 유지된다.

탐구 주제 1 어느 지역의 생태계 평형이 무너졌을 때 인간은 새로운 동물을 데려와 생태계 안정성을 찾고자 시도한 경우가 있다. 호주에 토끼 사냥용으로 데려온 여우의 사례, 미국 옐로스톤 공원에 풀어둔 늑대의 사례를 살펴보고, 이러한 인위적인 생태계 평형 유지의 노력이 부정적인 영향이나 긍정적인 영향을 끼친 경우에 대해 탐구해 보자.

탐구 주제 2 과거 시베리아 생태계에서는 매머드가 매우 중요한 위치를 차지하고 있었다. 최근에는 영구 동토층에서 발견된 매머드의 미라를 통해 매머드를 복원하려는 시도가 있었다. 이에 대해 조사해 생물 다양성의 측면, 코끼리와 생명 윤리에 대한 측면, 매머드 재멸종 등을 고려해 탐구해 보자.

개념 응용

자료 설명

어느 생태계의 생산자, 1차 소비자, 2차 소비자로 구성된 생태 피라미드를 나타낸 그림이다.

탐구 주제

생태 피라미드는 생물량, 개체수, 에너지양 등으로 나타낼 수 있으며, 모두 유사한 형태로 그려진다. 아래가 넓고 위로 갈수록 좁아지는 형태일 때 생태계가 안정적이다. 왼쪽 그림과 같이 식물, 토끼, 독수리로 구성된 생태 피라미드가 불안정해질 수 있는 조건에 대해 탐구해 보자.

추천 도서

침묵의 봄 (레이첼 카슨, 김은령 역, 에코리브르, 2024)

생태학과 관련해 가장 널리 알려진 책으로, 살충제인 DDT의 위험성을 알리고 먹이 사슬을 따라 생물 농축이 발생할 수 있음을 경고했다. '침묵의 봄'이란 제목에는 DDT에 의해 발생한 생물 농축으로 생태계가 파괴되어 봄이 와도 새가 울지 않는다는 뜻이 담겨 있다. 물론 현대에 와서 DDT의 발암 유해성이 많은 비난을 받고 있지만, 생물 농축과 환경 문제에 대해 생각해 볼 수 있는 계기가 되는 책이라는 점에서 많은 사람들에게 읽히고 있다.

탐구 주제 1 DDT는 2군 발암 물질 중 하나로 발암 가능성이 있을 것으로 추정될 뿐, 실제로 인간에게 암을 유발하는지는 증명된 바가 없다. DDT는 내분비 교란 물질이기는 하지만 인체에 지대한 영향을 주지는 않는 것으로 드러나기도 했다. DDT가 실제로 사람에게 어떤 영향을 주는지 조사해 보자.

탐구 주제 2 DDT는 인체에 큰 영향을 주진 않더라도 살충제로 쓰여 많은 곤충을 박멸했다. 모기 개체수를 감소시켜 말라리아 감염에서 많은 사람을 구했지만, DDT와 같은 살충제는 꿀벌 등의 익충까지 죽여 생태계에 악영향을 끼칠 수 있다. 농약이 생태계에 미치는 영향에 대해 탐구해 보자.

생물 다양성 쫌 아는 10대 (김성호, 풀빛, 2024)

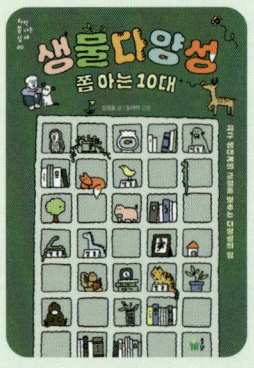

환경 변화로 인해 다채로운 생물들이 감소해 생물 다양성이 단순해지고 있음을 설명하며 생물 다양성의 중요성을 알리는 책이다. 생태계 다양성이 확보되어 복잡한 먹이 그물을 가진 생태계가 많을수록 건강한 생태계, 더 나아가 건강한 지구임을 설명한다. 기후 변화, 외래종, 서식지 감소 등 생태계 평형을 깨고 영향을 줄 수 있는 다양한 원인을 분석하며, 10대도 이해할 수 있도록 쉽게 풀어 설명해 준다. 생물, 환경 등에 관심이 있는 학생에게 추천할 만하다.

탐구 주제 1 신생대에는 속씨식물이 번성해 전 지구적으로 꽃을 피웠다. 속씨식물의 번성에는 수분(受粉)을 매개해 줄 동물들이 필요한데, 전 지구에서 대부분의 수분을 도와주는 곤충이 바로 꿀벌이다. 꿀벌이 사라졌을 때 발생하는 일에 대해 알아보고, 생물 다양성의 중요성을 탐구해 보자.

탐구 주제 2 《생물 다양성 쫌 아는 10대》(김성호)에서는 지구에서 사라지고 있는 생물의 '적색목록'을 알려준다. 급격한 환경 변화에 적응하지 못하고 개체수가 급감하는 생물들을 소개하고, 이러한 생물들의 종 보전을 돕는 방법을 설명한다. 우리나라에서 서식하는 생물들 중에서 멸종 위기 생물의 종류와 종 복원 방법을 탐구해 보자.

추천 논문

초등학생의 생태적 형평성 함양을 위한 환경 공감 교육 프로그램 개발 및 적용
(강송희, 서울교대 교육전문대학원, 2024)

이 논문에서는 초등학생을 대상으로 환경 공감 교육의 효과를 탐구한다. 생태적 형평성은 인간 중심적 관점을 넘어 인간과 비인간 간의 상호 연결성과 공존을 강조하며, 지속 가능한 생태계를 위한 책임과 배려를 포함한다. 환경 공감 교육을 통해 학생들은 인간과 생물종의 상호 의존성을 인식하고, 환경 문제를 자신의 삶으로 확장하려는 태도를 보였다.

> **탐구 주제**
> 산업혁명 이후 인류의 주요 가치관이 물질로 이동하면서 지구에 존재하는 다양한 계층 간의 불균형이 생겨났다. 인간이 비인간 생물종의 생존을 위협하는 사례들을 조사하고, 생태적 형평성을 중점으로 사례별 해결 방안을 모색해 보자.

선택 과목 연계 학습 및 전공 가이드

◆ 선택 과목 연계 학습

선택 과목		학습 안내
일반 선택	생명과학	생태 피라미드와 관련해 생태계 구성 요소 간의 에너지 흐름을 파악하는 방법을 학습한다. 아울러 생태계 구조를 이해하고 물질 순환과 에너지의 흐름을 추론하는 방법을 배운다.
관련 단원	1. 생명 시스템의 구성	

◆ 전공 가이드

생명과학 분야에서 생태학과 관련된 지식을 미리 배울 수 있다. 생물학과 및 생태학과와 관련된 모든 학과에 지원하고자 할 때 반드시 들어야 하는 과목이다.

- ▶ **자연계열** : 생물학과, 생태학과, 지구환경과학과, 응용생물학과, 환경생태학과, 산림자원학과
- ▶ **공학계열** : 생물공학과
- ▶ **교육계열** : 생물교육과

◆ 선택 과목 연계 학습

선택 과목		학습 안내
융합 선택	기후 변화와 환경 생태	환경 변화에 의한 생태계의 변화 중 기후 변화에 의한 생태계 변화에 중점을 둔 과목이다. 기후 변화가 생태 피라미드, 먹이 그물 등에 주는 영향에 대해 학습할 수 있다.
관련 단원	2. 기후 위기와 환경 생태 변화	

◆ 전공 가이드

생명과학의 분야 중 생태학과 관련된 내용이 주를 이룬다. 생물학, 생태학 등과 관련된 학과에 진학하고자 할 때 선택해야 하는 과목이다.

- ▶ **자연계열** : 생물학과, 생태학과, 지구환경과학과, 응용생물학과, 환경과학과, 대기과학과
- ▶ **공학계열** : 생물공학과, 지구시스템공학과, 환경공학과, 바이오환경공학과, 지속가능발전학과
- ▶ **교육계열** : 생물교육과, 지구과학교육과

◆ 선택 과목 연계 학습

선택 과목		학습 안내
진로 선택	생명과학 실험	〈통합과학〉, 〈생명과학〉에서 배운 생태계 관련 지식을 토대로 관찰과 실험을 수행하고 보고서 작성 방법을 학습한다. 또한 탐구 활동을 통해 생태계 구성 요소 사이의 상호작용을 확인한다.
관련 단원	4. 환경과 생태계	

◆ 전공 가이드

〈생명과학〉에서 배운 이론적 지식을 토대로 자연 관찰을 통해 탐구하는 방법을 학습한다. 관찰 및 탐구 방법의 학습은 이후 대학에서 배울 실험 활동의 밑거름이 될 수 있다.

- ▶ **자연계열** : 생물학과, 생태학과, 응용생물학과, 환경과학과, 해양생명과학과, 산림자원학과
- ▶ **공학계열** : 생물공학과, 환경공학과, 바이오환경공학과
- ▶ **교육계열** : 생물교육과, 지구과학교육과

학생부 교과세특 예시

개체군 변동 모의실험을 통해 〈통합과학〉에서 배운 내용이 실제로 어떻게 작용하는지 관찰하는 탐구 활동을 진행함. 시뮬레이션을 통해 생태계 내의 개체수 변화가 생태계에 미치는 영향을 실시간으로 확인하고, 갑작스러운 환경 변화가 발생했을 때 안정적인 생태계가 변화하고 회복하는 내용을 확인하고 보고서로 작성하여 제출하였음. 포식자가 늘면 피식자가 줄고, 이후 포식자가 줄어 피식자가 다시 늘어나는 순환 과정을 살펴보며 생태계의 순환 과정을 이해하는 모습을 보여주었음. 다만 너무 큰 변화는 생태계가 감당하지 못하고 두 생물 모두 멸종할 수 있음을 알게 되었다고 밝힘.

교과서 찾아보기

📖 미래엔 76~81쪽
- 먹이 관계가 생태계 평형에 미친 사례 분석하기
- 개체군 변동 모의실험 하기
- 환경 변화가 생태계에 미칠 수 있는 영향 알아보기

📖 동아출판 70~77쪽
- 생태 피라미드 분석하기
- 개체군 변동 모의실험 하기
- 환경 변화가 생태계에 미치는 영향 조사하기

📖 비상 66~71쪽
- 생물 사이의 먹고 먹히는 관계 표현하기
- 개체군 변동 모의실험
- 환경 변화가 생태계에 미치는 영향 탐구

3. 지구 환경 변화와 인간 생활

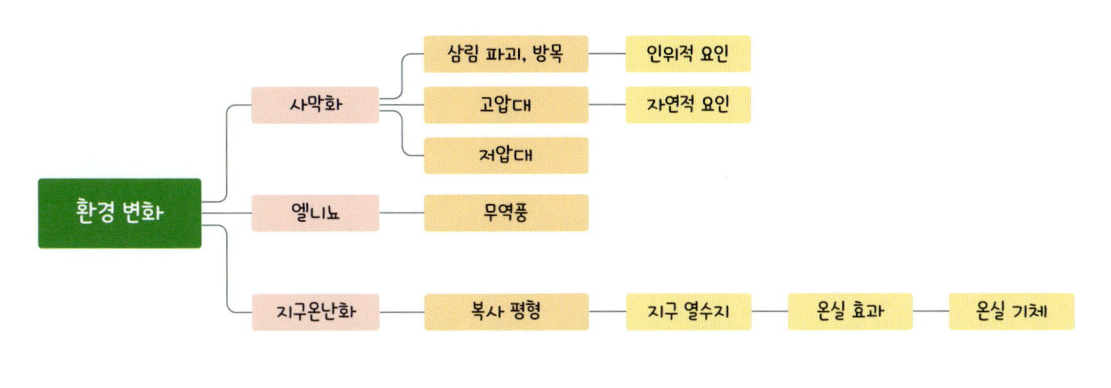

성취 기준 【10통과2-02-03】 온실효과 강화로 인한 지구온난화의 메커니즘을 이해하고, 엘니뇨, 사막화 등과 같은 현상이 지구 환경과 인간 생활에 미치는 영향과 대처 방안을 분석할 수 있다.

학습 개요 화석 연료의 사용 등으로 인한 탄소의 대기 배출은 지구의 온실효과를 강화해 지구온난화를 초래한다. 지구온난화로 평균기온이 상승하면 해수면 상승, 사막화 등에 의해 환경이 급격히 변화하게 되는데, 이 변화의 속도에 생물이 적응하지 못하면 대멸종을 피할 수 없게 된다. 또한 평상시보다 무역풍이 약해지면 엘니뇨가 발생하는데, 엘니뇨는 페루 인근의 용승을 약화해 어획량을 감소시키고 홍수를 발생시킨다.

개념 제시 복사 평형, 지구 열수지, 화석 연료, 엘니뇨, 사막화, 교토 의정서, 파리 협약

생각 열기 미국 해양학자 월리스 브뢰커(1931~2019)는 1975년 대기 중 이산화탄소의 농도가 증가하는 것을 확인하고 기후 변화와 관련해 '지구온난화'라는 용어를 처음 사용했다. 해양에서 심층 순환이 발생하는 원리를 규명하는 등 지구과학 분야에서 많은 업적을 남겼다. 그는 지구의 온도 상승을 막기 위해 지구공학을 활용해야 한다고 강조했다. '지구공학'이란 기후 변화를 해결하기 위한 모든 과학적 방법을 일컫는 용어이다.

관련 이슈 (영구동토층의 해빙) '툰드라'라고도 불리는 시베리아의 영구동토층은 항상 얼어 있는 땅이었다. 하지만 지구온난화로 인해 이 영구동토층도 점차 녹고 있는데, 문제는 이 안에 숨어 있던 다양한 위험 물질들이 해빙과 함께 밖으로 노출될 가능성이 있다는 사실이다. 먼저, 러시아의 원자로나 핵실험에 의한 방사능이 아직 이 땅에 묻혀 있어 해빙과 함께 방사능이 누출될 수 있다. 이보다 더 큰 위험은 미생물인데, 한 예로 2016년 영구동토층의 해빙으로 드러난 탄저균에 감염된 순록 사체로 인해 수천 마리의 순록이 떼죽음을 당했다.

개념 이해

(온실 기체) 태양 복사 에너지는 잘 통과시키지만 지구 복사 에너지는 흡수해 지표로 재복사하는 수증기, 메테인(메탄), 이산화탄소 등의 기체를 '온실 기체'라고 한다. 사실 온실 기체는 지구의 평균 온도를 올려 생명체가 살기 좋은 온도를 유지해 주지만, 탄소의 지나친 배출은 온실 기체의 양을 늘려 온실효과를 강화하고, 지구의 평균기온을 상승시켜 지구온난화를 발생시킨다.

(엘니뇨) 엘니뇨는 적도 부근의 태평양에서 무역풍의 약화로 인해 발생하는 현상이다. 무역풍이 약화되면 따뜻한 해수층이 서쪽으로 이동하지 못해, 페루 인근 동태평양의 수온이 상승하고 찬물의 용승을 막아 어획량이 감소하며, 따뜻해진 수온에 의해 저기압이 발달하고 홍수가 발생한다. 엘니뇨는 일반적으로 동태평양의 수온이 0.5°C 이상 높아진 채 6개월 이상 지속될 때를 말한다. 엘니뇨의 반대 현상인 라니냐는 지구온난화와의 관련성이 크지 않으며 비주기적으로 발생한다.

(사막화) 적도 부근에서 뜨거워진 공기는 상승해 남과 북으로 이동하다가 위도 30° 부근에서 하강한다. 이로 인해 위도 30° 부근에선 하강 기류에 의해 대체로 건조한 기후가 나타나게 된다. 사막화 지역이 위도 30° 부근에서 많이 발견되는 이유도 이와 관련이 있다. 이러한 자연적 요인 외에도 인위적 요인으로 인간의 벌목, 경작, 삼림 파괴 등이 사막화를 가속화하기도 한다.

탐구 주제 1 무역풍의 약화로 발생한 엘니뇨는 동태평양에서 찬 해수의 용승을 막아 어획량을 감소시킨다. 찬 해수는 낮은 온도 외에도 다른 성질을 갖는다. 찬물이 갖는 특성을 조사하고, 찬 해수의 용승이 발생한 지역에서 환경 변화로 어획량이 증가하는 원리를 탐구해 보자.

탐구 주제 2 사막화는 단순히 사막 지역이 늘어나는 것뿐만 아니라 황사 및 미세먼지 발생, 반사율 변화 등 다양한 현상을 수반하게 된다. 이러한 사막화를 막기 위해 여러 나라에서는 사막화 방지 협약을 맺고 이를 위해 힘쓰고 있다. 우리나라에서 다른 나라를 상대로 행하는 사막화 방지 대책을 조사해 보자.

개념 응용

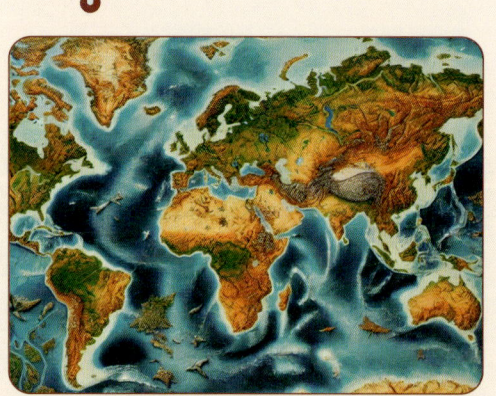

자료 설명

전 세계에서 사막화가 주로 발생하고 있는 지역을 사막과 함께 나타낸 그림이다.

탐구 주제

사막은 연평균 강수량이 250mm 이하인 지역으로, 주로 위도 30° 부근에서 나타난다. 사막화는 인위적 요인과 자연적 요인이 복합적으로 작용한다. 사막화를 발생시키는 다양한 요인을 탐구해 보고, 남극은 사막의 정의에 부합하는지 조사해 보자.

추천 도서

2016 엘니뇨 백서 (기상청, 휴먼컬처아리랑, 2017)

기상에 대한 국민의 이해를 높이고 기상 현상 및 기후 분야에 대한 지식을 널리 보급하고자 기상청에서 출간한 책이다. 엘니뇨 및 라니냐에 대한 전반적 지식을 담고 있으며, 엘니뇨를 비롯해 기후에 관심 있는 사람이 기본 지식을 쌓을 수 있도록 쉽게 풀어 설명해 준다. 엘니뇨와 라니냐에 대한 정의, 기본 구조와 과학적 원리, 예측, 미래 변화의 이야기로 시작해 엘니뇨를 분석하는 전문적 지식과 한반도의 기후 관련성까지 폭넓게 담고 있어, 기후에 관심 있는 학생이 읽고 탐구하기에 유용한 책이다.

탐구 주제 1 엘니뇨는 적도 부근의 태평양에서 발생하지만 전 세계에 다양한 영향을 끼친다. 이러한 현상을 '원격상관'이라고 하는데, 엘니뇨 및 라니냐가 발생하면 우리나라에서도 이상 고온이나 이상 저온 현상이 나타나곤 한다. 2023년에 발생한 엘니뇨와 이상 고온 현상의 원인에 대해 탐구해 보자.

탐구 주제 2 과거에 발생했던 엘니뇨는 대기근을 몰고 오는 등 인류사에 막대한 영향을 끼쳤다. 엘니뇨에 의한 기후 변화는 누군가에게는 부정적인 결과를 만들고, 누군가에게는 긍정적인 결과를 낳았다. 엘니뇨에 의한 기후 변화가 인류사에서 결정적인 역할을 한 사건들을 탐구해 보자.

NEWTON HIGHLIGHT 145: 지구온난화 교과서 (뉴턴프레스, ㈜아이뉴턴, 2023)

지구온난화와 관련된 최신 이론들을 모아 설명한 책이다. 2014년에는 지구온난화의 원인이 인간일 가능성이 높다고 했지만, 2021년에는 지구온난화가 인간의 활동으로 발생한다고 선언하게 되었다. 지구온난화는 우리와 우리의 후손이 직면하는 심각한 환경 문제인 만큼 그 원인과 현황, 미래 대책까지 총망라해 이해할 필요가 있다. 지구온난화의 영향을 가장 크게 받는 극지방에 관한 최신 연구, 지구온난화로 인한 재해 등 지구온난화를 이해하는 데 필요한 지식을 담고 있다.

탐구 주제 1 '지구온난화'라는 용어는 지구가 따뜻해지기만 한다고 오해하게 만들기 쉽다. 지구온난화가 지속되면 전 지구적 에너지 순환이 멈추고 급격한 빙하기가 찾아올 가능성도 있다. 대서양 해수의 심층 순환에 대해 조사하고, 지구온난화가 빙하기를 가져오는 원리를 탐구해 보자.

탐구 주제 2 태풍은 태양 에너지를 근원으로 하여 수증기가 응결할 때 방출하는 숨은열에 의해 바람이 가속된다. 이렇게 발생한 태풍은 저위도의 에너지를 고위도로 수송해 전 지구적 에너지 균형을 맞추는 역할을 한다. 지구온난화로 인해 태풍의 발생 빈도와 세기는 어떻게 변할지 탐구해 보자.

추천 논문

ENSO 시기 계절별 태풍의 한반도 내습 빈도(이찬기 외 3명, 한국기상학회, 2023)

엘니뇨 남방진동(ENSO)은 적도 부근의 태평양에서 나타나는 시소와 같은 기압 변화를 말한다. 이 논문에서는 엘니뇨가 발생했을 때 계절별로 태풍이 한반도에 도달하는 빈도를 분석해 엘니뇨가 우리나라에 미치는 영향을 탐구했다. 직접적인 인명 및 재산 피해를 발생시키는 태풍인 만큼, 태풍 내습에 대한 예측의 중요성은 크다고 할 수 있다.

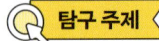 **탐구 주제** 엘니뇨는 주로 겨울에 발생하며, 그 이듬해에 우리나라에 태풍을 통해 영향을 줄 수 있다. 이러한 태풍의 내습이 발생 빈도에 의한 것인지, 아니면 빈도에는 큰 차이가 없지만 우리나라로 향하는 태풍의 경로가 많아서인지, 위의 논문과 또 다른 문헌을 참고해 탐구해 보자.

선택 과목 연계 학습 및 전공 가이드

◆ 선택 과목 연계 학습

선택 과목		학습 안내
일반 선택	지구과학	〈통합과학2〉에서는 엘니뇨를 중점적으로 다루지만, 〈지구과학〉에서는 엘니뇨와 라니냐를 모두 다루어 비교한다. ENSO 현상 및 관련 현상들에 대해 학습할 수 있다.
관련 단원	1. 대기와 해양의 상호작용	

◆ 전공 가이드

2023년 겨울에 발생한 엘니뇨는 기후 변화의 심각성을 알리는 계기가 되었다. 기후 변화와 관련해 기상청, 기상 연구원 등의 진로를 원한다면 반드시 선택해야 하는 과목이다.

- ▶ **사회계열**: 지리학과
- ▶ **자연계열**: 지구환경과학과, 대기학과, 해양학과, 환경과학과, 기후과학과
- ▶ **공학계열**: 지구시스템공학과, 해양환경공학과, 환경공학과
- ▶ **교육계열**: 지구과학교육과, 과학교육과

◆ 선택 과목 연계 학습

선택 과목		학습 안내
융합 선택	기후 변화와 환경 생태	기후 변화는 생태계를 파괴하고 인류에게도 많은 영향을 끼친다. 이러한 기후 변화를 막기 위한 탄소 저감 기술, 국제 사회의 노력, 민주 시민으로서의 참여 방안 등을 학습한다.
관련 단원	3. 기후 위기에 대응하는 우리의 노력	

◆ 전공 가이드

기후 변화는 〈지구과학〉과 관련된 핵심 키워드이다. 모든 과학 분야에서 기후 변화를 막기 위해 애쓰는 만큼 기상, 기후와 관련된 진로를 위해 선택해 볼 수 있다.

- ▶ **사회계열**: 지리학과, 사회학과, 정치외교학과, 환경정책학과
- ▶ **자연계열**: 지구환경과학과, 천문대기학과, 해양과학과, 환경대기과학과, 기후과학과
- ▶ **공학계열**: 해양공학과, 지구시스템공학과, 환경공학과, 선박공학과, 에코에너지공학과
- ▶ **교육계열**: 지구과학교육과

◆ 선택 과목 연계 학습

선택 과목	학습 안내	
진로 선택	고급 지구과학	〈지구과학〉 분야 중 유체 지구과학을 중점적으로 학습하는 교과이다. 유체 지구과학의 마지막 파트에서는 ENSO의 메커니즘과 전 지구적 기후 변화, 엘니뇨가 우리나라에 미치는 영향을 학습한다.
관련 단원	2. 대기와 해양	

◆ 전공 가이드

〈통합과학2〉, 〈지구과학〉과 연계해 엘니뇨에 대해 심화 학습하는 교과이다. 기상 관련 학과로 진로를 정했다면 반드시 선택해야 하는 과목이다.

- ▶ **사회계열 :** 무역학과, 지리학과, 정치외교학과
- ▶ **자연계열 :** 환경대기학과, 지구환경과학과, 해양학과, 기후과학과, 대기과학과
- ▶ **공학계열 :** 지구시스템공학과, 환경공학과, 에코에너지공학과
- ▶ **교육계열 :** 지구과학교육과

학생부 교과세특 예시

지구 환경 변화가 인간 생활에 미치는 영향을 학습한 후 2023년 발생했던 엘니뇨의 기사를 접하고, 엘니뇨에 대해 탐구하여 보고서를 작성하고 발표하였음. 엘니뇨에 대한 추가 조사를 위해 'NEWTON HIGHLIGHT 145: 지구온난화 교과서(뉴턴프레스)'를 읽고 엘니뇨와 반대되는 현상인 라니냐와 비교 탐구하여 엘니뇨의 발생 메커니즘을 더 잘 이해할 수 있었다는 소감을 밝힘. 탐구 과정에서 엘니뇨가 발생하면 전 지구적 기후 변화가 일어날 수 있으며, 우리나라에서 엘니뇨 시기에는 고온 현상이, 라니냐 시기에는 저온 현상이 발생하는 것이 원격상관에 의한 것임을 알게 되었다고 설명함.

교과서 찾아보기

📖 **미래앤 82~91쪽**
- 지구온난화로 인한 지구 열수지 변동 탐구하기
- 지구 환경 변화가 인간 생활에 미치는 영향과 대처 방안 분석하기
- 기후 변화로 인한 생태계와 지구계의 미래 시나리오 구상하기

📖 **동아출판 84~93쪽**
- 지구온난화의 원인 알아보기
- 지구온난화에 따른 지구 열수지 변동 탐구하기
- 기후 변화로 인한 생태계와 지구계의 미래 시나리오 구상하기

📖 **비상 72~79쪽**
- 지구온난화에 따른 지구 열수지 변동 탐구
- 엘니뇨의 영향 조사하기
- 기후 변화로 나타나는 생태계와 지구계의 미래 시나리오

4. 태양 에너지의 생성과 전환

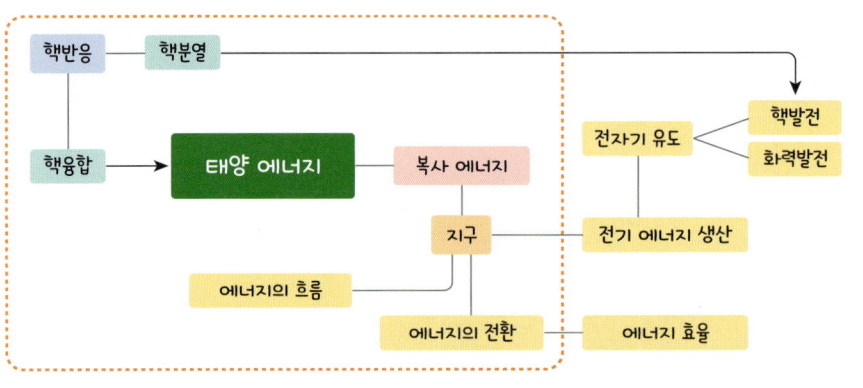

성취 기준 【10통과2-02-04】 태양에서 수소 핵융합 반응을 통해 질량 일부가 에너지로 바뀌고, 그중 일부가 지구에서 에너지 흐름을 일으키며 다양한 에너지로 전환되는 과정을 추론할 수 있다.

학습 개요 우주에 주로 존재하는 원소는 수소와 헬륨이다. 작은 질량의 입자들 사이에서도 중력이 상호작용해 입자들이 뭉치기 시작하고, 뭉친 입자들이 격렬하게 열운동을 하며 집단의 중심부 온도가 상승하기 시작한다. 온도가 상승함에 따라 입자들 사이의 간격은 좁아지고, 양성자들 사이에 강한 핵력이 작용할 만큼 가까워지면 입자들은 핵융합을 시작한다. 핵반응으로 인한 에너지는 컴컴한 우주에 찬란한 빛을 밝히기 시작한다.

개념 제시 태양 에너지, 수소, 헬륨, 핵융합 반응, 질량 감소, 에너지의 흐름과 전환

생각 열기 아서 에딩턴(1882~1944)은 영국의 이론물리학자로서 우주론을 정립하는 데 공헌했다. 그는 1920년대에 별의 에너지원으로서 핵융합 반응을 제안한 최초의 과학자 중 한 명으로, 별의 중심에서 수소가 헬륨으로 융합하며 에너지를 방출한다는 가설을 세웠다. 또한 복사 평형에 기초한 항성의 내부 구조론을 전개해 항성의 질량과 광도의 관계를 이론적으로 도출했다. 그는 일식을 통한 일반상대론의 증명에도 기여했으며, 그의 연구는 항성의 물리학적 본질과 에너지 생성 과정을 이해하는 데 중요한 토대를 제공했다.

관련 이슈 (인공 핵융합) 인공 핵융합 기술은 항성에서 자연적으로 일어나는 핵융합 반응을 지구에서 재현하기 위한 기술이다. 핵융합 기술은 여러 장점이 있는데, 연료를 무한히 얻을 수 있고 연쇄 반응이 발생하지 않아 폭발 위험이 낮다는 것이다. 그러나 지상에서 핵융합 반응을 구현하려면 극복해야 할 기술적 문제가 많다. 핵융합에는 초고온 상태가 필요하고, 생성된 플라스마를 안정적으로 유지하고 가두는 것이 핵심 과제이다. 이를 해결한다면 인류는 거대하고 청정한 에너지원을 확보할 수 있게 될 것이다.

개념 이해

(핵반응) 기본적인 화학식은 $2H_2 + O_2 \rightarrow 2H_2O$, 그리고 핵반응식은 $^{235}_{92}U + ^{1}_{0}n \rightarrow ^{144}_{56}Ba + ^{89}_{36}Kr + 3^{1}_{0}n$ 이다. 두 식의 차이점을 살펴보면, 화학 반응식 양변의 원소의 종류와 개수에는 변함이 없다. 반면에 핵반응식에서는 양변의 원소가 달라져 새로운 원소가 생겨난다. 이는 자연적으로나 인공적으로 새로운 원소를 생성할 수 있다는 주장의 이론적 근거가 된다.

(질량 결손) $^{235}_{92}U + ^{1}_{0}n \rightarrow ^{144}_{56}Ba + ^{89}_{36}Kr + 3^{1}_{0}n$, 이 식의 양변에서 원소의 종류와 함께 달라지는 것은 총 질량이다. 핵반응에서는 반응 후 질량이 반응 전 질량보다 작아지는데, 작아진 질량은 에너지로 전환된다. 전환되는 값은 줄어든 질량에 빛의 속도를 두 번 곱한 만큼 크다. 빛의 속도는 질량과 에너지 사이의 변환 상수이다. 또한 질량과 에너지는 서로 다른 차원의 같은 값이라고 할 수 있다.

(에너지의 전환) 20세기 이후 많은 탈것이 발명되면서, 인류는 석탄보다 더 편리한 석유를 개발해 연료로 사용하고 있다. 석유는 탈것의 연료로 쓰일 뿐만 아니라 인간의 의식주에서도 쓰임새가 많다. 화석 에너지의 근원 역시 태양 에너지라 할 수 있다. 고생대부터 신생대에 이르기까지 동식물의 사체들은 각종 퇴적 작용 등을 통해 태양 에너지를 머금고 땅에 묻히게 되었다.

탐구 주제 1 핵반응은 크게 두 가지로, 핵분열과 핵융합이 있다. 핵분열 반응은 원자로에 쓰이며 방사능 유출의 위험이 있다. 반면에 대표적인 핵융합 반응인 수소 핵융합 반응은 방사능 유출의 위험이 없지만 현재는 기술적 한계로 인해 원자로에 사용되지 못하고 있다. 이에 대해 탐구해 보자.

탐구 주제 2 태양 에너지는 인류의 정착 생활을 가능하게 하고, 화석 연료의 형태로 동력과 자원을 제공했으며, 태양광 발전 등 재생 가능 에너지로 주목받고 있다. 태양 에너지가 농업 혁명, 산업화, 현대 산업혁명 등 역사적으로 중요한 사건에서 어떤 역할을 했는지 구체적으로 탐구해 보자.

개념 응용

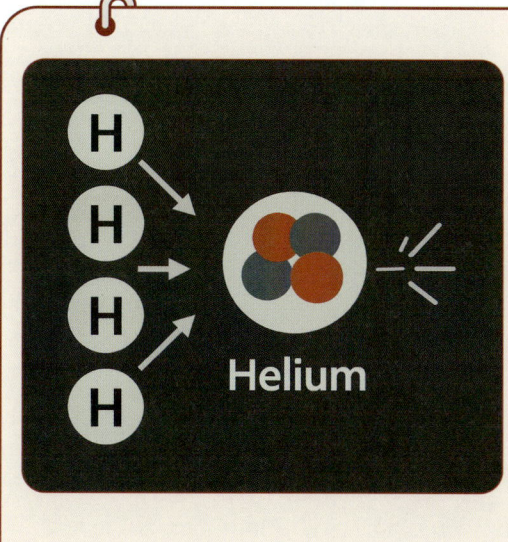

자료 설명

수소 원자 4개가 헬륨 원자로 핵융합을 하는 과정에서 질량 결손이 일어난다.

탐구 주제

수소 핵융합은 태양에서 발생하는 에너지원으로, 지구에 무한한 에너지를 제공한다. 수소 핵융합은 수소 원자 4개가 헬륨 원자 1개로 변환되는 것인데, 수소 원자와 헬륨 원자를 구성하는 기본 입자들의 종류와 개수에서 변환하는 입자를 유추해 보자.

추천 도서

태양을 먹다(올리버 몰턴, 김홍표 역, 동아시아, 2023)

이 책은 물리학, 화학, 세포생물학의 이론을 통해 광합성에 대해 소개하고 있다. 광합성은 지구 생명에 없어서는 안 될 핵심 과정으로, 그 이면에서는 치열한 과학적 탐구와 다채로운 드라마가 펼쳐진다. 이 책은 광합성의 원리부터 전쟁 시기의 실험, 그리고 인류가 맞닥뜨린 기후·에너지 위기까지 폭넓게 다룬다. 탄소와 동위원소 연구에서의 발견 등 과학자들의 탐구 과정을 따라가다 보면, 태양 에너지의 흐름과 전환을 따라 지구 생태계가 유지되는 비밀을 한층 깊이 이해하게 된다.

탐구 주제 1 지구는 자전축이 기울어져 있어 대기와 물의 순환이 적절하게 이루어지는 환경을 가지고 있다. 자전축의 기울기는 대기와 해양의 순환에 영향을 주어 지구의 기후와 생태계를 형성하기 때문에 자전축의 변화는 기후 변화와 생태계 변동을 초래할 것이다. 그 변화와 결과에 대해 탐구해 보자.

탐구 주제 2 태양 에너지는 생명 유지와 인간 활동의 원동력으로, 체온 유지와 비타민D의 합성을 도와 신체 건강을 증진하며, 야외 스포츠 활동을 가능하게 한다. 이러한 역할을 바탕으로 태양 에너지가 인간의 신체 활동과 체육 환경에 미치는 영향을 탐구하고 야외 스포츠의 장단점을 분석해 보자.

The Sun Builders 태양을 만드는 사람들(나용수, 계단, 2024)

이 책은 별에서 벌어지는 핵융합의 비밀을 밝힌 물리학자 한스 베테(1906~2005)의 연구부터 인공 태양을 만들기 위한 인류의 여정까지 다룬다. 냉전 시기에 소련에서 개발된 '토카막'은 플라스마를 안정적으로 가두는 장치로서 핵융합 연구를 선도했다. 저자는 특히 플라스마의 불안정성과 난류 제어 같은 기술적 난제의 극복 과정과 이를 통해 이룩한 성과들을 흥미진진하게 설명한다. 또한 과학, 공학, 그리고 국제 협력의 교차점에서 핵융합이 인류의 에너지 문제를 어떻게 해결할지에 관해 깊이 있는 통찰을 제시한다.

탐구 주제 1 태양은 인류가 가장 오랜 시간 관찰해 온 자연 현상 중 하나로, 그 에너지의 근원인 핵융합은 지구 생명과 문명 유지의 핵심이다. 인공 태양으로 불리는 핵융합 에너지가 기존의 화석 연료와 비교했을 때 어떤 장점과 한계를 가지며, 이를 극복하기 위한 기술적 접근 방법은 무엇인지 탐구해 보자.

탐구 주제 2 핵반응의 발견은 에너지 생산과 과학적 진보에 기여했지만, 동시에 인류 역사에서 냉전이라는 정치적·군사적 긴장의 시기를 촉발했다. 핵반응의 과학적 원리와 기술 발전이 냉전 체제의 형성에 미친 영향을 분석하고, 이를 바탕으로 과학기술의 양면성과 과학 윤리에 대해 탐구해 보자.

추천 논문	**태양 복사와 가시광선 복사 및 지구 복사와 적외선 복사의 관계에 대한 고등학생들의 인식**

(이종진 외 2명, 한국지구과학회, 2022)

이 논문에서는 학생들의 태양 복사, 지구 복사, 가시광선 복사, 적외선 복사의 개념 인식을 분석했다. 고등학생 대상의 설문을 통해 태양 복사와 지구 복사 개념의 혼동 여부를 조사했는데, 학생들은 태양 복사를 가시광선 복사로만, 지구 복사를 적외선 복사로만 인식하는 경향이 있었으며, 대류·전도·숨은열을 복사로 잘못 이해하는 사례도 있었다.

> **탐구 주제** 태양과 지구 사이에는 물질이 없기 때문에 에너지는 복사의 형태로 전달된다. 에너지 전달 방식에는 전도, 대류, 복사가 있다. 물질의 존재를 중심으로 이 세 가지 전달 방식의 차이점을 분석하고, 각 방식이 지구 에너지의 흐름에 기여하는 바를 탐구해 보자.

◆ 선택 과목 연계 학습

선택 과목	학습 안내	
일반 선택	지구과학	지구 시스템에서 대기와 해양이 상호작용하면서 에너지의 흐름과 전환이 이루어지는 원리를 이해하고, 태양 복사 에너지가 어떻게 우리 삶의 방식에 관여하는지 탐구한다.
관련 단원	3. 대기와 해양의 상호작용	

◆ 전공 가이드

태양 복사 에너지가 환경에 미치는 영향을 탐구하고, 이를 통해 기후 변화, 에너지 자원 활용, 지속 가능한 발전에 기여하는 역량을 기를 수 있다.

- ▶ **인문계열** : 철학과, 과학사학과, 윤리학과
- ▶ **사회계열** : 지리학과, 환경정책학과, 국제학과, 경제학과, 기술경영학과, 지속가능발전학과
- ▶ **자연계열** : 지구과학과, 대기과학과, 해양과학과, 환경과학과, 기후과학과
- ▶ **공학계열** : 에너지공학과, 환경공학과, 재생에너지공학과, 기후시스템공학과, 스마트에너지공학과

◆ 선택 과목 연계 학습

선택 과목	학습 안내	
진로 선택	지구시스템과학	물의 순환과 대기의 순환 과정에서 일어나는 기상 현상을 이해하고, 이 과정에서 지구의 에너지 흐름과 순환을 통해 인간이 에너지를 활용할 수 있는 방법을 모색한다.
관련 단원	3. 강수 과정과 대기의 운동	

◆ 전공 가이드

물과 대기의 순환 과정을 통해 지구 시스템에서 에너지가 흐르고 순환하는 메커니즘을 분석하고, 지속 가능한 에너지 활용과 기후 문제 해결에 기여하는 역량을 키운다.

- ▶ **인문계열** : 과학철학과, 윤리학과, 역사학과
- ▶ **사회계열** : 지리학과, 지속가능발전학과
- ▶ **의약계열** : 환경보건학과, 생태의학과
- ▶ **교육계열** : 환경교육과, 지구과학교육과, 과학교육과

◆ 선택 과목 연계 학습

선택 과목	학습 안내
융합 선택	융합과학 탐구
관련 단원	2. 변화하는 과학과 세계

핵반응 원리에 대해 이해하고 태양 에너지가 어떻게 생성되어 태양계를 유지하는지 탐구한다. 또한 핵에너지를 활용하게 된 이후 인류 문명이 어떻게 변화했는지 알아보고 앞으로의 변화에 대한 대처 방안을 제시한다.

◆ 전공 가이드

핵반응과 태양 에너지의 생성 원리를 탐구하며, 핵에너지의 활용이 문명에 미친 사회적·경제적·윤리적 영향을 분석하고 기후 변화 대응 방안을 모색한다.

▶ **사회계열** : 환경정책학과, 기술경영학과, 경제학과, 국제학과, 지속가능발전학과
▶ **자연계열** : 물리학과, 천문학과, 화학과, 지구과학과, 기후과학과
▶ **공학계열** : 핵공학과, 에너지공학과, 재생에너지공학과, 기후시스템공학과, 스마트에너지공학과

학생부 교과세특 예시

태양이 우주에 가장 많이 존재하는 원자인 수소 원자로 이루어져 있으며, 수소 핵융합 반응을 통해 헬륨 원자 역시 구성 원소임을 이해함. 빠르게 움직이는 수소 원자핵의 물리적 의미를 파악하기 위해 '태양을 만드는 사람들(나용수)'을 읽고 핵융합 반응에 필요한 고온의 원리를 알아냈으며, 수소 핵융합 반응 이후의 반응 원리를 자연스럽게 탐구함. 지구에서의 에너지 흐름과 순환이 물질을 통해 이루어지고 있음을 알고, 이를 기상 현상과 해수의 조류와 연관 지어 설명하는 것에서 과학적 사고의 확장성을 보여주었으며, 다양한 형태의 에너지를 활용할 수 있는 발전 방식의 종류에 대해 조사함.

교과서 찾아보기

📖 **지학사 100~103쪽**
- 고대의 태양 에너지 활용 소개
- 태양 에너지가 다양한 에너지로 전환되는 과정 추론하기
- 태양 에너지의 흐름과 전환 모식도

📖 **동아출판 100~103쪽**
- 일상생활에서 이용하는 에너지의 근원 알아보기
- 한국의 인공 태양
- 태양 에너지의 흐름과 전환 모식도

📖 **미래엔 98~101쪽**
- 여러 가지 에너지
- 태양의 표면과 중심부의 온도
- 태양 에너지의 전환 과정 추론하기

5. 전기 에너지의 생산

성취 기준
【10통과2-02-05】 발전기에서 운동 에너지가 전기 에너지로 전환되는 과정을 이해하고, 열원으로서 화석 연료, 핵에너지를 이용하는 발전소가 인간 생활에 미치는 영향을 조사·발표할 수 있다.

학습 개요
산업혁명의 기준은 사람마다 다르겠지만, 보통 산업의 전기화를 2차 산업혁명이라고 한다. 마찰 전기와 번개 등의 전기 현상은 고대부터 인간에게 친숙했지만, 그 원리를 밝혀내고 기술적으로 상용화한 것은 인류의 역사에서 극히 짧은 시간에 이루어낸 성과이다. 현대 사회에서 에너지 전환의 마지막 단계는 전기 에너지라고 해도 과언이 아니다. 전기 에너지는 효율성과 청정성을 바탕으로 다양한 산업에서 필수적인 동력원이다.

개념 제시
전기 에너지, 전자기 유도, 발전, 에너지 전환, 발전기, 발전소, 터빈, 화력발전, 핵발전

생각 열기
니콜라 테슬라(1856~1943)는 전기공학과 발명 분야에서 혁신적인 업적을 남겼다. 그는 현재 전 세계에서 사용되는 교류 시스템을 개발해 전력 전송의 효율성을 극대화했다. 에디슨 회사에서 전력 시스템을 둘러싼 이견으로 독립한 후 기업인인 조지 웨스팅하우스(1846~1914)와 협력해 교류 전력 시스템을 상용화했고, 1893년 시카고 박람회에서 교류의 우수성을 입증했다. 그의 연구는 오늘날에도 전기공학 및 에너지 산업의 혁신을 이끄는 원동력이 되고 있으며, 그는 인류의 과학적 진보에 지대한 공헌을 한 발명가로 기억되고 있다.

관련 이슈
(전기 자동차) 19세기 말, 전기차는 조용하고 배기가스가 없으며 간편한 작동으로 도시에서 인기를 끌었으나, 1920년대에 들어 내연기관차의 기술 발전과 가격 경쟁력, 석유 산업의 확장으로 시장에서 밀려났다. 1990년대에 환경 문제가 대두되고 석유 의존도가 낮아지면서 전기차가 다시 주목받았고, 2000년대에는 배터리 기술 발전과 정부 정책, 테슬라 같은 기업들의 혁신으로 전기차가 빠르게 성장했다. 현대의 전기차는 높은 에너지 효율로 주행 거리는 길고 유지 비용은 낮아서, 지속 가능한 교통수단으로 자리 잡고 있다.

개념 이해

(전자기 유도) 전기 현상과 자기 현상은 고대부터 인간이 꾸준히 관찰해 온 자연 현상이었지만, 오랫동안 두 현상 간의 연관성은 연구되지 않았다. 제임스 클러크 맥스웰(1831~1879)은 전기와 자기 현상이 서로에게 영향을 미친다는 것을 이론으로 정리했다. 전자기 유도 현상은 자기선속의 변화가 전기 에너지를 만들어내는 현상을 말한다. 우리는 도선 근처에서 자석의 운동을 만들어내기 위한 다양한 발전의 형태를 활용하고 있다.

(발전기) 자석 근처에서 코일이 움직이면 코일에 전류가 흐른다. 자석의 변화가 코일 내부에 전류를 생성하는 것인데, 이는 마이클 패러데이(1791~1867)의 전자기 유도 법칙으로 설명된다. 이러한 원리를 이용해 발전기를 설계할 수 있다. 수력발전은 물의 낙하 에너지를, 화력발전은 화석 연료 연소의 열에너지를, 풍력발전은 바람의 운동 에너지를 이용해 터빈을 회전시키고, 이 회전 운동이 발전기의 코일을 움직여 전기를 생산한다.

(핵발전) 대부분의 발전기는 기본적으로 자석 근처에서 코일을 움직여야 한다. 고온·고압의 증기로 터빈을 돌려 전기 에너지를 생산하기 위해서는 물을 끓여야 하기 때문에 열에너지가 필요하다. 열에너지로 발전하는 대표적인 방식으로는 화력발전과 핵발전이 있다. 핵발전은 핵분열을 활용하는데, 기술적으로 여러 제약 조건이 있다.

탐구 주제 1 원자로의 주요 기능을 담당하는 부분으로 제어봉과 감속재가 있으며, 우라늄의 핵분열을 이용하는 핵발전 원자로에는 경수로와 중수로가 있다. 이들의 기능과 발전 방식의 차이를 탐구해 보자. 또한 차세대 원자로 기술인 고속 증식로에 대해 조사하고 장단점을 정리해 보자.

탐구 주제 2 전력 수요의 증가로 발전소 건설이 늘어나며 생태계에 다양한 영향을 미치고 있다. 대표적으로 수력발전소는 댐 건설로 물고기의 이동을 차단하고 생태계를 변화시킨다. 발전소의 종류에 따라 발전소 건설이 생태계에 미치는 영향을 분석하고 지속 가능한 발전소 설계 방안을 탐구해 보자.

개념 응용

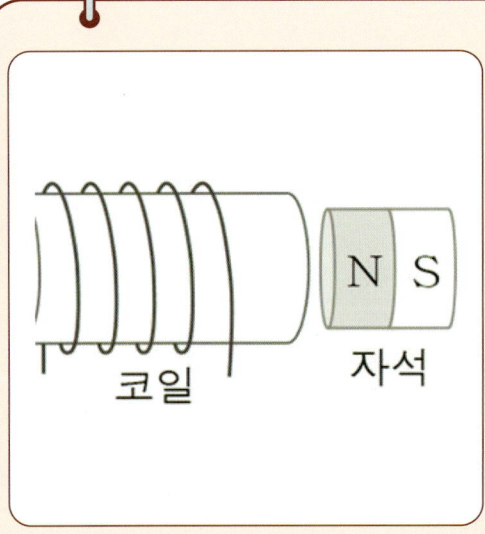

자료 설명

코일과 자석의 상대적인 운동을 통해 전자기 유도 현상이 일어나는 것을 설명하는 그림이다.

탐구 주제

코일 근처에서 자석을 움직이거나 자석 근처에서 코일을 움직이면 코일에 전류가 흐른다. 코일에 연결된 전구의 밝기를 변화시킬 수 있는 방법을 코일과 자석의 상대적인 운동을 기준으로 알아보고, 효율적인 발전기 설계 방법을 탐구해 보자.

추천 도서

전자기 좀 아는 10대 (고재현, 풀빛, 2020)

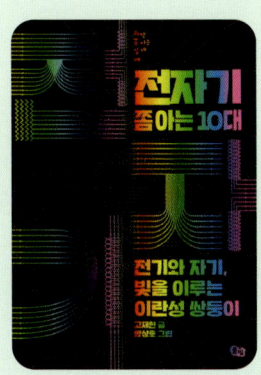

이 책은 일상 속 전기와 자기의 역할을 흥미롭게 탐구하고 있다. 전기와 자기라는 두 현상의 기본 개념부터, 이를 활용한 전자기 현상이 우리의 삶을 어떻게 풍요롭게 만드는지 상세히 설명한다. 나침반과 정전기 같은 친숙한 사례에서 출발해 발전기, 자기부상열차, 전자기파의 원리까지 탐구하며, 과학적 발견의 역사와 전자기 기술이 4차 산업혁명 시대에 미치는 영향을 조명한다. 전기와 자기의 본질을 이해함으로써 기술을 소비하는 것을 넘어 창의적으로 활용하는 능력을 키울 수 있다.

탐구 주제 1 전기와 자기는 서로 깊이 연관된 현상으로, 전자기 유도의 발견은 과학기술 발전의 중요한 전환점을 이루었다. 전기와 자기의 상호작용이 전자기 현상을 통해 우리의 일상과 과학기술 발전에 미친 영향은 무엇인지 알아보고, 전자기의 응용 가능성을 확장할 수 있는 방법에 대해 탐구해 보자.

탐구 주제 2 전자기 현상은 전기와 자기의 상호작용을 통해 에너지를 전달하고 다양한 기술을 구현하는 원리로, 현대 과학과 공학뿐 아니라 예술 분야에도 많은 영향을 미쳤다. 전자기타의 원리를 탐구해 보고, 전자 기술과 예술의 융합 사례를 더 조사해 그 쓰임새에 대해 탐구해 보자.

배터리 전쟁 (루카스 베드나르스키, 안혜림 역, 위즈덤하우스, 2023)

이 책은 배터리 산업의 현재와 미래를 깊이 있게 조망하고 있다. 리튬 채굴부터 배터리의 제조와 재활용까지 전 과정을 폭넓게 다루고, 한·중·일 배터리 강국 간의 치열한 경쟁과 유럽, 북미, 라틴아메리카 등 주요 지역의 전략을 통해 에너지 패권 변화의 흐름을 분석한다. 단순히 기술적 발전을 넘어 에너지 전환 시대의 정치적·경제적 역학을 설명하며, 이를 통해 배터리 산업의 주요 흐름과 향후 전망을 명확히 이해하고 에너지 정책이나 투자에 필요한 통찰을 얻을 수 있을 것이다.

탐구 주제 1 전 세계적으로 전기차와 재생 에너지 시장이 급성장하면서 에너지 저장 장치로서 이차전지의 중요성이 부각되고 있다. 특히 리튬 이온 배터리는 높은 에너지 밀도와 긴 수명으로 인해 다양한 분야에서 핵심적인 역할을 하고 있지만 단점과 한계점도 있다. 리튬 이온 배터리에 대해 탐구해 보자.

탐구 주제 2 이차전지의 제조와 공급망은 리튬, 코발트 등 자원의 가격 변동과 생산국의 경제 정책에 크게 영향을 받는다. 이차전지 산업의 경제적 영향과 글로벌 자원 분배, 재활용 시장의 경제적 가능성에 대해 탐구하고, 경제 분야와의 상호작용을 분석하고 지속 가능한 발전 방안을 모색해 보자.

추천 논문

단진자를 이용한 전자기 유도 실험(서윤경 외 2명, 한국물리학회, 2020)

이 논문에서는 단진자의 운동을 이용해 패러데이의 전자기 유도 법칙을 실험적으로 분석했다. 자석 단진자가 코일을 통과하면서 생성된 유도기전력을, 자석의 자기장 세기, 단진자의 속도(초기 각도), 코일의 감은 수를 조절하며 이론적 값과 비교했다. 유도기전력은 자기장의 세기, 단진자의 속도, 코일의 감은 수와 비례 관계를 보였다.

> **탐구 주제** 실에 매단 질량이 중력 작용으로 왕복운동을 하는 것을 단진자라고 한다. 단진자의 운동을 활용한 전자기 유도 현상에서 단진자를 구성하는 자석의 질량과 유도기전력의 관계를 알아보자. 단진자의 초기 각도가 유도기전력의 크기와 비례하는 원리를 탐구해 보자.

선택 과목 연계 학습 및 전공 가이드

◆ 선택 과목 연계 학습

선택 과목		학습 안내
일반 선택	물리학	전기와 자기가 서로 영향을 미치는 물리학사적 사례를 알고, 이를 이론적으로 정리한 맥스웰의 업적에 대해 탐구한다. 이와 함께 맥스웰의 이론을 학습하고 전자기 현상을 이해한다.
관련 단원	2. 전기와 자기	

◆ 전공 가이드

전기와 자기의 상호작용과 이를 수학적으로 통합한 맥스웰의 이론을 학습하고, 전자기파, 통신, 현대 전자기기 설계 등 다양한 공학 분야에서 어떻게 응용되는지 탐구한다.

- ▶ **사회계열** : 문화기획학과(전시기획)
- ▶ **자연계열** : 데이터분석과, 응용물리학과
- ▶ **공학계열** : 전기공학과, 전자공학과, 반도체공학과, 통신공학과, 생체전자공학과, 의료기기공학과, 신경공학과
- ▶ **예체능계열** : 정보디자인학과, 사운드디자인학과, 디지털콘텐츠학과

◆ 선택 과목 연계 학습

선택 과목		학습 안내
진로 선택	전자기와 양자	전자기 유도가 일어나게 하는 로런츠 힘이 발생하는 조건을 알고 전자기 유도의 활용 기술을 탐구한다. 또한 전하의 운동이 자기장을 발생시키는 것을 통해 전자기 상호작용에 대해 이해한다.
관련 단원	1. 전자기적 상호작용	

◆ 전공 가이드

전자기 유도와 로런츠 힘의 원리를 다양한 공학, 과학 분야와 연결해 융합적 사고력을 키우고, 전기·전자 관련 분야에서 실무적 역량을 함양하는 지식을 학습한다.

- ▶ **인문계열** : 기술윤리학과, 미래학과, 과학기술학과, 미래사회학과
- ▶ **사회계열** : 문화기술학과, 산업경영학과, 디지털미디어학과, 정보사회학과
- ▶ **공학계열** : 에너지공학과, 메카트로닉스공학과, 환경공학과, 항공우주공학과, 재활공학과, 의공학과
- ▶ **의약계열** : 방사선학과

◆ 선택 과목 연계 학습

선택 과목	학습 안내	
융합 선택	융합과학 탐구	전자기 현상을 이용한 다양한 디지털 도구를 활용해 현상을 분석한다. 아울러 컴퓨터를 활용하는 디지털 방식에 전자기학 이론이 어떻게 쓰이는지 학습해 기술 개발에 활용한다.
관련 단원	2. 융합과학 탐구의 과정	

◆ 전공 가이드

다양한 학문적 시각에서 전자기학과 디지털 기술의 융합 가능성을 탐구하며, 새로운 응용 분야를 개척하고 혁신적 기술을 발전시키는 데 필요한 다학문적 역량을 키운다.

- ▶ **인문계열**: 철학과, 디지털인문학과
- ▶ **사회계열**: 인지과학과, 디지털사회학과
- ▶ **자연계열**: 생체신호분석학과
- ▶ **공학계열**: 디지털의공학과, 의료정보학과, 스포츠공학과, 스마트헬스케어공학과
- ▶ **예체능계열**: 미디어아트학과, 게임그래픽디자인학과, 인터랙티브미디어학과

학생부 교과세특 예시

자기 현상이 전기 현상을 유도하는 것에 흥미를 갖고 반대의 사례는 없는지 찾아보기 위해 '전자기 좀 아는 10대(고재현)'를 읽고 전자기 이론에 대해 탐구함. 실제 전기 현상이 자기 현상을 유도하는 것을 확인하고 이를 활용한 기술에 대해 조사함. 그 사례로 발전기와 모터, 스피커와 마이크의 원리가 서로 연관되어 있음을 탐구하고 보고서로 작성함. 발전기를 작동하기 위해 열에너지, 위치 에너지, 운동 에너지가 필요함을 이해하고, 발전소의 종류와 발전소가 건설되기에 적절한 장소의 조건에 대해 학습하고 내 고장 근처에 위치한 발전소를 조사하여 입지 조건이 타당한지 자신의 의견을 제시함.

교과서 찾아보기

📖 지학사 104~111쪽
- 운동 에너지가 전기 에너지로 전환되는 과정 알아보기
- 간이 발전기를 만들어 에너지가 전환되는 과정 탐구하기
- 화력발전소와 핵발전소가 인간 생활에 미치는 영향 알아보기

📖 동아출판 104~109쪽
- 운동 에너지가 전기 에너지로 전환되는 과정 탐구하기
- 간이 발전기 만들기
- 화력발전과 핵발전이 인간 생활에 미치는 영향 알아보기

📖 천재 104~111쪽
- 전기 에너지 만들어보기
- 운동 에너지가 전기 에너지로 전환되는 과정 탐구하기
- 화력발전과 핵발전이 인간 생활에 미치는 영향 알아보기

6. 에너지 전환과 효율

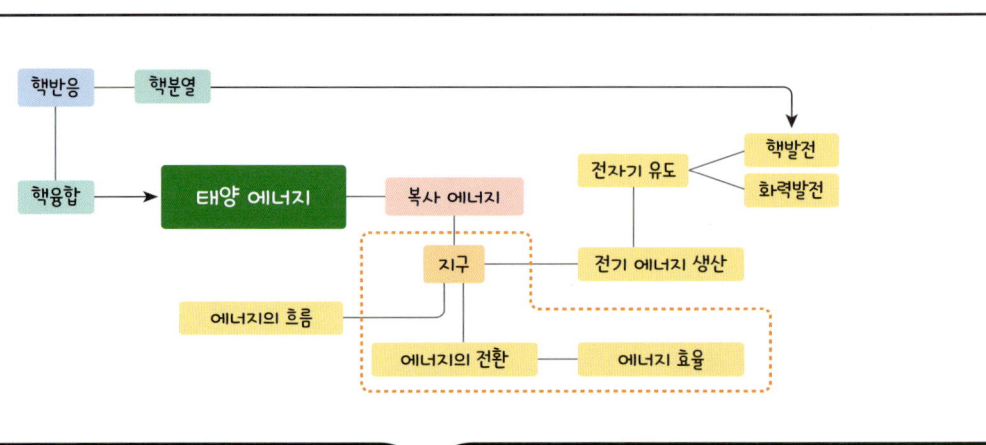

성취 기준 【10통과2-02-06】 에너지 효율의 의미와 중요성을 이해하고, 지속 가능한 발전과 지구 환경 문제 해결에 신재생 에너지 기술을 활용하는 방안을 탐색할 수 있다.

학습 개요 열평형이란 두 대상의 온도가 같아지는 것을 말한다. 온도가 다른 두 대상을 연결하면 두 대상 사이에서는 열에너지가 이동해 열평형을 이루게 된다. 그런데 열기관에서는 열평형이 이루어지지 않게 유지해 이동하는 열에너지를 사용할 수 있게 된다. 열기관을 활용한 도구에서는 온도를 유지할 수 있게 하는 연료가 필요하며, 보통 화석 연료를 많이 사용한다. 이때 이동하는 열에너지를 모두 일로 전환해 사용할 수는 없다.

개념 제시 에너지 전환, 에너지 보존 법칙, 열에너지, 열기관, 에너지 효율

생각 열기 제임스 프레스콧 줄(1818~1889)은 에너지 보존 법칙과 열역학의 기초를 세운 물리학자이자 실험과학자이다. 역학적 에너지와 열에너지 간의 상관관계를 통해 에너지의 본질을 깊이 있게 이해할 수 있는 토대를 제공했으며, 열은 단순한 물질이 아니라 에너지의 한 형태라는 사실을 입증했다. 그의 연구는 다양한 에너지원과 그 활용 방법에 대한 과학적 기반을 제공했으며, 현대 에너지 변환 기술의 기초가 되었다. 또한 열역학 제1법칙을 통해 에너지가 창조되거나 소멸되지 않고 단지 형태를 바꿀 뿐이라는 개념을 확립했다.

관련 이슈 (적외선 카메라) 적외선 카메라는 적외선을 감지해 이미지를 생성하는 장치로, 적외선 감지 센서와 디지털 신호 처리 기술을 기반으로 작동한다. 물체에서 방출되는 열복사를 감지해 시각화하기 때문에 가시광선이 없는 환경에서 사용이 가능하다. 적외선 카메라는 어두운 환경에서도 사물을 탐지할 수 있다는 장점 때문에 주로 산업용 장비 점검, 의료용 체온 측정, 군사 및 보안 분야 등 특수 용도뿐만 아니라, 자동차 전후방 감시 카메라, 스마트폰 내장 카메라, 폐쇄회로 TV(CCTV) 등 일상적인 용도로도 사용되고 있다.

개념 이해

(에너지 보존 법칙) 역학적 에너지 보존 법칙이란, 마찰이 없을 때 중력장에서 움직이는 물체의 중력 퍼텐셜 에너지와 운동 에너지의 합이 일정한 것을 말한다. 마찰열은 두 접촉면 사이에서 발생하는 열에너지를 말한다. 마찰열을 포함하면 대상의 에너지는 모두 보존되는데, 이를 열역학 제1법칙이라고 한다.

(영구기관) 자석의 끌어당기는 힘을 이용해 스스로 회전하는 기계, 물의 순환이나 무게 추의 낙하로 에너지를 영원히 생성하는 가상의 기관을 '영구기관'이라고 한다. 사람들은 오래전부터 영구기관을 만들려고 시도했으나, 중세 과학의 발전과 함께 영구기관은 존재 불가능하다는 것이 밝혀지게 되었다. 에너지를 사용할 때 사용하지 못하는 에너지가 있다는 것이 열역학 제2법칙이다.

(에너지 효율) 기술자들은 100%의 에너지 효율을 꿈꿀 것이다. 보통의 내연기관 자동차의 에너지 효율은 20~30%이다. 하이브리드 자동차는 40%, 전기 자동차는 85~90%이다. 이처럼 에너지 효율은 엔진의 종류에 따라 열에너지 변환 과정을 거쳤느냐의 여부에서 차이가 나타난다. 열역학 제2법칙에 의하면 에너지는 고온에서 저온으로 자연스럽게 이동하며, 이 과정에서 일부 에너지가 항상 비가역적으로 손실된다.

탐구 주제 1 가정에서 사용하는 전자제품에는 에너지 소비 등급이 표시되어 있다. 전자제품의 에너지 효율은 열을 사용하는 전자제품과 그렇지 않은 전자제품에 큰 차이가 있다. 주요 가전제품의 에너지 효율을 조사해 분류하고, 에너지 효율이 낮은 제품의 기능과 원리에 대해 탐구해 보자.

탐구 주제 2 운동은 기초대사율을 증가시켜 에너지 소모를 촉진하며, 다이어트는 영양 섭취를 최적화해 불필요한 에너지의 저장을 방지한다. 에너지 효율의 개념을 바탕으로 다이어트와 운동이 체내 에너지 균형에 미치는 영향을 과학적으로 탐구하고, 효율적인 건강 관리 전략을 세워보자.

개념 응용

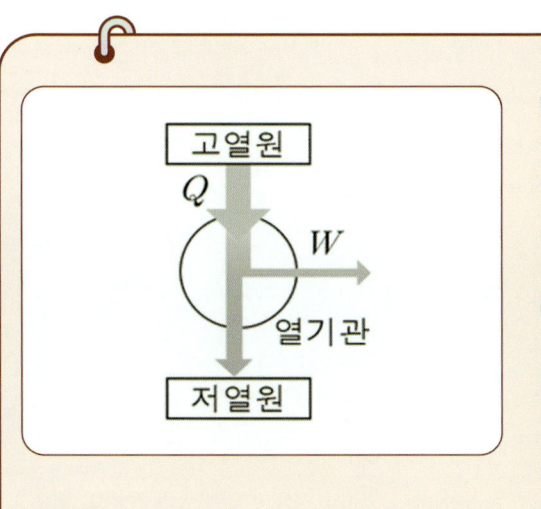

자료 설명

고열원과 저열원의 연결을 통해 이동하는 열에너지와 그 일부가 일로 전환되는 과정을 나타낸 그림이다.

탐구 주제

열기관에서 고열원이 공급한 열이 일로 모두 전환될 수는 없다. 열기관에서 공급된 열이 모두 일로 전환되지 않는 이유를 탐구하고, 이와 관련해 열효율을 정의해 보자. 열효율을 올릴 수 있는 이론적 방안과 기술적 방안에 대해서도 탐구해 보자.

추천 도서

누구나 이해하는 에너지 특강 (이준범, 청미디어, 2021)

이 책은 에너지를 기술적·경제적 관점에서 바라보는 것을 넘어, 인문학적 시각으로 접근해 에너지의 본질과 역사, 미래를 탐구한다. 고대 철학에서 시작된 에너지 개념의 발전을 비롯해 수차와 풍차 같은 초기 동력 기계의 역사, 석탄과 석유가 이끈 산업혁명과 세계 변화의 과정을 흥미롭게 풀어내고 있으며 태양광, 풍력, 수소 에너지 등 지속 가능한 미래 에너지의 가능성을 조명한다. 특히 에너지 전환을 기술적으로 바라보며 인간의 삶과 가치관에 어떤 영향을 끼치는지를 심도 있게 다룬다.

탐구 주제 1 과거에 화석 에너지가 하던 역할이 현대의 전기 에너지로 대체되는 사례가 많다. 석탄 난로는 전열기로, 요리 화로는 하이라이트 레인지로 대체 가능하다. 열을 직접 가하는 방식과 전기의 열 작용 방식을 비교해 보고, 각 방식의 효율성과 환경적 영향을 분석해 더 나은 대체 방안을 탐구해 보자.

탐구 주제 2 많은 전자기기의 발명은 가족 구성원을 가사 노동에서 해방시켰으며, 특히 여성의 사회 진출을 촉진하는 데 중요한 역할을 했다. 이처럼 과학기술의 발전은 사회 구조 변화에서도 중요한 역할을 한다. 이와 같은 맥락에서 계층 간 불평등 해소를 위한 기술적·사회적 방안에 대해 탐구해 보자.

에너지의 불편한 미래 (라스 쉐르니카우 외 1명, 허증수 역, 어문학사, 2023)

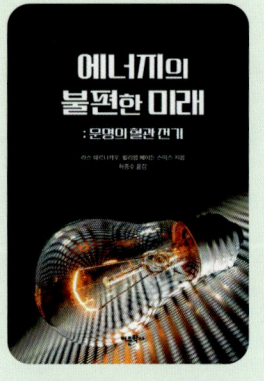

이 책은 지구온난화와 탈탄소화 시대에 직면한 에너지 전환의 현실을 심도 있게 분석하고 있다. 화석 연료에서 재생 에너지로의 전환이 필수적이라는 대전제를 바탕으로 태양광, 풍력 등 '재생 에너지'가 가진 한계와 문제점을 객관적인 데이터로 짚어낸다. 우리가 직면한 문제는 대규모 설비 확대와 신기술 개발에 막대한 비용이 필요하다는 점이다. 특히 재생 에너지가 완전히 '친환경적'이진 않으며, 그 발전 과정에서도 탄소가 배출되고 산업 폐기물 문제 등이 발생한다는 불편한 진실도 소개하고 있다.

탐구 주제 1 지구온난화와 환경 위기가 심화되면서 재생 에너지로의 전환이 필수적인 과제가 되고 있다. 재생 에너지는 무한한 가능성을 제공하지만 설비 확대, 신기술 개발 비용과 자원 소모, 예상치 못한 환경적 영향에 대한 논의는 여전히 계속되고 있다. 지속 가능한 에너지 전환의 현실과 미래 전략을 모색해 보자.

탐구 주제 2 재생 에너지의 효율적 도입과 확산을 위해서는 기술적·경제적 지원뿐만 아니라 법률적·제도적 뒷받침 역시 고려해야 한다. 효율적인 재생 에너지 전환을 위해, 이 과정에서 발생하는 법률적·제도적 문제는 무엇이며 이를 해결하기 위한 효과적인 정책과 국제적 협력 방안은 무엇인지 탐구해 보자.

추천 논문

탄소 중립을 위한 주거 단지에서의 에너지 전환 동향(이태구 외 1명, 한국농촌건축학회, 2024)

이 논문은 독일의 탄소 중립 정책과 주거 단지에서의 에너지 전환 사례를 분석해 국내 주거 단지 개발 및 리모델링에 적용 가능한 시사점을 도출하고 있다. 독일은 탄소 중립을 목표로 건물 에너지 효율 개선과 재생 에너지 활용을 중점적으로 추진하고 있다. 사례 분석을 통해 독일 주거 단지의 다양한 에너지 절감 기술을 엿볼 수 있다.

> **탐구 주제** 독일은 재생 에너지 기술을 법적 기준으로 의무화해 주거 단지의 에너지 효율을 높이며 탄소 중립 목표를 달성하고 있다. 독일의 건물 에너지 효율 개선 사례를 참고해 국내 탄소 중립 정책의 개선 방안을 검토하고 필요한 법률 조항을 제시해 보자.

선택 과목 연계 학습 및 전공 가이드

◆ 선택 과목 연계 학습

선택 과목	학습 안내	
일반 선택	물리학	열에너지가 일로 전환될 수 있음을 이해하고 자동차 내 연기관의 원리에 대해 학습한다. 이와 함께 에너지 보존 법칙을 통해 에너지의 전환이 이루어짐을 학습하고 효과적인 전환 방법을 탐구한다.
관련 단원	1. 힘과 에너지	

◆ 전공 가이드

우리가 사용하는 에너지의 출처를 알고 그 흐름을 추적할 수 있다. 이를 통해 효율적인 에너지 전환 방법을 기술적·공학적으로 개발하고 사회 제도에 적용할 수 있다.

- ▶ **인문계열** : 과학철학과, 미래학과, 기술사학과
- ▶ **사회계열** : 지속가능발전학과
- ▶ **자연계열** : 물리학과, 화학과, 응용물리학과, 지구과학과, 대기과학과
- ▶ **공학계열** : 기계공학과, 에너지공학과, 자동차공학과, 재생에너지공학과

◆ 선택 과목 연계 학습

선택 과목	학습 안내	
진로 선택	세포와 물질대사	우주에 존재하는 가장 작은 에너지 전환 기관인 세포의 구조와 기능, 역할을 학습하고, 태양 에너지가 생태계 유지, 생명체의 에너지 대사 과정에 어떤 영향을 미치는지 이해한다.
관련 단원	3. 세포 호흡과 광합성	

◆ 전공 가이드

생명 현상과 에너지 전환의 관계에 대해 학습하고, 세포의 노화 현상과 열역학 제2법칙의 관계에 대해 탐구해 열역학적인 측면에서 생명 현상을 이해할 수 있다.

- ▶ **자연계열** : 생명과학과, 화학과, 환경과학과, 생태학과, 생리학과, 분자생물학과
- ▶ **공학계열** : 바이오에너지공학과, 생명공학과, 환경공학과, 시스템생물학과, 생체에너지공학과
- ▶ **의약계열** : 의생명과학과, 재생의학과, 의공학과
- ▶ **예체능계열** : 디지털헬스케어디자인학과

◆ **선택 과목 연계 학습**

선택 과목	학습 안내	
융합 선택	기후 변화와 환경 생태	기후 변화의 위기를 지구의 에너지 흐름과 효율의 관점에서 분석해 해결 방안을 모색한다. 아울러 지구를 하나의 거대한 에너지 기관으로 봤을 때 에너지의 방출 없이 소모할 수 없음을 이해한다.
관련 단원	2. 기후 위기와 환경 생태 변화	

◆ **전공 가이드**

지구의 에너지 흐름을 이해하며 기후 변화 해결을 위한 다학문적 접근법을 탐구하고, 환경과 경제의 균형을 이루는 미래를 설계하는 데 필요한 역량을 키울 수 있다.

▶ **사회계열**: 환경정책학과, 경영학과, 경제학과, 지속가능발전학과
▶ **자연계열**: 환경과학과, 대기과학과, 지구과학과, 해양과학과, 기후과학과
▶ **교육계열**: 환경교육과, 지구과학교육과, 물리교육과

학생부 교과세특 예시

가정에서 쓰이는 전자기기의 에너지의 흐름과 전환에 대해 조사하고 에너지 효율을 올릴 수 있는 방안을 탐구하여 이를 실천하여 일지로 작성함. 재생 에너지를 활용한 외국의 사례를 접하고 에너지 효율을 높이기 위한 방안을 탐구하기 위해 '누구나 이해하는 에너지 특강(이준범)'을 읽고 태양광, 풍력, 수소 에너지 등 지속 가능한 미래 에너지의 활용을 우리 고장에 적용할 수 있는 방법을 모색함. 미래 에너지 활용법을 적용하여 재설계, 재구조화하여 이를 보고서로 작성함. 에너지의 전환과 효율에 대한 열역학 이론을 심도 있게 탐구하여 과학적 호기심을 해결하는 모습을 보여줌.

교과서 찾아보기

📖 **지학사 112~117쪽**
- 스마트 기기에서 나타나는 다양한 에너지 전환
- 자동차에서 화석 연료의 에너지 전환
- 우리 주위에서 지속 가능한 발전을 위한 기술 찾기

📖 **비상 96~103쪽**
- 에너지 전환 카드 놀이하기
- 선풍기의 열화상 사진 비교하기
- 신재생 에너지 기술을 활용하는 방안 탐색

📖 **천재 112~121쪽**
- 일상생활에서 에너지 전환과 보존 알아보기
- 에너지 효율을 높이는 사례 조사하기
- 신재생 에너지 활용 방안 제안서 만들기

III

과학과 미래 사회

1. 과학의 유용성과 미래 사회 문제 해결

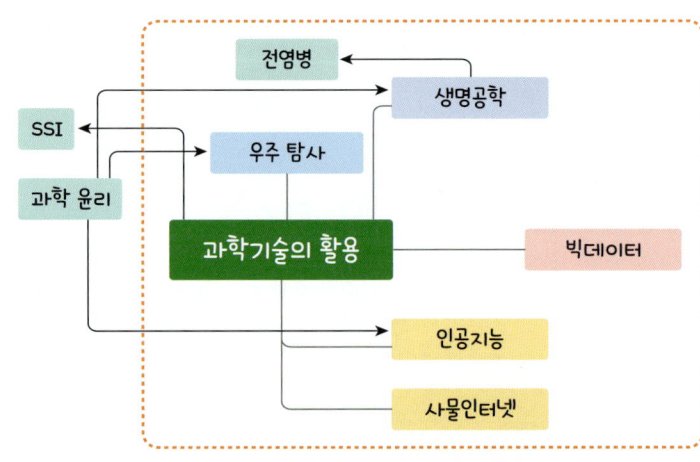

성취 기준 【10통과2-03-01】 감염병의 진단, 추적 등을 사례로 과학의 유용성을 설명하고, 미래 사회 문제 해결에서 과학의 필요성에 대해 논증할 수 있다.

학습 개요 세계적으로 광범위하게 퍼지는 전염병 사태를 '팬데믹'이라고 한다. 팬데믹은 역사상 여러 차례 인류의 생존을 위협해 왔다. 대표적인 사례로 14세기의 흑사병과 21세기의 코로나바이러스가 있다. 두 전염병에 대한 인류의 대처는 상당히 다르다. 의학과 과학이 발달하지 않았던 중세의 흑사병으로는 세계 인구의 25%~50%가 사망했을 것으로 추정되는 반면, 코로나로 인한 사망자는 세계 인구의 0.02%~0.03%로 추정된다.

개념 제시 감염병의 진단, 감염병의 추적, 병원체, 백신, 과학의 유용성, 미래 사회의 문제

생각 열기 로베르트 코흐(1843~1910)는 미생물이 질병을 일으킨다는 세균 병원성 이론을 확립해 의학사에 지대한 영향을 미쳤다. 탄저병 및 콜레라균 연구, 결핵균 발견을 통해 병원균이 특정 질병의 원인임을 입증하기 위한 기준인 '코흐의 공리'를 제시했고, 이 법칙은 병원균의 원인 규명을 위한 현대 미생물학의 표준이 되었다. 그는 실험적 증거를 기반으로 전염병의 원인과 전파 경로를 규명해 위생 및 공중 보건 체계의 발전에 기여했으며 백신 개발, 항생제 연구, 감염병 예방 및 치료법 개발의 토대를 마련했다.

관련 이슈 (**보건학**) 보건학은 과학적 발견과 기술을 통해 급격히 발전했다. 17~18세기에 질병과 환경의 관계에 대한 연구가 본격적으로 진행되었고, 산업혁명기에 위생 문제와 전염병이 심각해지면서 공중 보건 개선 운동이 시작되었다. 19세기에는 존 스노(1813~1858)가 콜레라의 발병 원인을 런던의 오염된 물로 밝혀내면서 역학 조사의 기초를 마련했으며, 루이 파스퇴르(1822~1895)의 세균 이론은 질병의 원인에 대한 이해를 제공했다. 이러한 발견은 예방의학과 백신 개발로 이어졌으며, 공중 보건 제도와 정책 수립에 큰 영향을 미쳤다.

개념 이해

(감염병의 진단) 특정 병원체가 특정 질병을 일으킨다는 것을 입증하기 위해서는 네 가지 기준이 제시되어야 한다. 특정 질병에 항상 존재하는 특정 미생물이 있어야 하며, 그 미생물은 순수하게 배양될 수 있어야 한다. 배양된 미생물을 건강한 숙주에 접종했을 때 동일한 질병을 재현하고, 다시 숙주에서 동일한 미생물을 분리할 수 있어야 한다.

(미래 사회의 문제) 환경과 에너지 위기, 인공지능의 발전 등으로 예견되는 미래 사회의 문제들이 있다. 기후 변화와 생태계 파괴는 지속 가능한 삶을 위협하고 있으며, 온실가스 배출 증가로 지구 온난화가 가속화되면서 극단적인 기후 현상과 해수면 상승이 예상된다. 자원의 고갈과 에너지 수요 증가로 인한 위기, 자동화와 로봇의 보급으로 기술 의존도가 지나치게 높아져 사회적 갈등이 심화될 가능성도 있다.

(과학적 해결) 과학의 발전으로 사회가 변하고 변화한 사회의 문제를 해결하기 위해 과학기술이 발전하므로, 과학과 사회는 불가분의 관계에 있다고 할 수 있다. 과학기술은 사회 문제의 근본 원인을 분석하고 해결책을 제시하며, 복잡한 문제에 대응하기 위한 필수 도구이다. 과학 기술은 기후 변화, 팬데믹, 자원 부족 등 전 지구적 문제를 해결할 뿐만 아니라 사회 변화와 미래 대비를 위한 핵심 역할을 한다.

탐구 주제 1 작은 것을 보는 현미경의 발명은 물질의 구조를 연구하는 데 크게 기여했으며, 의학의 발전에도 큰 몫을 했다. 현미경의 발명이 의학의 발전에 미친 영향에 대해 탐구하고, 미래의 나노 기술과 바이오 이미징 기술이 의학 발전에 미칠 영향을 탐구해 보자.

탐구 주제 2 과학의 발전은 경제 분야와 밀접한 관계가 있다. 산업혁명마다 많은 직업이 소멸하고 생성되었으며, 봉건시대의 경제 구조는 현대의 시장경제 구조로 탈바꿈했다. 과학의 발전으로 경제 분야에서 생겨난 문제점을 조사하고, 이를 해결하기 위한 과학의 역할에 대해 탐구해 보자.

개념 응용

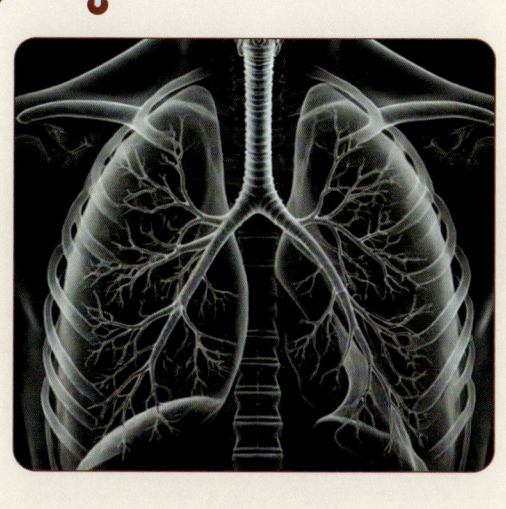

자료 설명

폐렴에 걸린 폐와 정상적인 폐의 데이터를 인공지능이 학습해 생성한 폐의 엑스레이 이미지이다.

탐구 주제

COVID-19 진단에는 PCR 검사, 항원 검사 등 환자의 몸에서 검체를 수집해 검사하는 방법이 쓰인다. 수집된 폐의 엑스레이 데이터를 활용해 감염병을 진단하는 방법을 조사하고, 다른 방법들과 차별화된 장단점에 대해 탐구해 보자.

추천 도서

우리 역사 속 전염병 (신병주, 매일경제신문사, 2022)

이 책은 조선시대 초기부터 후기까지의 전염병 기록과 대응 방식을 다양한 시각에서 살펴본다. 활인서와 제중원 같은 의료기관의 활동, 의녀들의 헌신, 허준의 〈동의보감〉과 정약용의 〈마과회통〉 같은 의학서의 편찬 과정을 통해 당시 전염병 치료와 연구의 진전을 생생히 조명한다. 전염병에 맞서 정부와 민간이 실행한 격리와 구호 정책, 종두법을 보급한 지석영의 노력과 근대 의학의 도입 과정에 따른 한국 의료사를 기록해, 조선시대 사람들의 삶과 전염병에 대한 집단적 대응을 알 수 있다.

탐구 주제 1 조선시대 전염병의 실태는 여러 기록으로 생생하게 남겨져 있다. 조선시대 사람들은 활인서, 제중원과 같은 의료기관, 의녀들의 활동을 통해 전염병의 전파를 막기 위해 노력했다. 조선시대 의료기관의 기록과 〈동의보감〉, 〈마과회통〉에서 조상들의 전염병 치료의 과학적 사례를 찾아보자.

탐구 주제 2 과거에 천연두, 홍역, 콜레라 등의 전염병은 인간에게 큰 위협이 되었으나, 현대에는 대부분 치료법이 개발되어 정복되었다고 해도 무방하다. 이 전염병들을 전파 경로에 따라 분류해 전파를 최대한 막기 위한 방역책을 모색하고 해당 방역책의 실효성에 대해 탐구해 보자.

총 균 쇠 (재레드 다이아몬드, 강주헌 역, 김영사, 2023)

인류 역사의 복잡한 흐름을 이해할 수 있도록 연대기적 사건의 단순한 나열을 넘어 지리, 생태, 인간 사회의 상호작용을 통해 현대 세계의 불평등이 어떻게 형성되었는지 탐구한 책이다. 감염병의 탄생 배경과 형성된 면역 체계의 차이를 지적하며, 질병이 문명 발전에 미친 영향을 상세히 분석한다. 또한 지리적 요인이 정치적 통합과 분열에 미친 영향을 예로 들어, 중국의 문화적 통일성과 서유럽의 파편성을 비교한다. 이 책은 문명의 발전과 불평등을 과학적이고 다차원적으로 접근해 이해할 수 있도록 도와준다.

탐구 주제 1 최신 기술의 혜택을 인류 모두가 공평하게 누릴 수 있는 것은 아니다. 기본적으로 전자기기를 유용하게 사용하기 위해서는 송전 시설이 갖춰져 있어야 한다. 인프라가 잘 갖춰져 있을 때 신기술의 도움을 효율적으로 받을 수 있는 사례를 조사하고, 개발도상국을 도울 수 있는 방안을 모색해 보자.

탐구 주제 2 외부 사람들의 발길이 닿지 않는 곳에서 문명과 차단된 채 생활하는 원시 부족들이 있다. 아마존 밀림에는 많은 원시 부족들이 살고 있는 것으로 알려져 있다. 전통적 생활 방식을 존중하면서 이들의 생존을 위해 과학기술이 해야 할 역할과 생태계를 보호할 수 있는 방안에 대해 탐구해 보자.

추천 논문

환경 블라인드스팟: 환경 기술, 교육, 정책 방법론을 이용한 환경 사회 문제 인식 및 해결 방안
(손아정 외 9명, 대한환경공학회, 2024)

이 논문은 '환경 블라인드스팟(Environmental Blindspots)'이라는 개념을 중심으로 환경 사회 문제를 해결하기 위한 융합적 접근을 다룬다. 미세플라스틱과 휘발성 유기화합물(VOCs) 등의 미세 유해 물질을 포함한 환경 블라인드스팟의 해결책으로 환경 기술 발전과 책임 있는 생산, 시민 환경 의식의 향상, 효과적인 정부 정책의 중요성을 강조한다.

> **탐구 주제** '환경 블라인드스팟'이란 기업 이익, 소비자 선호, 정부 규제 등으로 인해 우선순위에서 밀려난 환경 문제들을 말한다. 환경 블라인드스팟의 사례를 조사하고 원인을 분석해, 환경 문제 해결을 위한 효과적이고 구체적인 방안을 제시해 보자.

선택 과목 연계 학습 및 전공 가이드

◆ 선택 과목 연계 학습

선택 과목		학습 안내
일반 선택	화학	실생활에서 다양하게 쓰이는 약품의 작용을 학습하고, 각종 진단 시약에 쓰이는 화학제품의 원리와 실시간으로, 시각적으로 증상을 진단하는 이점을 화학적으로 탐구한다.
관련 단원	1. 화학의 언어	

◆ 전공 가이드

과학의 유용성과 필요성을 인간 생활과 직접적 연관이 있는 〈화학〉 교과에서 찾아, 문제를 해결하기 위한 과학적 원리에 대해 탐구하고 더 나은 방법을 모색한다.

- ▶ **자연계열** : 화학과, 생화학과, 환경과학과, 나노바이오과학과
- ▶ **공학계열** : 화학공학과, 바이오공학과, 재료공학과, 나노공학과, 생명공학과, 바이오나노공학과
- ▶ **의약계열** : 약학과, 의예과, 진단검사의학과, 임상의학과

◆ 선택 과목 연계 학습

선택 과목		학습 안내
진로 선택	생물의 유전	생명공학 기술이 난치병의 해결에 기여하는 바를 탐구함으로써 인류의 건강과 행복한 삶을 위해 과학이 기여하는 바를 알 수 있다. 이와 함께 과학 윤리 문제와 과학의 사회적 책임에 대해 학습한다.
관련 단원	3. 생명공학 기술	

◆ 전공 가이드

생명공학 기술의 기본 원리를 학습하고, 인류의 난치병 해결뿐만 아니라 생태계 복원, 난임 문제 해결 등 다양한 분야에서 쓰이는 공학 기술로 발전시킬 수 있다.

- ▶ **인문계열** : 윤리학과, 미래학과
- ▶ **사회계열** : 정책학과, 과학기술정책학과
- ▶ **자연계열** : 생명과학과, 화학과, 분자생물학과, 유전학과, 바이오정보학과
- ▶ **공학계열** : 생명공학과, 바이오공학과, 의료기술공학과, 유전자공학과

◆ 선택 과목 연계 학습

선택 과목	학습 안내	
융합 선택	과학의 역사와 문화	과학이 사회와 문화에 기여한 역사적 사례와 그렇지 않은 사례를 조사해 앞으로 일어날 수 있는 여러 가지 상황에 대처하는 능력을 키우고 올바른 과학관을 확립한다.
관련 단원	1. 과학과 문명의 탄생과 통합	

◆ 전공 가이드

과학의 역사적·사회적 맥락을 다양한 학문적 관점에서 탐구하며, 미래 지향적인 과학적 사고와 사회적 책임 의식을 키울 수 있다.

- ▶ **사회계열**: 기술경영학과, 의료경영학과, 과학기술정책학과
- ▶ **자연계열**: 지구과학과, 화학과, 환경과학과, 보건환경학과
- ▶ **공학계열**: 산업공학과, 정보시스템학과
- ▶ **의약계열**: 재활과학과

학생부 교과세특 예시

주요 팬데믹 상황에서 시대마다 다른 대처법에 대해 조사하고 비교, 분석하여 현대 과학기술의 발전이 COVID-19 문제에 기여한 역할을 "과학 원리와 통계 자료를 기반으로 한 합리적인 격리 정책과 진단 검사로 인한 빠른 대처"라고 정리함. 이 과정에서 '우리 역사 속 전염병(신병주)'을 읽고 조상들의 감염병 대처 방안에서 과학적인 방법을 찾아 근거를 제시하여 조선시대 의학의 발전 양상을 소개함. 효과적으로 사용될 수 있는 과학기술의 다른 예로 인간이 하기 힘든 일을 대신 해주는 로봇 기술을 들어 군사적, 의료적, 환경적 문제에서 어떻게 사용되고 있는지 설명하여 과학기술의 활용성을 소개함.

교과서 찾아보기

📖 지학사 130~135쪽
- 감염병 진단과 추적으로 과학의 유용성 알아보기
- 미래 사회에 예상되는 문제와 해결 방안 탐색하기
- 단백질과 핵산을 이용한 감염병 진단 기술 체험하기

📖 동아출판 130~133쪽
- 감염병 진단
- 핵산과 단백질을 이용한 감염병 진단 기술 체험하기
- 미래 사회의 문제 해결에서 과학의 필요성 논증하기

📖 미래엔 130~133쪽
- 감염병 진단
- 미래 사회 문제 해결에서 과학의 필요성 논증하기
- 단백질과 핵산을 이용한 감염병 진단 기술 체험하기

2. 과학기술 사회에서의 빅데이터 활용

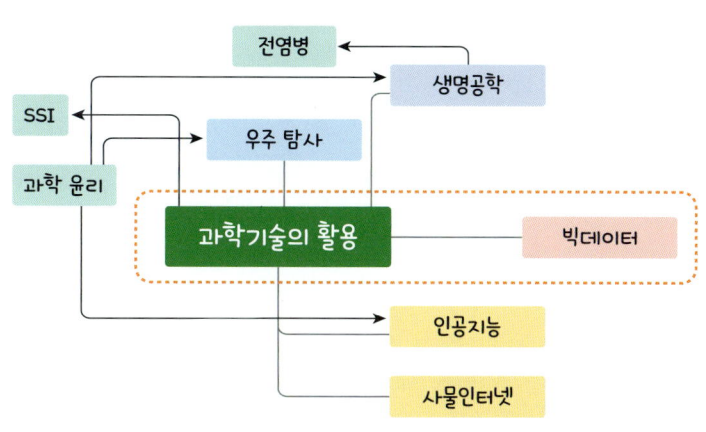

성취 기준 　【10통과2-03-02】 빅데이터를 과학기술 사회에서 사용하고 있는 사례를 조사하고, 빅데이터 활용의 장점과 문제점을 추론할 수 있다.

학습 개요 　스마트폰에서 수집되는 빅데이터는 현대 디지털 사회에서 중요한 데이터의 원천으로, 사용자의 행동, 위치, 취향 등 다양한 정보가 포괄적으로 포함된다. 스마트폰을 통한 빅데이터는 주로 앱 제공자, 운영체제 개발자, 통신사, 하드웨어 제조사가 수집한다. 이렇게 수집된 데이터는 사용자의 검색 및 소비 패턴 분석을 통한 관심 상품 정보나 서비스 광고 제공, 제품 및 서비스 개선, 연구 등 다양한 목적으로 활용되고 있다.

개념 제시 　데이터 수집, 데이터 활용, 인공지능, 빅데이터, 빅데이터 활용 윤리, 데이터 분석

생각 열기 　존 튜키(1915~2000)는 데이터 분석과 통계학의 발전에 지대한 영향을 미친 미국의 수학자이자 통계학자이다. 그는 데이터를 단순히 계산의 대상으로 보지 않고 의미와 통찰을 발견하기 위한 중요한 도구로 간주했으며, 현대 데이터 분석의 기초를 확립한 선구자로 평가받는다. 또한 EDA라는 이름으로 알려진 '탐색적 데이터 분석(Exploratory Data Analysis)' 개념을 통해 데이터 분석의 패러다임을 전환했다. 데이터 분석 과정을 데이터의 구조를 탐색하고 패턴과 이상치를 발견하는 창의적 과정으로 정의한 것이다.

관련 이슈 　(**통계 분석과 데이터 분석**) 통계 분석은 확률론과 통계 이론을 기반으로 가설 검증과 모델링에 중점을 두며, 주로 데이터의 신뢰성과 결과의 일반화를 강조한다. 이는 회귀 분석, 분산 분석 등 정형화된 방법으로 실험적 데이터에서 통계적 유의성을 평가하고 결론을 도출한다. 반면 데이터 분석은 시각화, 클러스터링, 이상치 탐지 등을 통해 데이터의 패턴과 통찰을 탐구하며, 사전 가설 없이도 문제 해결과 새로운 가설 발견을 목표로 한다. 이러한 두 접근법은 상호 보완적으로 데이터 활용의 강력한 도구가 된다.

개념 이해

(피지컬 컴퓨팅) 피지컬 컴퓨팅은 사물인터넷(IoT) 기술을 활용해 현실 세계의 물리적인 장치들이 컴퓨터와 상호작용하는 것을 말한다. 컴퓨터가 실제 세계와 소통하는 데 필요한 것은 센서이다. 컴퓨터는 전기적 신호로 작동하기 때문에 센서가 외부의 자극을 전기적 신호로 바꿔줘야 한다. 컴퓨터는 입력된 자극 신호를 디지털 신호로 변환하는데 이렇게 시각, 청각 등의 입력된 자극 신호를 컴퓨터가 이해할 수 있는 언어로 바꿔주는 것을 '프로그래밍'이라고 한다.

(프로그래밍) 자연어와 기계어 사이에서 번역하는 프로그래밍 과정을 '코딩'이라고 한다. 피지컬 컴퓨팅은 계속 발전하고 있는 사물인터넷(IoT)의 기반이 될 수 있으므로 프로그래밍 과정은 매우 중요하다고 할 수 있다. 코딩에는 프로그래밍 언어를 활용하는 방법과 교육적으로 유용한 블록 코딩 방법이 있다.

(빅데이터) 최근에는 많은 양의 데이터를 거대하다는 의미를 포함한 '빅데이터'를 넘어 '하이퍼스케일 데이터'라고 부르고 있다. 하이퍼스케일 데이터는 단순한 빅데이터의 범위를 넘어선 방대한 데이터 크기를 가지고 있으며 정형, 비정형 데이터를 포함한 복잡한 데이터 구조로서, 데이터 간의 상관관계 및 처리 요구 사항이 증가하는 추세이다.

탐구 주제 1 최근 빅데이터 기술의 발전으로 대규모 천문 관측 데이터를 효과적으로 수집하고 분석할 수 있는 환경이 조성되었다. 천문 데이터에서 외계 행성의 신호를 탐지하고 행성의 특성과 궤도 데이터를 분석해 외계 행성 탐사의 효율성을 높이는 방법에 대해 탐구해 보자.

탐구 주제 2 예술 분야는 창의성과 감성을 표현하는 영역인데, 빅데이터 기술을 활용해 새로운 창작 방식과 예술적 통찰을 제공할 가능성이 열리고 있다. 관객의 선호도, 문화적 흐름에 대한 정보를 활용해 대중의 트렌드를 분석하고 예술 기획에 적용할 수 있는 방법을 탐구해 보자.

개념 응용

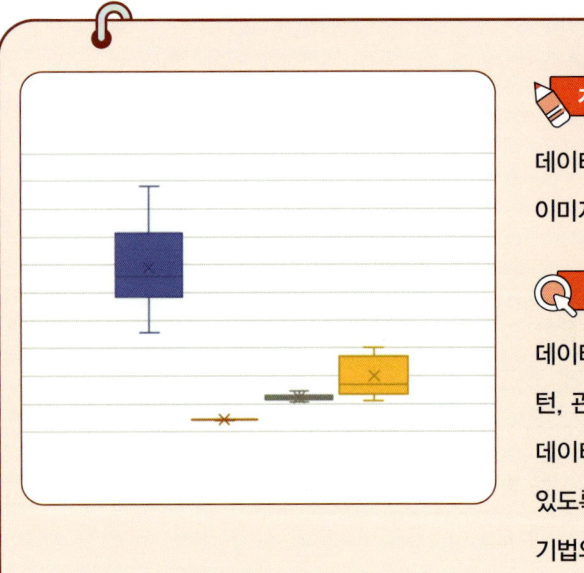

자료 설명

데이터 분석을 시각화하는 방법 중 하나인 박스 플롯 이미지의 예이다.

탐구 주제

데이터 마이닝은 대량의 데이터를 분석해 유용한 패턴, 관계, 규칙 등을 발견하는 과정인데, 박스 플롯은 데이터의 분포, 중앙값, 이상치를 한눈에 파악할 수 있도록 도와준다. 기후 데이터를 활용해 박스 플롯 기법의 예시와 기능을 소개해 보자.

추천 도서

데이터 과학자의 일(박준석 외 10명, 휴머니스트, 2021)

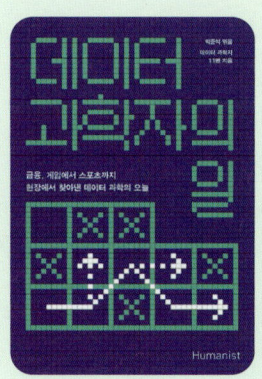

이 책은 데이터 과학이 우리의 삶과 산업에서 어떻게 적용되고 있는지 생생한 현장 사례를 통해 보여준다. 금융, 게임, 의료, 보안 등의 분야에서 데이터 과학자들이 데이터를 수집·분석·활용하며 문제를 해결하는 과정을 소개하고, 이를 통해 데이터 과학의 실제적 가치를 설명한다. 또한 저자는 데이터 문해력의 중요성을 강조하는데 데이터를 이해하는 것은 현대인의 필수 소양이다. 이 책을 통해 데이터 기반의 의사 결정을 이해하고 참여하는 능력을 키워 데이터 과학의 본질과 가능성을 이해할 수 있다.

탐구 주제 1 데이터 과학은 우리의 삶을 편리하게 하고 산업 혁신을 이끄는 데 중요한 역할을 하고 있다. 특히 데이터 분석과 활용은 기업의 의사 결정, 의료 진단, 보안 문제 해결 등에서 필수적인 요소로 자리 잡았다. 데이터 과학이 각 분야의 문제를 어떻게 해결하고 가치를 창출하는지 사례를 조사해 보자.

탐구 주제 2 코로나19 팬데믹은 빅데이터의 활용이 방역과 감염병 대응 전략에서 중요한 역할을 할 수 있음을 보여주었다. 코로나19 대응에서 빅데이터가 구체적으로 어떻게 활용되었는지 분석하고, 이를 통해 미래의 감염병 대응 시스템을 강화할 수 있는 데이터 기반의 전략과 한계점을 탐구해 보자.

AI, 빅데이터에 숨어 있는 수학의 아름다움(우쥔, 한수희 역, 세종서적, 2019)

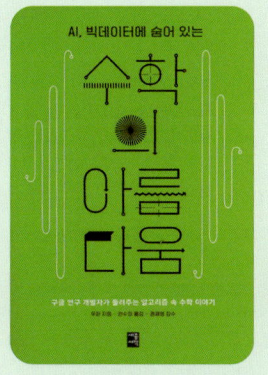

이 책에는 구글의 알고리즘 개발자가 전하는 기술과 수학의 융합에 관한 이야기가 담겨 있다. 자연어 처리, 음성 인식, 정보 검색 등 첨단 기술의 수학적 기반을 설명하며, 페이지랭크(PageRank)와 스팸 방지 기술과 같은 현대 기술의 혁신을 이끈 알고리즘의 원리를 탐구한다. 정보 이론과 확률 모델이 AI와 빅데이터 기술에 어떻게 응용되는지, 이를 통해 인류의 정보 접근과 생활이 어떻게 변화했는지를 통찰하며 수학과 기술, 과학이 만나 세상을 변화시키는 과정을 흥미롭게 조명한 책이다.

탐구 주제 1 현대 사회에서는 방대한 정보 속에서 필요한 내용을 빠르게 찾아내는 기술이 필수적이다. 검색 엔진의 검색 알고리즘과 같은 기술은 수학적 원리를 활용해 정보의 연관성과 중요도를 판단하며 우리가 원하는 정보를 효율적으로 제공하고 있다. 검색 엔진 알고리즘의 작동 방식을 탐구해 보자.

탐구 주제 2 의학 분야에서는 환자의 의료 기록, 약물 연구 데이터 등 방대한 양의 데이터가 축적되고 있다. 빅데이터 분석 기법을 활용해 환자의 의료 기록, 약물 연구 데이터를 통합해 분석하고, 이를 기반으로 특정 질병의 발병 요인을 예측하며 개인화된 치료 방법을 제시하는 방안을 탐구해 보자.

| 추천 논문 | **데이터 마이닝을 통한 4개 도시의 공동주택 전기 에너지 소비 패턴 분석** |

(서문구 외 3명, 한국태양에너지학회, 2022)

이 논문은 데이터 마이닝을 활용해 4개 도시의 공동주택 전기 에너지 소비 패턴을 분석했다. K-apt 공공 데이터에서 5년간의 전기 에너지 소비 데이터를 수집하고, 통계 분석을 통해 도시별 에너지 소비 경향을 파악했다. 이 연구를 통해 전기 에너지 소비 패턴이 건물 구조나 위치와 거주자의 행동 패턴에 크게 영향을 받는다는 결론을 도출했다.

> **탐구 주제** 공동주택 전기 에너지 소비 패턴의 분석 내용을 토대로 공동주택 제로 에너지 빌딩 인증을 위한 전략과 에너지 효율성을 높이는 설계를 수행해 보자. 이와 함께 거주자의 행동 패턴에 따른 에너지 소비 경향을 분석해 에너지를 아낄 수 있는 생활 방식을 제안해 보자.

◆ 선택 과목 연계 학습

선택 과목		학습 안내
일반 선택	지구과학	대기와 해양의 상호작용으로 인한 기후 현상이 많은 양의 데이터를 생성함을 이해한다. 이와 함께 온도, 습도, 강수량 등의 기본 데이터를 바탕으로 기후 변화에 대비하는 전략을 모색한다.
관련 단원	1. 대기와 해양의 상호작용	

◆ 전공 가이드

빅데이터를 자연의 주기적인 패턴 분석에 활용해 자연 변화의 특이점을 발견하고, 재난 예방 및 환경 보존을 위한 효과적인 대비책을 세워 생태계 유지에 기여할 수 있다.

- ▶ **사회계열** : 공공보건학과(정책·행정 중심), 지속가능발전학과
- ▶ **자연계열** : 대기과학과, 해양과학과, 환경과학과, 지구과학과, 환경보건학과(과학 기반)
- ▶ **공학계열** : 데이터공학과, 기후시스템공학과, 재생에너지공학과, 환경공학과, 스마트시티공학과
- ▶ **의약계열** : 생태의학과

◆ 선택 과목 연계 학습

선택 과목		학습 안내
진로 선택	물질과 에너지	물질의 기체 상태를 나타내는 온도, 압력, 부피, 몰수 사이의 관계를 원자론으로 설명하고, 분자들의 상태를 빅데이터 분석 기법으로 분석해 보고 고전적인 통계 기법과 비교한다.
관련 단원	1. 물질의 세 가지 상태	

◆ 전공 가이드

열역학, 유체역학, 기상학 등 고전적인 통계 원리를 적용한 분야에 빅데이터 분석을 적용하고 유체 및 분자들의 더 정확한 상태를 시뮬레이션해 에너지 효율을 높일 수 있는 방안을 제시한다.

- ▶ **사회계열** : 경제학과, 경영학과, 정책학과, 환경사회학과
- ▶ **공학계열** : 데이터공학과, 컴퓨터공학과, 에너지공학과, 재료공학과, 디지털콘텐츠학과

◆ 선택 과목 연계 학습

선택 과목	학습 안내	
융합 선택	융합과학 탐구	융합과학 탐구 과정에서 얻은 데이터를 분석해 시각화하는 방법을 배우고, 시각화한 자료의 활용 방안을 조사해 데이터 분석 이론의 근거를 마련한다.
관련 단원	2. 융합과학 탐구의 과정	

◆ 전공 가이드

데이터를 분석·시각화·응용하는 과정을 학습하고, 실제 주어진 문제의 데이터 분석을 통해 해결 방안을 모색하며 디지털 기술을 통해 미래 상황을 예측해 본다.

- ▶ **사회계열**: 환경정책학과, 기술경영학과, 사회통계학과
- ▶ **자연계열**: 응용물리학과, 환경과학과, 생물학과, 지구과학과
- ▶ **공학계열**: 데이터공학과, 컴퓨터공학과, 정보시스템공학과, 시뮬레이션공학과

학생부 교과세특 예시

통계 분석과 빅데이터 분석의 차이점에 대해 학습하고 두 이론을 각각 적용한 과학적 사례를 조사함. 이 과정에서 'AI, 빅데이터에 숨어 있는 수학의 아름다움(우주)'을 읽고 통계 분석에 활용되는 수학 원리로 데이터 샘플링과 통계적 추론에 대해 학습하여 붓꽃 분류하기 문제에 적용해 봄으로써 빅데이터 분석의 기초를 다짐. 실시간 생활 데이터를 수집하는 활동에서 미세먼지 센서를 활용하여 교실의 미세먼지를 측정하고 실시간으로 측정값을 알려주는 장치를 설계한 후 교실의 환경을 정화하는 방안을 제시하여 주어진 데이터를 분석하고 활용하는 탐구 자세를 보여줌.

교과서 찾아보기

📖 지학사 136~141쪽
- 과학기술 사회에서 빅데이터 사용 사례 조사하기
- 빅데이터의 장점과 문제점 조사하기
- 디지털 탐구 도구를 활용한 실시간 생활 데이터 측정하기

📖 비상 120~123쪽
- 맛집 정하기
- 디지털 탐구 도구를 활용한 실시간 생활 데이터 측정
- 과학기술 사회에서 빅데이터 활용의 장점과 문제점 추론

📖 미래엔 134~137쪽
- 기상청 기상 자료 개방 포털
- 빅데이터의 활용 사례 조사 및 장점과 문제점 추론하기
- 디지털 탐구 도구를 활용한 실시간 생활 데이터 측정하기

3. 과학기술과 인간의 삶

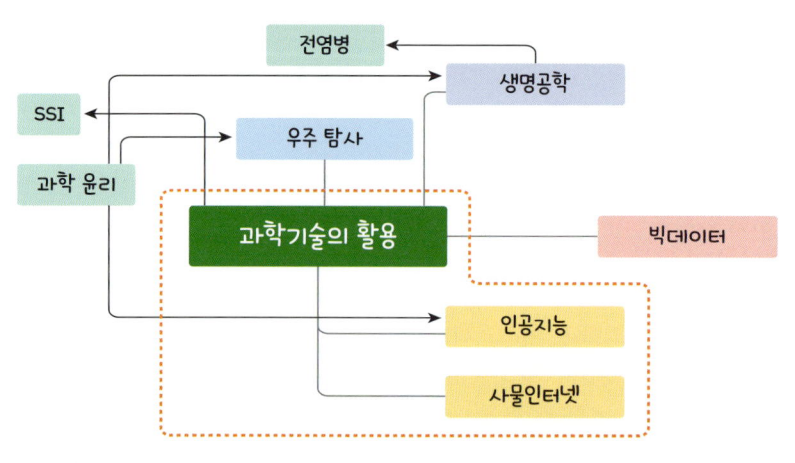

성취 기준

【10통과2-03-03】 인공지능 로봇, 사물인터넷 등과 같이 과학기술의 발전을 인간 삶과 환경 개선에 활용하는 사례를 찾고, 이러한 과학기술의 발전이 미래 사회에 미치는 유용성과 한계를 예측할 수 있다.

학습 개요

코로나19 팬데믹이 끝난 후 인류 역사에 또 하나의 중요한 전환점이 찾아왔다. 바로 생성형 인공지능의 개발이다. 2000년대에 조금씩 발전하던 생성형 인공지능은 2020년을 기점으로 기능이 크게 향상되었으며 채팅, 이미지 및 사운드 생성 등 다양한 분야로 점점 확장되어 가고 있다. 탑재된 기능으로 주어진 방식대로만 작동하던 과거의 로봇과 달리, 최근에는 스스로 주변을 탐색하고 창의적인 행동을 하는 로봇으로 발전해 가고 있다.

개념 제시

인공지능, 로봇, 사물인터넷, 생성형 인공지능, 인공지능의 편리성, 인공지능의 문제점

생각 열기

제프리 힌턴(1947~)은 현대 인공지능(AI), 특히 딥러닝의 발전에 지대한 영향을 미친 컴퓨터과학자이자 인지과학자로, '딥러닝의 아버지'로 불린다. 그는 인공신경망의 학습 원리를 체계화하고 실제 활용 가능한 기술로 발전시키며 AI 기술의 실용화를 이끌어 2018년 튜링상, 2024년 노벨 물리학상을 수상했다. 이는 AI 기술 발전에 기여한 그의 공로를 세계적으로 인정한 사례이다. 최근 들어 힌턴은 AI 기술의 위험성과 윤리적 문제에 대해 경고하며, 기술 발전의 속도와 그 영향에 대한 사회적 논의의 필요성을 강조하고 있다.

관련 이슈

(**2024년 노벨 과학상**) 2024년 노벨 물리학상과 노벨 화학상은 인공지능(AI) 분야의 획기적인 연구를 인정해 수여되었다. 이러한 수상은 AI 기술이 과학 분야에서 새로운 연구 방법을 제공하고, 복잡한 문제 해결에 기여하고 있음을 인정한 것으로 볼 수 있다. 특히 AI를 활용한 단백질 구조 예측과 설계는 생명과학 분야에서 혁신적인 도구로 자리매김하고 있으며, 이는 화학 분야의 발전에

직접적인 영향을 미쳤다. 한편으로는 이러한 수상이 물리학과 화학의 전통적 연구 범위와는 다소 거리가 있다는 비판이 있을 수 있다.

개념 이해

(인공지능) 인공지능은 인간 뇌의 기능을 컴퓨터 시스템이 모방하도록 설계된 기술이다. 머신러닝과 딥러닝을 통해 방대한 데이터를 분석하고 패턴을 학습해 음성 인식, 이미지 분류, 자연어 처리 등 다양한 분야에서 활용할 수 있다. 동영상과 쇼핑 품목 추천 시스템, 자율 주행 자동차 등 일상생활에서 인공지능의 적용 사례를 쉽게 찾아볼 수 있다.

(사물인터넷) 사물인터넷(IoT, Internet of Things)은 물리적 객체들이 인터넷을 통해 서로 연결되어 데이터를 주고받는 기술을 의미한다. 가전제품, 차량, 스마트폰 등 일상생활의 다양한 사물에 센서와 통신 기능이 내장되어, 인간의 개입 없이도 자동으로 데이터를 전송하며 처리한다. 사물인터넷은 다양한 분야에서 우리의 생활에 큰 영향을 미치고 있다.

(미래 사회) 인공지능과 사물인터넷의 활용으로 인간의 역할을 기계가 대체하고 있다. 예를 들어 자율 주행차는 운전의 필요성을 줄이며, 스마트 홈 시스템은 집 안의 에너지 소비를 자동으로 최적화한다. 그러나 이러한 기술 발전은 새로운 사회적 과제를 동반한다. 따라서 미래 사회에서는 기술의 이점을 극대화하면서도 사회적 불평등을 해소하고, 윤리적 문제를 해결하기 위한 다각적인 접근이 필요하다.

탐구 주제 1 인공지능과 사물인터넷은 4차 산업혁명의 핵심 기술로, 다양한 산업 분야와 일상생활에 깊이 스며들고 있다. 인공지능과 사물인터넷의 융합이 가져올 미래 사회의 변화와 이로 인한 사회적 문제를 분석하고, 이를 해결하기 위한 기술적·윤리적·법리적 방안을 탐구해 보자.

탐구 주제 2 생성형 인공지능은 대규모 언어 모델(LLM)을 통해 자연스러운 대화, 텍스트 생성, 번역 등의 작업에서 뛰어난 성능을 보여주고 있지만 정보 왜곡, 언어적 편향성 등 새로운 문제를 야기할 수 있다. 생성형 인공지능이 언어를 생성하는 원리를 빅데이터 분석의 관점에서 탐구해 보자.

개념 응용

자료 설명

사물인터넷을 표현한 시각 자료로, 무선으로 연결될 수 있는 기기들을 보여준다.

탐구 주제

사물인터넷을 효과적으로 활용하려면 전자기파를 이용한 무선 통신 기술이 필수적이다. 진동수에 따라 통신 범위와 특성이 달라지므로, 이를 분석해 최적의 배치를 설계하는 것이 중요하다. 스마트 홈 시스템의 무선 통신 네트워크를 설계해 보자.

추천 도서

생성형 AI는 어떤 미래를 만드는가 (제리 카플란, 정미진 역, 한스미디어, 2024)

AI의 발전이 가져올 긍정적 가능성과 함께 동반될 수밖에 없는 윤리적·사회적 과제를 통찰력 있게 분석한 책이다. 과거에는 인간만의 영역이라 여겨졌던 창작과 사고의 영역에서 이제는 AI가 이메일 작성, 음악 창작, 심지어 감정을 담은 대화까지 구현하며 초지능의 가능성을 선보이고 있다. 이 책은 AI가 인간의 지식과 창의력을 증폭시키는 도구가 될지, 통제하기 어려운 새로운 존재가 될지에 대한 물음을 던지며, 초지능 시대를 대비하기 위한 구체적인 방향을 제시한다.

탐구 주제 1 생성형 AI는 학습자의 필요에 따른 맞춤형 학습 지원을 가능하게 하며, 전통적 교육 방식을 혁신할 잠재력을 가지고 있다. 하지만 교육 현장에서는 생성형 AI의 활용에 대한 기대와 우려가 공존한다. AI 교과서를 활용한 맞춤형 교육의 장단점을 분석하고, 이를 효과적으로 사용하기 위한 방안을 탐구해 보자.

탐구 주제 2 영화 〈그녀(Her)〉는 인간과 인공지능(AI) 간의 감정적 연결을 다루며, AI가 인간과 유사한 감정을 표현할 수 있을지에 대한 질문을 던진다. 인공지능이 인간의 감정을 이해하고 감정을 표현할 때 인간과의 관계에서 발생할 수 있는 윤리적·심리적 문제를 조사하고 해결 방안을 모색해 보자.

기계 속의 유령 (원종우, 내일을여는책, 2024)

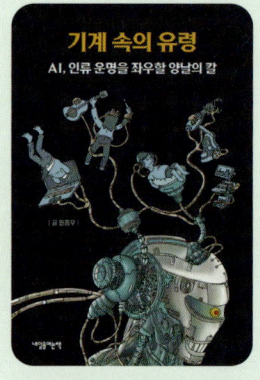

이 책은 알파고와 대규모 언어 모델(LLM) 같은 혁신적 AI의 등장으로 촉발된 사회적·경제적·정치적 변화와 도전을 다룬다. AI가 의료, 교육, 창작, 노동 등 다양한 분야에서 혁신을 이루는 한편, 윤리적 문제와 권력 집중, 법적 논란 등을 야기할 가능성도 논의된다. 저자는 특히 AI가 인간의 직관과 창의성을 넘어선 기계적 역량을 발휘하며, 인간 스스로의 지적 활동을 재정의하도록 촉진한다는 점에 주목한다. 이 책은 AI 시대를 맞아 인간과 기술의 관계를 깊이 고민하고, 책임 있는 발전을 위한 통찰과 방향성을 제시한다.

탐구 주제 1 인공지능이 직접 의사 결정을 내릴 경우, 결과에 대한 법적 책임 소재가 불분명해질 수 있다. 이는 AI의 자율성과 책임 사이의 경계를 정의하는 데 중요한 문제를 제기한다. 인공지능의 자율적 의사 결정으로 인해 발생하는 법적 책임 문제를 조사하고 해결 방안을 탐구해 보자.

탐구 주제 2 농업에서 물 관리는 생산성과 지속 가능성에 중요한 역할을 한다. 센서를 이용해 데이터를 실시간으로 모니터링하고, AI가 이를 분석해 물 사용량을 최적화할 수 있다. IoT 센서와 AI 기술을 활용해 물 관리의 효율성을 높이고, 작물 생장을 위한 물 공급을 최적화할 수 있는 방안을 탐구해 보자.

추천 논문

벼 재배용 사물인터넷 기반 물꼬 구현(이병한 외 4명, 한국사물인터넷학회, 2023)

이 논문은 벼농사를 위한 사물인터넷 기반의 자동 물꼬 시스템을 개발해 농업 생산성을 높이려는 연구를 담고 있다. 물 관리는 작물 생육에 중요한 역할을 하지만, 고령화된 농업 인구와 농지 분산으로 인해 물 관리가 어려워지고 있다. 이 연구에서는 설치와 운영 비용을 최소화할 수 있는 물꼬를 설계하고 원격 제어할 수 있는 시스템을 구현했다.

> **탐구 주제**
> '사물인터넷 기반의 물꼬 구현' 연구는 농업 자동화 기술을 활용해 물 관리의 효율성을 향상시키고, 지속 가능한 스마트 농업 발전에 기여할 수 있는 가능성을 제시했다. 사물인터넷을 활용한 스마트 팜의 주요 기술에 대해 조사하고, 농업의 지속 가능성을 높이는 방안을 탐구해 보자.

선택 과목 연계 학습 및 전공 가이드

◆ 선택 과목 연계 학습

선택 과목		학습 안내
일반 선택	물리학	전자기 현상이 디지털 사회에서 다양하게 쓰임을 알고 전자기 이론에 대해 학습한다. 이와 함께 대표적인 전자기 현상인 전자기파가 무선 통신에 적용된 예시인 사물인터넷에 대해 탐구한다.
관련 단원	3. 빛과 물질	

◆ 전공 가이드

전자기파와 통신 기술의 원리를 이해하고, 이를 첨단 응용 분야로 확장해 사회와 기술 발전에 기여할 수 있는 실용적 역량 및 다양한 분야와 융합하는 능력을 키울 수 있다.

- ▶ **자연계열** : 물리학과, 응용물리학과, 천문학과
- ▶ **공학계열** : 의료IT융합학과, 바이오메디컬공학과, 생체정보학과, 통신공학과, AI융합전자공학과
- ▶ **예체능계열** : 미디어콘텐츠학과, 정보디자인학과, 융합예술학과

◆ 선택 과목 연계 학습

선택 과목		학습 안내
진로 선택	전자기와 양자	무선 통신과 유선 통신에 대해 탐구해 통신에 사용되는 자연 현상이 파동임을 이해한다. 또한 전자기파의 파동적 특성이 통신에 잘 쓰일 수 있는 원리를 학습하고 적용 사례를 조사한다.
관련 단원	2. 빛과 정보통신	

◆ 전공 가이드

전자기파와 통신기술의 이론적 기반을 학습하고, 실제 기술 사례와 융합해 미래 사회에서 요구되는 통합적 사고력과 응용 능력을 키울 수 있다.

- ▶ **사회계열** : 사회학과, 정책학과, 행정학과, 미디어커뮤니케이션학과
- ▶ **자연계열** : 물리학과, 대기과학과, 천문학과
- ▶ **공학계열** : 전기공학과, 전자통신공학과, 스마트모빌리티공학과, 전자공학과, 정보보안공학과

◆ 선택 과목 연계 학습

선택 과목	학습 안내	
융합 선택	과학의 역사와 문화	인공지능과 사물인터넷 등 디지털 기술의 발전으로 인한 현대 사회의 변화에 대해 탐구한다. 이를 기반으로 미래 사회에 초래될 문제를 예측해 보고 대비책을 제시한다.
관련 단원	3. 과학과 인류의 미래	

◆ 전공 가이드

인공지능과 사물인터넷에 대한 학습을 기반으로 디지털 기술의 발전이 사회에 미치는 영향을 탐구하며, 미래에 발생할 문제를 예측하고 대비하는 역량을 기를 수 있다.

▶ **인문계열** : 디지털인문학과, 기술윤리학과, 미래학과
▶ **공학계열** : 인공지능학과, 정보통신공학과, IoT융합공학과, 빅데이터공학과
▶ **예체능계열** : 미디어아트학과, 정보디자인학과, 디자인학과

학생부 교과세특 예시

여러 회사의 LLM 모델을 실제 사용해 보고 차이점과 장단점을 분류하여 상황과 과제에 따라 어떤 모델을 사용하면 편리할지 분류표를 작성함. LLM 모델이 빅데이터를 학습하여 언어를 생성하는 원리를 탐구하면서 인공지능의 학습 패턴에 대해 이해하고, 인공지능이 인간 언어의 의미를 이해하는지에 대해 윤리적·철학적으로 탐색함. 이 과정에서 '기계 속의 유령(원종우)'을 읽고 인공지능이 인간의 직관과 창의성을 넘어섰다는 의견에 대해, 인간의 직관과 창의성이 발휘된 사례를 기계적으로 학습한 인공지능이 인간의 지능을 뛰어넘은 것은 아니라는 자신의 견해를 밝힘.

교과서 찾아보기

📖 지학사 142~147쪽
- 과학기술의 발전을 인간 삶과 환경 개선에 활용하는 사례 조사하기
- 일상생활에 활용되는 로봇의 특징을 분석하고 개선 방안 고안하기
- 과학기술의 발전이 미래 사회에 미치는 유용성과 한계 예측하기

📖 동아출판 138~141쪽
- 일상생활에서 활용되는 로봇의 특징 분석과 개선 방안 고안하기
- 인공지능 로봇과 사물인터넷이 활용되는 예
- 인공지능 로봇과 사물인터넷이 바꾸는 미래 사회 예측하기

📖 비상 126~131쪽
- 인공지능 기술로 과학 상상화 그리기
- 일상생활에 활용되는 로봇의 특징 분석 및 개선 방안 고안
- 인공지능 기술의 유용성과 한계 예측하기

4. 과학 관련 사회적 쟁점과 과학 윤리

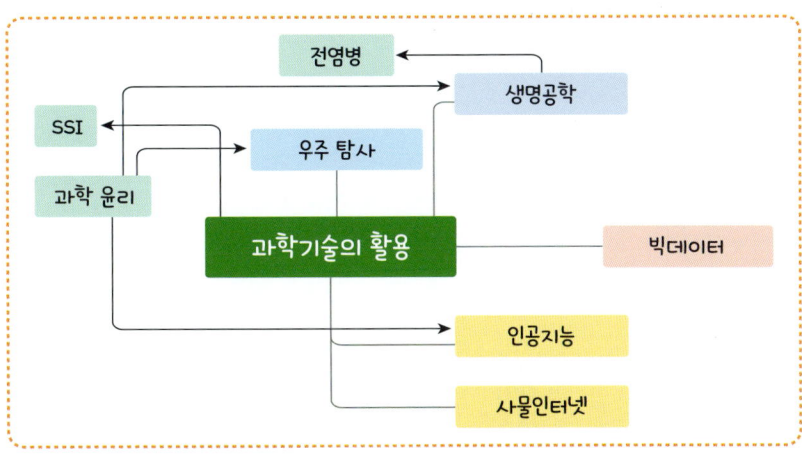

성취 기준
【10통과2-03-04】 과학기술의 발전 과정에서 발생할 수 있는 과학 관련 사회적 쟁점(SSI)과 과학기술 이용에서 과학 윤리의 중요성에 대해 논증할 수 있다.

학습 개요
아인슈타인은 루스벨트 대통령에게 핵폭탄 개발을 촉구하는 편지를 쓴 것을 후회했다고 한다. 아인슈타인은 핵폭탄의 과학적 원리를 증명한 과학자이지만, 상대성이론을 연구하면서 이 이론이 대량 살상 무기 제작에 쓰일 거라고는 생각하지 못했을 것이다. 과학기술은 인류에게 편리한 도구가 될 수도 있고, 해를 끼치는 도구가 될 수도 있다. 과학기술이 인류에게 유익한 방향으로 발전하도록 하기 위한 사회적 노력과 책임 의식이 무엇보다 중요하다.

개념 제시
과학 윤리, 과학 관련 사회적 쟁점(SSI), 인공지능과 과학 윤리, 생명공학 기술 윤리

생각 열기
알프레드 노벨(1833~1896)은 스웨덴의 화학자이자 다이너마이트의 발명가로 유명하다. 다이너마이트는 건설, 채굴, 공사 등에서 사용되며 노벨에게 막대한 부를 안겨주었다. 하지만 다이너마이트가 군사적 목적으로 사용되면서 그는 자신의 발명이 전쟁과 폭력에 활용되는 것을 우려했다. 자신의 유산이 인류의 발전에 기여하는 방식으로 쓰이기를 원했던 그는 유언장에 자신의 재산을 기반으로 물리학, 화학, 생리학 또는 의학, 문학, 그리고 평화를 위한 노력을 기리는 상을 제정하라고 명시했다.

관련 이슈
(생명 복제) 생명 복제는 과학기술 분야에서 지속적인 논쟁을 불러일으키는 주제이다. 최근에는 인간과 유사한 붉은털원숭이를 복제해 2년 넘게 생존시키는 데 성공한 사례가 보고되었다. 이러한 연구는 의학적 실험과 질병 연구에 유용할 수 있으나, 인간 복제의 가능성과 윤리적 문제에 대한 논의도 함께 촉발하고 있다. 국제 사회는 인간 복제를 전면 금지하는 선언문을 채택하는 등 인간 복제에 대한 규제를 강화하고 있다. 인간 복제의 윤리적·사회적 문제를 방지하기 위한 국제적 노력이 필요하다.

개념 이해

(과학 관련 사회적 쟁점) 과학 관련 사회적 쟁점은 지역, 문화, 계층에 따라 다를 수 있다. 원자력 발전은 일부 국가에서는 에너지 자립의 필수 기술로 여겨지지만, 다른 국가에서는 폐기물 처리 문제로 인해 반대에 부딪히고 있다. 코로나19 팬데믹 시기의 백신 접종 문제 역시 이러한 차이를 극명히 보여준 사례로, 국가별 경제력과 보건 시스템의 차이가 백신 접종 속도와 집단 면역 형성에 큰 영향을 미쳤다.

(과학 관련 사회적 쟁점의 합의) 과학기술이 가져오는 혜택은 분명하지만, 그 과정에서 발생하는 부작용이나 윤리적 문제는 특정 지역, 시간, 문화적 배경에 따라 다르게 받아들여진다. 과학 관련 사회적 쟁점을 다룰 때는 이러한 다양성을 이해하고, 기술 발전이 모든 계층과 지역에 공평한 혜택을 가져다줄 수 있도록 조율이 필요하다. 과학기술의 긍정적 잠재력을 최대화하면서도 그 한계를 인정하고 보완하는 노력이 요구된다.

(과학 윤리) 생명공학은 인간의 생존 및 건강과 밀접한 관계가 있어 다양한 과학 윤리 문제를 동반한다. 유전자 편집 기술, 유전자 특허 문제, 합성 생물학이나 장기 이식용 인공 생명체와 같은 기술은 질병 치료와 수명 연장을 가능하게 하지만, 생명의 경계와 책임에 대한 철학적 논의가 부족한 상태에서 기술이 과속으로 발전하는 문제를 야기한다.

탐구 주제 1 기후 변화는 전 지구적 문제로, 이를 해결하기 위한 지속 가능한 에너지 전환이 필수적이다. 그러나 신재생 에너지의 도입 과정에서 발생하는 사회적 갈등과 경제적 비용은 주요 쟁점으로 남아 있다. 이를 해결하기 위한 정책적 대안을 제시하고 법률적 근거를 조사해 보자.

탐구 주제 2 20세기 중반의 냉전 체제에서 국가의 안보를 지킨다는 이유로 과학 윤리가 무시된 사례가 많다. 냉전 체제에서의 이념적 우위를 위한 과학적 탐구라는 명분 아래, 인권이 침해되고 윤리적 기준이 무시되었다. 이러한 사례를 조사하고 현대의 가치관을 기준으로 비판해 보자.

개념 응용

자료 설명

과학기술이 과거에 유발했거나 해결할 수 있는 여러 사회적 문제를 보여주는 그림이다.

탐구 주제

다양한 과학 관련 사회적 쟁점이 있다. 이 문제들이 생명체에 고루 영향을 미친다고 생각할 수 있지만, 현대 경제의 구조를 살펴보면 특정 계층이 더 큰 영향을 받는다. 왼쪽의 그림 자료에 제시된 여러 상황을 분석해 특정 계층이 어떤 영향을 받을지 탐구해 보자.

추천 도서

생명공학의 최전선 (마크 짐머, 전방욱 역, 이상북스, 2024)

이 책은 현대 생명공학의 발전과 도전 과제를 탐구한다. mRNA 백신, 크리스퍼 유전자 가위, 유전자 치료, 3D 프린팅 장기 등 최신 기술의 응용과 함께 식품 생산, 환경 보호, 윤리적 논쟁 등 다양한 주제를 다룬다. 특히 디자이너 베이비(맞춤아기), 바이오 해커, 생물 무기 연구와 같은 민감한 주제를 다루며, 생명공학의 발전이 불러올 윤리적 도전과 이에 대응하기 위한 규제의 필요성을 제기한다. 기술 발전이 가져올 사회적·윤리적 영향을 조명하며, 이를 통해 생명공학의 가능성과 한계를 균형 있게 제시한다.

탐구 주제 1 유전자 조작 식품(GMO)은 식량 부족 문제를 해결할 잠재력을 지니고 있으며, 농업 생산성을 크게 향상시킬 수 있다. GMO 기술의 과학적 원리와 잠재적 문제점, 소비자 인식 및 규제 문제를 종합적으로 분석하고, 생명공학이 식량 안보에 기여할 수 있는 추가적인 방법을 제안해 보자.

탐구 주제 2 메리 셸리의 소설 《프랑켄슈타인》은 인간이 생명을 창조할 수 있다는 아이디어를 제시하며 창조자의 책임과 윤리적 의무에 대한 질문을 던진다. 생명공학의 발전이 가속화되고 있는 현대 사회에서 인간이 생명의 창조를 통해 어떤 책임을 지게 되는지, 창조물에 대한 도덕적 의무와 한계에 대해 탐구해 보자.

당신은 화성으로 떠날 수 없다 (아메데오 발비, 장윤주 역, 북인어박스, 2024)

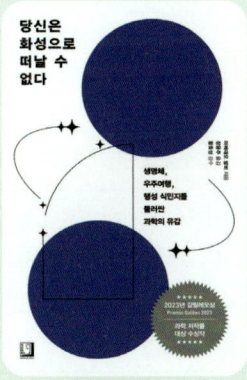

이 책은 우주 탐사에 대한 낭만적 열망과 과학적 현실을 냉철히 분석해 인류의 우주 이주가 직면할 과학적·기술적·생물학적 도전들을 면밀히 탐구한다. 화성과 달, 외계 행성을 배경으로 적대적인 환경, 생존 가능성, 경제적 타당성 등 현실적 문제들을 조명하며 지구라는 생태계와 비교한다. 우주로의 이주가 인류 종말의 대비책이 될 수 있을지, 아니면 단순한 꿈에 그칠지를 고민하고 인류의 미래, 과학기술의 한계, 자연의 엄격한 질서 속에서 우리가 선택해야 할 길을 제시한다.

탐구 주제 1 환경 문제, 이상 기후 문제 등으로 인류의 화성 이주를 주장하는 사람들이 있다. 기술적으로 타 행성으로의 이주가 가능해졌을 때 사회적으로 합의해야 할 내용과 그 과정에서 발생할 윤리적·경제적·정치적 쟁점에 대해 탐구하고, 이러한 쟁점에 대한 실질적인 해결책을 구체적으로 제시해 보자.

탐구 주제 2 현재의 국제 법률은 급변하는 우주 탐사 환경과 기술 발전을 충분히 반영하지 못하고 있다. 특히 달 탐사 및 자원 이용과 관련된 규제는 기존 법률의 모호성으로 인해 국제적 갈등을 초래할 가능성이 크다. 국제 우주법의 현대화의 필요성을 논의하고 구체적인 법률 개정 방안을 탐구해 보자.

추천 논문	**평생학습적 시각을 통해 바라본 SSI 교육과 과학적 소양**(박신희 외 1명, 한국과학교육학회, 2022)

이 논문은 평생학습의 관점에서 사회적·과학적 쟁점(SSI) 교육이 과학 소양과 학생들의 지속 가능한 학습 역량을 함양하는 데 미치는 영향을 분석한다. 과학 소양이 학생들의 평생학습 능력을 강화하고 실생활 문제 해결에 기여할 수 있는지를 탐구한 결과, SSI 교육은 참여적 시민성 촉진, 과학에 대한 인식을 개선하는 데 효과적임을 보여주었다.

 과학과 일상생활을 연결하는 교육은 학생들에게 과학 학습의 의미를 강화하고 실질적인 문제 해결 능력을 길러주는데, 이는 SSI 교육의 핵심 목표 중 하나이다. SSI 교육을 통해 과학 학습이 일상생활의 문제 해결에 적용되는 사례를 조사하고 효과를 탐구해 보자.

선택 과목 연계 학습 및 전공 가이드

◆ 선택 과목 연계 학습

선택 과목	학습 안내	
일반 선택	생명과학	지구 생태계가 하나의 유기체라는 사실을 사례 조사를 통해 이해한다. 이와 함께 생태계의 균형을 지키기 위해 과학기술이 해야 할 노력에 대해 탐구하고 실질적 해결책을 제시한다.
관련 단원	3. 생명의 연속성과 다양성	

◆ 전공 가이드

생태계의 구성과 작동 원리를 이해하고 생태계의 복잡성을 분석하기 위해 생물학, 화학, 지질학 등 다양한 과학 분야를 융합해 다학문적인 해결책을 제시한다.

- ▶ **인문계열** : 환경철학과, 생태윤리학과, 환경정책학과
- ▶ **자연계열** : 환경생태학과, 지구과학과, 생물학과, 해양학과, 기후환경학과
- ▶ **교육계열** : 환경교육과, 생물교육과, 과학교육과

◆ 선택 과목 연계 학습

선택 과목	학습 안내	
진로 선택	생물의 유전	과학 관련 사회적 쟁점의 주요 이슈인 유전자와 생명공학 기술에 대해 학습한다. 유전자 복제 기술을 사용하는 분야에서 윤리적 문제는 없는지 검토해 보고, 과학 윤리의 사회적 역할을 탐구한다.
관련 단원	1. 유전자와 유전 물질	

◆ 전공 가이드

생명 윤리 문제와 관련된 사회적 쟁점이 왜 문제가 되는지 이론적 토대를 마련해, 과학기술을 활용한 해결 방법을 제시하고 사회적 합의를 도출할 수 있다.

- ▶ **인문계열** : 의료윤리학과, 철학생명의료윤리학과
- ▶ **자연계열** : 생명과학과, 유전학과, 분자생물학과, 바이오정보학과
- ▶ **의약계열** : 의생명과학과, 재생의학과
- ▶ **교육계열** : 생물교육과, 교육학과, 윤리교육과

◆ 선택 과목 연계 학습

선택 과목	학습 안내	
융합 선택	과학의 역사와 문화	과학 혁명기에 새로운 이론을 활용하던 시점에 발생한 문제점에 대해 사례를 중심으로 조사하고, 현대 사회의 과학 관련 사회적 쟁점에 대처하는 방안과 실천 전략을 제시한다.
관련 단원	2. 변화하는 과학과 세계	

◆ 전공 가이드

새로운 과학 이론의 등장 시기에 발생한 사회적 쟁점을 지역별·시대별로 탐구하고, 현대의 과학 윤리 관점에서 이를 분석해 미래의 사회 문제에 대비한다.

▶ **인문계열** : 과학사학과, 기술윤리학과, 문화연구학과
▶ **사회계열** : 과학기술정책학과, 환경정책학과, 공공행정학과
▶ **자연계열** : 물리학과, 생명과학과, 응용과학과, 환경과학과

학생부 교과세특 예시

파리 기후 협약과 이 협약에서 탈퇴한 미국의 예를 통해, 지역과 문화에 따라 다른 과학 관련 사회적 쟁점의 합의점의 필요성을 주장하고, 이 문제를 해결하기 위해 윤리 교육을 활용한 방안을 제시한 점에서 과학 윤리에 문제의식을 갖고 적극적으로 해결하고자 하는 자세를 엿볼 수 있음. '당신은 화성으로 떠날 수 없다(아메데오 발비)'를 읽고 빈부격차가 경제적 문제만이 아닌 약자의 생존을 위협하는 문제임을 깨닫고, 지구의 이상 기후를 막고 대비하려는 목적이 지구를 살리기 위해서만이 아닌 생명체가 함께 공존하기 위함이라는 윤리적 근거를 제시하여 과학 관련 사회적 쟁점 해결의 올바른 표본을 보여줌.

교과서 찾아보기

📖 **지학사 148~151쪽**
- 해양 쓰레기
- 크리스퍼 유전자 가위 논증하기
- 인공지능 활용 과학 연구 비판하기

📖 **동아출판 142~145쪽**
- 자율 주행 자동차
- 과학 관련 사회적 쟁점 논증하기
- 과학기술의 이용에 필요한 과학 윤리 제안하기

📖 **미래엔 150~153쪽**
- 개인 정보 수집 문제
- 과학 관련 사회적 쟁점에 대한 합리적 의사 결정하기
- 과학 윤리의 중요성 논증하기

【관련 이슈 참고 자료】

통합과학1

01. 푸앵카레 추측: [수학백과] "푸앵카레 추측", 네이버지식백과 (https://terms.naver.com/entry.naver?docId=4125500&cid=60207&categoryId=60207).

02. 단위의 통일: 한경환 기자(2023. 12. 15), "'귀족 속임수 막기 위해' 프랑스 혁명 못지않게 절실했던 미터법", 중앙일보 (https://www.joongang.co.kr/article/25215088).

03. 한국표준과학연구원 정관 제1조: 한국표준과학연구원 설립 목적, 한국표준과학연구원 홈페이지 (https://www.kriss.re.kr/menu.es?mid=a10101020000).

04. 압축 기술: [훤히 보이는 DMB] "사이즈를 줄이고 줄여라", 네이버지식백과 (https://terms.naver.com/entry.naver?docId=3473009&cid=58464&categoryId=58464).

05. '힉스 보손'의 발견: 박정연 기자(2022. 07. 09), "힉스 입자 발견 10년, 그동안의 성과와 미래", 동아사이언스 (https://m.dongascience.com/news.php?idx=55304).

06. 초신성 SN1987A: 박건희 기자(2023. 09. 01), "초신성 폭발 비밀 풀 천체 적외선 관측 이미지 첫 공개", 동아사이언스 (https://www.dongascience.com/news.php?idx=61444).

07. 인공 원소: [네이버캐스트] "원소의 기원과 역사", 네이버지식백과 (https://terms.naver.com/entry.naver?docId=3578027&cid=58949&categoryId=58982).

08. 이차전지: [화학백과] "2차 전지", 네이버지식백과 (https://terms.naver.com/entry.naver?docId=5827760&cid=62802&categoryId=62802).

09. CRISPR 유전자 가위: 김형범 교수(2020. 10. 08), [과학자가 해설하는 노벨상] "'크리스퍼 혁명'은 지금도 진행 중", 동아사이언스 (https://www.dongascience.com/news.php?idx=40473).

10. LED의 발명: [죽기 전에 꼭 알아야 할 세상을 바꾼 발명품 1001] "LED", 네이버지식백과 (https://terms.naver.com/entry.naver?docId=799083&cid=43121&categoryId=43121).

11. 호주 산불: 고재원 기자(2021. 04. 05), "호주 산불, 기후 변화가 원인이었다", 동아사이언스 (https://www.dongascience.com/news.php?idx=45408).

12. 후쿠시마 원자력발전소 사고: 임동욱 기자(2011. 04. 05), "후쿠시마 원전 사고에서 배워야 할 교훈", KOSAC (https://www.sciencetimes.co.kr/nscvrg/view/menu/251?searchCategory=223&nscvrgSn=93479).

13. 중력파: [물리학백과] "중력파", 네이버지식백과 (https://terms.naver.com/entry.naver?docId=3537272&cid=60217&categoryId=60217).

14. 입자가속기: [물리학백과] "입자가속기", 네이버지식백과 (https://terms.naver.com/entry.naver?docId=4389873&cid=60217&categoryId=60217).

15. 빛 집게: 서동준 기자(2018. 10. 03), "'빛을 도구로 쓰는 인류의 탄생'… 노벨 물리학상 발표 현장 이모저모", 동아사이언스 (https://www.dongascience.com/news.php?idx=24235).

16. 4중 나선 구조: 박건희 기자(2023. 11. 30), "분자생물학 난제 'DNA 복제 스트레스' 비밀 풀었다", 동아사이언스 (https://www.dongascience.com/news.php?idx=62696).

통합과학2

17. 인류의 이동: 윤신영 기자(2019. 10. 29), "첫 현생 인류는 20만 년 전 남아프리카人… 지구 자전축 변화 따른 기후 변화로 확산", 동아사이언스 (https://www.dongascience.com/news.php?idx=32017).

18. 루시: 이채린 기자(2024. 11. 22), "고인류 아이콘 '루시' 첫 발견 조핸슨 '인류, 미래 함께 꿈꾸는 하나'", 동아사이언스 (https://www.dongascience.com/news.php?idx=68558).

19. '구경꾼 이온'의 촉매 역할: 이병구 기자(2024. 12. 21), "구경꾼 이온, 실제론 반응 핵심… 교과서 뒤집었다", 동아사이언스 (https://www.dongascience.com/news.php?idx=69115).

20. 왕수: 김민아 기자(2018. 10. 03), "저당 잡히고 도둑맞고… 노벨상 메달이 사라진 '아찔한' 순간들", 동아사이언스 (https://www.dongascience.com/news.php?idx=24163).

21. 물질의 상태 변화 촬영: 고재원 기자(2019. 09. 30), "고체에서 액체가 되는 순간 분자 상태 첫 촬영 성공", 동아사이언스 (https://www.dongascience.com/news.php?idx=31446).

22. 생태계 서비스 가치: 연합뉴스(2021. 12. 21), "우리나라 갯벌의 생태계 서비스 가치 연간 17조 8,121억 원", KOSAC (https://www.sciencetimes.co.kr/nscvrg/view/menu/253?searchCategory=225&nscvrgSn=228472).

23. 생물 농축: 김민수 기자(2021. 03. 28), [표지로 읽는 과학] "먹이 사슬 타고 올라간 '신경독' 최상위 포식자 위협하다", 동아사이언스 (https://www.dongascience.com/news.php?idx=45140).

24. 영구동토층의 해빙: 김래준 객원기자(2021. 10. 21), "영구동토층 해빙은 보이지 않는 공포의 시작? 지구온난화로 방사능 물질 및 고대 미생물 유출 우려", KOSAC (https://www.sciencetimes.co.kr/nscvrg/view/menu/248?searchCategory=220&nscvrgSn=226673).

25. 인공 핵융합: [위키백과, 우리 모두의 백과사전] "핵융합 발전", 위키백과 (https://ko.wikipedia.org/wiki/%ED%95%B5%EC%9C%B5%ED%95%A9_%EB%B0%9C%EC%A0%84).

26. 전기 자동차: [두산백과] "전기자동차", 네이버지식백과 (https://terms.naver.com/entry.naver?docId=1139392&cid=40942&categoryId=32360).

27. 적외선 카메라: [손에 잡히는 방송통신융합 시사용어] "적외선 카메라", 네이버지식백과 (https://terms.naver.com/entry.naver?docId=3586845&cid=59277&categoryId=59279).

28. 보건학: [학문명백과: 의약학] "보건학", 네이버지식백과 (https://terms.naver.com/entry.naver?docId=2117507&cid=44416&categoryId=44416).

29. 통계 분석과 데이터 분석

① [생명과학대사전] "통계분석", 네이버지식백과 (https://terms.naver.com/entry.naver?docId=432183&cid=60261&categoryId=60261).

② [용어로 알아보는 우리 시대 DATA] "데이터 과학", 네이버지식백과 (https://terms.naver.com/entry.naver?docId=6559398&categoryId=69439&cid=59277).

30. 2024년 노벨 과학상

① 김영은 기자(2024. 10. 08), "노벨 물리학상에 머신러닝 시대 연 'AI 대부들'", 연합뉴스 (https://www.yna.co.kr/view/AKR20241008137853009?).

② 김정은 기자(2024. 10. 09), "노벨 화학상도 AI… 단백질 비밀 풀어낸 '알파고 아버지' 등 3인", 연합뉴스 (https://www.yna.co.kr/view/AKR20241009066000009?).

31. 생명 복제: 한국생명공학연구원(2024. 01. 17), "中 연구진, '인간과 유사' 붉은털원숭이 복제… 2년째 생존", 연합뉴스 (https://www.yna.co.kr/view/AKR20240117122100009?).

통합과학으로 세상 열기

1판 1쇄 찍음	2025년 5월 9일

출판	㈜캠토
저자	최정애·공명호·한승배·배정숙·이미선·이선희

총괄기획	이사라(lsr@camtor.co.kr)
디자인	Gem
R&D	오승훈·민하늘·박민아·최미화·강덕우·송지원·국희진·양채림·윤혜원·송나래·황건주
미디어사업	김동욱·이동준·이수민·조현국
교육사업	문태준·박흥수·정훈모·송정민·변민혜
브랜드사업	윤영재·박선경·이경태·신숙진·이동훈·김지수·조용근·김연정·서태욱
경영지원	김동욱·지재우·임철규·최영혜·이석기·노경희
발행인	안광배

주소	서울시 서초구 강남대로 557(잠원동, 성한빌딩) 9F
출판등록	제 2012-000207
구입문의	(02) 333-5966
팩스	(02) 3785-0901
홈페이지	www.campusmentor.co.kr (교구몰)

ISBN 979-11-92382-52-4(43400)

ⓒ 최정애·공명호·한승배·배정숙·이미선·이선희 2025

- 이 책은 ㈜캠토가 저작권자와의 계약에 따라 발행한 것이므로 본사의 서면 허락 없이는 이 책의 일부 또는 전부를 무단 복제·전재·발췌할 수 없습니다.
- 잘못된 책은 구입하신 곳에서 바꾸어 드립니다.